신화가 생각한다

神話が考える
福嶋亮大

SHINWA GA KANGAERU written by Ryota Fukushima
Copyright © 2010 Ryota Fukushima
All rights reserved.

This Korean edition is published by arrangement with SEIDOSHA, Inc., Tokyo
in care of Tuttle-Mori Agency, Inc., Tokyo through Shinwon Agency Co., Seoul.

신화가 생각한다

네트워크 사회의 문화론

후쿠시마 료타 지음
김정복 옮김

ㄱ

나의『신화가 생각한다』한국어판이 출판되는 것은 매우 영광스러운 일
인데 한편으로는 조금 부끄럽기도 하다. 그도 그럴 것이, 이 책은 나의
처녀작이며 지금 다시 읽어보면 여러 가지 부족함과 미흡함이 눈에 띄기
때문이다. 게다가 나는 이 책이 한국어로 번역되리라고는 생각지 못했다.
따라서 이 서문에서는『신화가 생각한다』가 속한 일본의 문화적 맥락에
관해 몇 가지 보충 설명을 해두고자 한다.

2000년대 들어 일본에서는 이데올로기 시대가 끝나고 자유주의와 소
비사회의 시대가 도래했다는 사실을 많은 사람들이 명백하게 받아들였
다. 그로 인해 과거의 인문적 가치관에서 보자면, 전혀 고려할 만한 가치
가 없는 현상이 서서히 일본문화에 침투하고 있다. 가령 이 책에서 다루
고 있는 일본의 인터넷 서비스 사이트 니꼬니꼬 동영상에서는 '작가'라
는 고유한 인격이 '익명'의 군중 속에 매몰되는 대신에 엄청난 기호나 아
이콘이 매일매일 끊이지 않고 순환하며 다양한 작품을 만들어낸다. 그
작품들은 결코 뛰어난 것도 아니고 사상적으로 고상한 것도 아니다. 그
러나 나를 포함하여 일본의 일부 젊은 문화비평가들은 이런 류의 집단

적이고 상업적인 시스템이야말로 포스트모던한 창조성을 보여주는 최첨단의 사례라고 생각한다.

물론 이러한 입장에 대해 다른 견해[異論]나 비판이 있다는 것도 나는 익히 알고 있다. 예를 들면 미시마 유키오는 1970년 할복자살하기 직전에 했던 연설문에서 "일본은 없어지고 그 대신에, 무기적無機的인, 텅 빈, 뉴트럴한(중립적인), 중간색의, 부유하는, 빈틈 없는, 어떤 경제 대국이 극동의 한 귀퉁이에 남아 있을 것이다"라고 말했는데, 이 예언은 그 뒤 일본의 앞날을 정확히 예견했다. 미시마 자신은 '문화개념으로서의 천황'이라는 슬로건을 내세우며 문화에서 민족의 의지와 초월성을 되찾으려고 시도하다가 결국 시대착오적인 자살을 감행했지만 현대 일본인 대부분은 미시마의 행동에는 아무런 리얼리티도 느끼지 못할 것이다. 인터넷에 빠진 현대 일본인에게는 문화=기호가 자명한 풍경이며, 문화=의지였던 시대는 먼 과거의 한물간 이야기에 불과하다. 다시 말하면 문화는 바야흐로 기호 조작 게임이 된 셈이고, 민족의 역사에 잠든 의지를 발굴해내는 것이 아니게 되었다. 미시마가 살아 있다면 지금의 일본은 이미 진정한 일본이 아니라고 생각할 것이다.

나 자신은 미시마의 사상에 양가적ambivalent 감정을 갖고 있다. 복고주의자도 아니고 러다이트(Luddite, 신기술 반대자)도 아닌 나는 정보화 사회의 도래를 기본적으로 환영하고 있지만 문화가 단순한 기호 게임으로 환원돼도 괜찮다고 생각하지 않는다. 나는 이 책에서 '신화'라는 약간 케케묵은 낭만적인 개념을 이용하면서도 '문화는 (미시마의 생각과는 달리) 기호의 집적이며, 또한 (미시마가 생각한 것처럼) 기호 이상의 무엇이다'라는 모순된 사고방식을 어떻게 해서든 양립시켜 보려고 했다. 구체적으로는 계산 가능한 것과 계산 불가능한 것, 패턴화된 기호 세계와 무질서한 우연성의 세계를 화해시키기 위해, '신화'라는 개념을 도입한 것이다.

　이 책에서 다루는 대상은 여러 분야를 망라하고 있어서 독자들이 그
것을 따라잡으려면 다소 벅찰 것이다. 그러나 그러한 서술 방식을 택한
데에는 나름의 이유가 있다. 오늘날 폭주하는 자본주의는 빈부의 차이
를 확대하고 지금까지 문화예술을 지탱해온 중간층을 무너뜨렸다. 위
기에 처한 중간층을 되살리려면 다소 억지스러운 방식일지라도 문화의
새로운 **재결합** 방식을 생각해야만 한다. 하이컬처highculture와 서브컬처
subculture의 경계를 넘어선, 참된 의미에서의 '민중문학'의 가능성이 모색
되어야 한다고 나는 생각한다.
　실제로 서브컬처의 등장은 문학에 관한 이미지를 크게 바꿨을 수도
있을 것이다. 예를 들면 20세기 초 무렵 메이지 시대 문학자들은 유럽
소설을 지식인층intelligentsiya의 고뇌를 투영한 것으로 이해했다. 그래서 일
본의 순문학은 매우 엄격하고 진지한 것이 되기 십상이었다. 그러나 본
래 유럽 소설의 뛰어난 장점은 통속성과 사상성, 유머와 지성이 공존하
는 데 있다. 그러한 문학의 진정한 힘을 회복하는 데 축제적인 서브컬처
와 내성적인 문학, 새로운 정보화사회와 과거의 인문지人文知를 화해시키
는 것은 분명히 유익하다.
　더구나 흥미롭게도 하이컬처와 서브컬처의 경계를 넘어선 '민중문학'
은 일본에 국한되지 않고 동아시아에도 영향을 미칠 가능성이 있다. 본
래 역사적으로 보면 한국과 마찬가지로 일본도 오랫동안 중국 문명권에
속했다. 그러나 제2차 세계대전 후 일본은 아시아의 중요성을 망각하고,
오로지 서양화(아메리카화)를 지향했다. 그래서 아시아에 대한 전후 일본
인의 상상력은 매우 빈곤해졌다. 하지만 한편으로 헐리웃 영화나 패션,
만화/애니메이션의 확산으로 인해 지금이야말로 동아시아 규모의 '상상

의 공동체'가 탄생하고 있다고 말할 수 있지 않을까? 물론 이 서브컬처의 '공동체'는 약간 유치한 수준이다. 그러나 거기에는 동아시아 전후사에서 이제까지 볼 수 없었던, 새로운 동족의식이 싹트고 있는 것도 사실이다. 동아시아에서 정치적인 다툼이 끊이지 않는 오늘날 이러한 동족의식은 유례 없는 중요성을 띠고 있을 것이다.

　중간층의 문화적 빈혈은 장르나 국경을 넘어선 다양한 작품끼리의 재결합에 의해 치유되어야만 한다. 그 재결합 방식을 제안하는 것이 오늘의 비평의 중요한 사명이라고 나는 확신한다. 만일 이 책이 한국 독자 여러분에게 어떠한 새로운 재결합의 방법을 상상하게 하는 계기가 된다면 그것보다 더한 기쁨이 없다.

　마지막으로 한국 출판사, 번역을 맡아주신 김정복 씨에게 깊이 감사드린다. 이 책의 출판이 실현된 것은 오로지 번역자의 열정의 산물이다.

　　　　　　　　　2012년 8월 교토에서
　　　　　　　　　후쿠시마 료타 福嶋 亮大

제3장 상징적인 것에 대해서

c   o   n   t   e   n   t   s

[일러두기]

1. 저자의 주와 역자의 주는 *로 구별하였고 *가 붙은 주는 모두 옮긴이가 단 역주입니다.

2. 작품명 등은 〈 〉, 잡지, 신문 등은 《 》, 단행본은 『 』, 에세이, 기사, 논문(논고) 등 글 제목은 「 」로 표시했습니다.

3. 인명이나 지명 같은 고유명사의 표기는 국립국어원 외래어 표기법을 따랐으나 국내에 소개되어 이미 통용되고 있는 인명, 지명의 경우는 부분적으로 통용된 표기를 따랐습니다. 본문 인명정보 설명은 역자가 첨가한 것입니다.

4. 본문에 언급된 일본 출판물 이외의 해외 출판물의 일본어판이나 번역 문장은 일본에 소개된 것을 따라 옮겼으며, 동일한 해외 출판물이 한국에서 다른 제목으로 번역된 경우가 많아 역자가 원서명을 별도로 병기했습니다.

5. 본문의 강조(굵은 글씨)는 저자의 강조 표시이며, 찾아보기는 키워드 해설과 겹치는 부분이 많아 생략했습니다.

신화가 생각한다 - 네트워크 사회의 문화론

정보처리 방정식

이 책의 목적은 일본의 서브컬처, 네트컬처(인터넷 문화)를 중심으로, 필요한 경우 영어권의 고전문학까지 일부 끌어들여서 사회에서 신화의 기능을 제시하는 데 있다. 물론 뜬금없이 '신화' 따위를 운운하면 대부분의 독자는 당혹스러워할 것이다. 지금, 신화가 주제로 다뤄지는 이유는 무엇일까.

오늘날의 세계는 대체로 리버럴liberal 민주주의 사회를 지향하며 움직인다. 아주 간단하게 말하면, 리버럴 민주주의는 사람들이 전통에 구속받지 않고 어디까지나 개개인의 체험에 근거하여 자유롭게 자기를 완성시켜갈 수밖에 없는 사회를 의미한다. 다만 그때 아무런 단서도 없이 세상으로 내던져지면 사람들은 어찌해야 좋을지 모르고 당황할 것이다. 따라서 우리의 추상적인 삶에 생명을 불어넣어 줄 어떤 사회적 제도가 끊임없이 필요하다.

물론 그 제도는 결코 꽉 짜여 있지 않다. 다만 큰 방향성을 찾아내는 것은 충분히 가능할 것이다. 특히 오늘날 사회적 제도의 관점에서 보면,

어찌되었든 정보 네트워크 혹은 아카이브의 힘이 점차 중요해진다는 점을 간과할 수 없다. 일상의 상거래부터 타인과의 일상적인 커뮤니케이션까지 모든 것이 정보 교환이나 매개를 통해 이뤄지고, 그 속에서 사람들이 공유할 수 있는 리얼리티가 결정화되고, 그것이 오늘날 사회의 모습을 만들어낸다. 문화적인 창조 또한 예외가 아니다.

이렇게 말하면, 흔히들 '그런 건 예전에도 얘기됐던 상식에 불과하다'고 말할 것이다. 분명히 맞는 말이다. 허나, 그렇다고 해서 정보화나 네트워크화의 영향을 크게 받은 문화이론이 등장했느냐 하면 꼭 그렇지도 않다. 결국 몇몇 예외를 제외하면 옛날부터 이어져온 미학적인 장르 비평이나 혹은 인생론을 다룬 비평이 여전히 우위를 점하고 있다. 그래도 별로 상관없다고 하면 어쩔 수 없다. 그러나 리버럴 민주주의 이외의 정치적 이데올로기가(일부 원리주의를 제외하고) 거의 증발해버린 지금, 다음 과제로 네트워크상의 로컬 정보처리가 중대한 문제가 되리라는 것은 거의 불가역적이지 않을까. 그리고 우리에게는 이러한 현상에 알맞은 평론이 요구되는 것이 아닐까.

여기서 논의하고자 하는 것은 문화적인 활동을 모두 정보처리 과정으로 간주한다면, 도대체 어떠한 세계가 등장할 것인가 하는 일종의 실험이다. 과거의 '신화'는 일반적으로 어떤 정치적 이데올로기, 즉 사회를 근저에서부터 개혁하려는 운동과 결부되었다. 그러나 이 책에서 말하는 신화는 그러한 낡은 의미와는 관계없고, 오히려 좀 더 단순하게 **정보처리 방정식(알고리즘)**을 의미한다. 신화는 우리를 둘러싼 정보 네트워크의 복잡성을 때로는 감축減縮하고 때로는 네트워크 그 자체를 확장하기도 하는 운동성을 갖고 있다. 그 운동성을 분석할 때 서브컬처 작품이나 네트컬처 현상이 많이 다뤄지는 이유는 무수한 정보를 적절하게 처리, 즉 감축해야 한다는 요청이 역시 대중적인 엔터테인먼트 산업에서 더욱 절실하게 드러나기 때문이다.

그렇긴 해도 이 책에서는 현대 서브컬처만 다루는 게 아니다. 특히 제3장 이후에는 상당히 전통적인 문학 작품도 다룬다. 말할 것도 없이 네트워크 그 자체는 어느 시대에나 존재했고, 또한 각각의 시대 환경에 따라 네트워크 처리 기술도 축적되었다. 그중에서 일부 고전 작품은 매우 복잡한 기법을 구사하고 있고, 오늘날 다시 재고해볼 가치가 있다고 본다.

이것은 말하자면 본격적인 정보화나 네트워크화 체험을 통해 배양된 '관점[視座]'으로 과거의 유산을 재구성하려는 시도이기도 하다. 문화란 반드시 연표 체재로, 선형적linear으로 정리할 수 있는 것은 아니다. 오히려 어떤 특수한 체험이 배어나오는 과정에서, 과거의 작품이 말하자면 징검다리처럼 새로운 가치를 획득해가는 것도 결코 드문 일이 아닐 것이다. 물론 야나기타 구니오柳田國男, 1875~1962, 민속학자에서 루이스 캐럴 Lewis Carroll, 1832~1898, 동화작가까지 병치한 이 책의 서술방식은 약간 변칙적이고 난폭하게 보일 테지만, 그 방식이 다소 거칠더라도 과거의 작품을 현대의 시점에서 다시 읽을 필요가 있고, 또 그것이 충분히 가능하다고 생각했다.

다시 말하면 여기에는 다소 절실한 이유도 있다. '모든 것을 자유로운 자기완성에 맡긴다'는 리버럴 민주주의 사회의 특성은 커뮤니케이션이 아주 작은 사이클로 폐색될 위험성을 증폭시키는 것이기도 하다. 특히 일본은 항상 그 위험에 노출되어 있다. 나중에 언급하겠지만, 가령 미국의 사상가라면 문학은 불안정한 민주주의 사회를 보완하는 이기利器라는 논지를 내세울 수 있다. 그러나 일본에서는 문학이 사회와 어떻게 관계를 맺느냐는 문제가 실질적인 커뮤니케이션의 대상이 되지 않는다. '문학이 리버럴 사회에서 어떠한 역할을 맡고 있는가'라는 것이 우선 물음으로서 존재하지 않는다. 하지만 이렇게 되면 문학이나 문화의 자기인식은 점점 위축될 뿐이다.

그와 같은 결락缺落을 보완하기 위해서라도 현대 문화의 어떤 점이 뛰어나고 어떤 점이 부족한가, 달리 말하면 새로운 가능성을 발굴할 수 있는지를 해석할 필요가 있다. 신화라는 개념은 그 발판을 제공하는 것이다. 물론 이 책의 작업은 아직 불충분하고 거친 데생에 그친 부분도 많이 있다. 그래도 대충 지금까지 서술한 내용을 전제로 삼으면, 이 책의 의도는 어느 정도 파악될 것이라고 생각한다.

때마침 그 자리에 있는 것

그런데 약간 기술적인 면에서 먼저 몇 가지 전제를 짚고 넘어가고자 한다. 반복하자면 이 책은 신화의 개념을 '문화의 정보처리 양식'으로 정의한다. 구체적으로는 다음 두 가지를 꼽을 수 있다. 첫째 신화는 커뮤니케이션을 통해서 '이해 가능성'이나 '의미' 혹은 '리얼리티' 등을 제공하는 시스템이라는 것, 둘째 신화는 변환, 변형, 압축, 치환 등과 같은 조작을 내장한 시스템이라는 것이다. 또한 세 번째로 이 책에서는 '시간'에 관련된 처리를 본질적인 것으로 간주한다.[1]

하지만 이렇게 쓰면 '오늘날에는 오히려 '공간'의 가치가 격상되는 것이 아닐까'라고 생각하는 독자가 많을지도 모른다. 예를 들면, 현대가 일종의 '부족部族사회'에 가깝다는 점은 가끔 지적된다. 흔들리지 않는

----

1. '신화'라는 개념은 인류학자 클로드 레비스트로스Claude Levi-Strauss나 문예비평가 롤랑 바르트Roland Barthes 등 프랑스 구조주의자들이 수행했던 문화적 산물의 분석에 사용됐다. 또한 예전에는 19세기 독일 관념론에서 유기체의 화학 반응을 모델로 삼은 신화론이 구상된 적도 있고(가령 셸링Schelling), 또 20세기 전반에 독일 사상가들이 사회에 대한 '폭력'을 신화의 은유로 말했던 것도 사실인데(예를 들면 벤야민Walter Benjamin이나 슈미트Carl Schmitt), 그러한 자세한 사상적 계보는 이 책에서는 다루지 않는다.

세계를 상실한 현대인은 자신들의 입장에서 안전한 장場(중간의식이 통용되는 세계)을 유지해야만 하고, 그것은 결과적으로 사회가 무수히 많은 부족적 모임으로 분산되는 것과 결부된다. 그런 점에서 오늘날 가장 지배적인 주장 중 하나가 '지역주의'라는 데는 의심할 여지가 없다. 실제로 우리 생활의 실정에 의거해서 최소한의 상호이해 혹은 상호협조 공간을 확보하지 않으면 사회는 잘 돌아가지 않을 것이다. 그러기에 현대에는 글로벌화나 유비쿼터스화Uibiquitous(편재화偏在化)가 진행되는 한편, 바로 **그렇기 때문에 그야말로** 그 공간의 가치가 상승하는 것처럼 보인다.

그렇긴 해도 거기서 선택되는 것이 정말로 공간적 가치인지 어떤지는 재고할 필요가 있다. 예를 들면, 놀이 상대를 찾아서 휴대폰 전화번호부를 검색할 때 혹은 인터넷 SNS(소셜 네트워킹 서비스)에서 친구와 커뮤니케이션을 할 때, 거기서 중요하게 여겨지는 것은 공간적이라기보다 시간적인 매칭matching이 아닐까. 혹은 지방 거주자가 왜 일부러 차를 타고 먼 곳에 있는 홈센터나 쇼핑몰을 찾아가는 것일까. 그것은 거주지의 상점을 헤매는 것보다 먼 곳의 대형마켓에 가는 것이 자신의 요구가 충족될 확률이 높기 때문이 아닐까. 공간적인 거리가 다소 떨어져 있긴 해도, 쓸데없는 시간낭비를 '줄일' 수 있다면 그것이 더 큰 장점이다. 간단하게 말하면 시간단축이 시대의 이데올로기가 된 것이다.

SNS를 매개로 하는 연결이든 휴대폰 메일을 매개로 하는 연결이든, 이러한 새로운 테크놀로지는 어떤 관점에서 보면 '안정 매칭'을 위한 장치로 간주할 수 있다. 그래서 일기일회一期一會[2]의 관계성을 바라는 도시

---

*2. 일기(一期)는 '사람이 태어나서 죽을 때까지의 기간' 즉 '일생'을 의미하고 일회(一會)는 '두 번 다시 돌아오지 않는 것'을 의미한다. 평생 단 한 번의 만남 혹은 평생 단한 번뿐인 일 혹은 기회를 의미하는 불교적 인연관이 담긴 고사성어로 사람과의 만남, 기회의 소중함을 비유할 때 쓴다.

사람도 기존의 친구들과 친분을 유지하고 싶어하는 지방 사람도 균등하게 SNS를 이용할 수 있다. 그것은 지리적인 근접성에 기초한 고전적인 공동체를 기준으로 보자면 일단 끊어져 있다. 단적으로 말하면, 이 연결에서 선호되는 것은 타이밍이 잘 들어맞아서 때마침 거기에 있다는 가치, 즉 'just in time'의 가치다. 공간적인 근접성은 그것이 시간적인 일치와 연결되지 않으면 의미가 약해진다.

사상적으로 말하면, 이런 관점은 '인간을 공간적 존재로 생각하는가(예를 들면 칼 슈미트), 아니면 시간적 존재로 생각하는가(예를 들면 하이데거)'라는 큰 문제와도 연결되어 있다.[3] 가령 인간을 공간적 존재라고 생각하면 그것은 세력 다툼을 하는 동물과의 연속성으로 파악할 수 있을 것이다. 한마디로 말하면, 타인과 자신의 경계선을 뚜렷하게 그어서 자신의 윤곽을 유지한다. 그것이 공간적(정치적) 존재로서의 인간이다.

그러나 얼핏 보면 공간에 자리 잡고 있는 지역 공동체마저 그 밑바탕에는 무수한 시간적 매칭의 가능성이 탐사되고 있고, 더구나 그 탐사가 모여서 공동체의 실질을 지탱하고 있다고 보면 어떨까? 그 경우, 단순히 공간적으로 '이쪽'과 '저쪽'을 구분하는 것은 더 이상 인간이나 공동체의 존재를 확증하기에 충분하지 않다. 오히려 서로 갖고 있던 시간이 잘 들어맞지 않으면 지역적 공동체의 잠재력은 되살릴 수 없을 것이다. 다시 말하면 오늘날에는 무심히 던지는 말 한마디라도 '적절한 시기를 맞추는' 것의 중요성이 증가하고 있다. 가령 인터넷에서 폭발적으로 유행하고 있는 트위터를 보면 타이밍이 잘 맞아서 때마침 거기에 있음의 중요성이 서비스 품목의 수준에서도 점차 확실해지는 것을 알 수 있다. 트위터 이용자는 평소 그냥 혼자서 투덜거리는 것에 불과하다. 그러나 그

3. 노르베르트 볼츠Norbert Bolz, 『세계 커뮤니케이션(世界コミュニケーション)』, 村上淳一 訳, 東京大學出版會, 2002, p.520. [*Weltkommunikation*, 2001].

투덜거림이 다른 투덜거림과 가끔 시간적으로 교차함으로써 일종의 의사적擬似的 공동체가 발생한다. 이러한 서비스를 비롯하여 사회 곳곳에서 시간적 매칭에 소요되는 비용이 절감되는 것 같다.

왜 문화론인가?

사회의 복잡성이 증가할 때 우리는 공간을 위주로 안정되는가, 아니면 시간적 조율을 통해 안정되는가. 만약 후자가 우세하다면 그것은 우리가 정말로 정보화되었다는 증거일 것이다. 영국의 저널리스트인 제임스 하킨James Harkin은 현대인이 세상사에 대한 반응회로를 갖춘 인터넷상의 노드node, 결절점 구실을 하기에 도리어 국소적인 사이버비아cyburbia(사이버 외곽)에 몰려든다는 점을 지적한다.[4] 여기서 선택된 것도 말하자면 '키보드를 치면 반응하는' 시간성이다. 현대인은 쓸데없는 일에 유한한 시간을 뺏기지 않는다. 따라서 어떤 유형의 주인이 전달하는 어떤 유형의 자극에는 즉시 반응할 수 있도록 **자신이 기꺼이** 훈련받는다. 다만 당연히 이러한 훈련은 닫힌 피드백 루프loop로서 사이버비아를 대량으로 발생시키는 결과로 이어지며 열린 상태에서 상당히 멀어진다. 상식적으로 보면 이것은 결코 바람직한 상태가 아니다. 그러나 구조적으로는 피할 수 없는 문제다.[5]

....

4. 제임스 하킨, 『사이버비아(サイバービア)』, 吉田晋治 訳, NHK出版, 2009. [*Cyburbia:The Dangerous Idea That's Changing How We Live and Who We are*, 2009].

5. 독일의 미디어 이론가 프리드리히 키틀러Friedrich Kittler의 『축음기, 영화, 타자기(グラモンフォン・フィルム・タイプライター)』, 石光泰夫/石光輝子 訳, ちくま學芸文庫, 2006 [*Grammophon Film Typewriter*, 1986]에 따르면, 타자기가 출현했을 때, 철학자 하이데거는 그것이 인간의 '손'에 기반한 친숙한 작업을 내몰고 인간의 본래성(존재론적인 위상)을 위기에 빠뜨리는 것으로 생각하고서 강한 경계심을 드러냈다(하권, p.154

이와 같은 상황에 대해 문화는 어떻게 응답하는가. 이 경우, 문화, 특히 서브컬처적인 표현에 착안하는 데는 대략 세 가지 장점이 있다. 대중적인 문화는 첫째 미디어나 시장을 통한 '탈영역적인 특성'을 지니고 있고, 둘째 법이나 도덕이 아닌 사람들의 욕망을 발판으로 한다는 의미에서 불확실성의 발생이나 흡수에 적합하다. 시장의 탈영역적인 움직임은 때로 사람들의 취미나 세대, 국적 등 커뮤니티를 크게 넘어서는 면이 있을 수 있다. 또한 욕망에 근거한 서브컬처는 때로 처음의 의도나 설계를 넘어선 무언가를 만들어낼 수 있다(물론 사이버비아의 먹잇감을 제공하는 경우도 많이 있다). 간단하게 말하면 서브컬처의 힘이란 '불확정적인 상황을 플러스로 바꾸는 힘'에 있다.

작품을 바꾸는 신화와 장場을 바꾸는 신화

그렇다면 구체적으로 사이버비아화를 회피하거나 상대화하기 위해서는 어떠한 신화의 방법론이 있을까. 여기서 크게 '작품을 바꾸는 신화'와 '장場을 바꾸는 신화'를 구별할 수 있다.

'작품을 바꾸는 신화'란 주로 인터넷상에서 소비자 측이 생성하는 문화적 콘텐츠를 가리킨다. 소비자는 결코 제로에서 작품을 만들어내지 않는다. 그들은 이른바 '2차 창작'적인 변형·변환을 통해 자신들의 욕망에 따른 형태로 작품을 분해한다. 특히 '유명한 서브컬처 신화'(미야다이 신지宮台真司)일수록 그것은 얼마 안 가서 소비 욕망에 의해 해체될 수밖

이하). 그러나 현대의 컴퓨터와 인터넷은 그러한 하이데거의 의구심을 역전시키고 있다. 현대의 그래피컬 유저 인터페이스(GUI)는 반대로 '손으로 하는 작업'의 우위를 말해주고, 사람들은 도상이나 음악 등의 디지털 물질을 문자 그대로 '바로 가까이서' 조작하는 데 익숙해지고 있다. 오히려 지금은 그러한 용재성[手元性]이나 근접성 등이 우세인 상황에 대해 한층 비평적으로 개입하는 자세가 요구된다.

에 없다. 그렇게 해체된 자원은 바로 사이버비아적인 '키보드를 치면 반응하는' 회로에 제공될 것이다.

그에 비해, '장을 바꾸는 신화'는 작품을 너무 단시간에 '분해'해버리기보다는, 어떤 작품을 다른 장소로 이식하여 수명을 연장시키고자 한다. 이런 유형의 신화는 작품의 분해 속도를 바꿈으로써 작품을 사람들의 '용재성用在性/手元性'[6]이나 '근접성'에서 추출해내는 애플리케이션application 이다. 한마디 덧붙이면, 작품의 고유성이나 기억을 철저히 유지하면서 다른 리듬 혹은 템포로 작품을 **치환하는** 것, 거기에 '장을 바꾸는 신화'의 기능이 있다고 할 수 있다. 그것은 '키보드를 치면 반응하는' 사이버비아 회로의 존재를 전제로 그 회로를 다시 한 번 '재설계'하는 신화라고 할 수 있다.

물론 모든 문화적 작품은 어쨌든 낡는다. 다만 작품은 낡더라도 그냥 낡는 게 아니다. 작품은 말하자면 앞서나가는 시대에 **한쪽 발을 들이밀면서** 낡는다. 그러나 '작품을 바꾸는 신화'의 번성은 그때마다 욕망이 강해지고 유행이 빨라져서 한쪽 발을 남길 틈도 없이 분해되어버리는 것을 의미한다. 그래도 괜찮다고 하면 그만이다. 하지만 '장을 바꾸는' 유형의 신화는 어디까지나 장과 장의 연속성을 유지함으로써 그 '한쪽 발을 밀어 넣는' 상태를 유지할 것이다. 우리는 그러한 연속적인 작품을 통해서 과거와 미래를 잇는 단서를 얻을 수 있다. 조금 전에 말했듯이 존재의 기준이 공간에서 시간으로 이동하는 것이라면, 더욱더 그와 같은 시간조작의 유효성이 늘어날 것이다. 이 책에서는 제2장에서 주로 이 문제

---

*6. 하이데거의 'Zuhandenheit'라는 용어를 일본어에서는 '手元性'으로 옮기는데, 한국에서는 'Zuhandenheit'를 '용재성(用在性)', '손 안에 있음', '도구의 용재성' 등으로 옮긴다. 도구의 용재성은 현존재가 사물과 실천적 배려로 만나는 것, 도구로서 만나는 존재자의 존재성격을 의미한다. 이 책에서 사용되는 'Zuhandenheit'의 일본어 번역어 '手元性'은 '용재성'으로 옮긴다.

를 다룬다.

어쨌든 우리는 집단의 욕망과 거기에서 나날이 생겨나는 정보를 전제로 어떠한 신화를 엮어낸다. 즉 신화는 실수와 착각이 많은 우리의 주관적 지각이 아니라 어디까지나 '환경정보'에 입각해서 만들어진다.『신화가 생각한다』라는 이 책의 제목은 그러한 **객체의 우위성**을 나타내기 위해 붙인 것이다. 조금 더 나아가자면 오늘날 인간은 어떤 측면에서는 신화가 생각하듯이 생각하는 것이다. 그 특수한 사유 양식의 단면을 드러낼 수 있다면 일단 이 책의 목적은 달성한 것이다.

다음은 이 책의 개요를 간단하게 정리한 것이다.

제1장은 구체적인 작품론에 들어가기 전에 오늘날 신화의 기초로서의 '하이퍼리얼리티'라는 개념을 설명한다. 또한 인터넷상의 서비스, 구체적으로는 니꼬니꼬 동영상을 예로 들어 소비의 새로운 양식mode으로서의 '리좀화한 데이터베이스'를 다룬다. 그리고 그 데이터베이스를 염두에 두면서 리처드 로티Richard Rorty, 1931~2007, 분석철학자의 견해를 빌어서 신화와 '공公과 사私'의 구별 관계를 논한다.

제2장에서는 사회에 이미 널리 침투된 신화에 대해 그것을 어떻게 재디자인화할 수 있는가 하는 문제를 다룬다. 예전 서브컬처가 젊은이 문화youth culture이며 주로 젊은층의 표현매체였던 시대에 비하면, 지금은 만화든 애니메이션이든 게임이든 이미 적정 기간을 거쳐서 사회에 널리 퍼져 있다. 그 성숙기를 맞이하고 있는 듯한 서브컬처, 특히 애니메이션에서 신화가 어떻게 재생되는지를 '상상력'이라는 말을 중심으로 생각한다.

제3장은 제2장을 보완하는 장으로 여러 장을 관통하는 '상징적인 것'의 힘을 생각한다. 제3장의 후반에는 야나기타 구니오의『도노 모노가타리遠野物語』를 중심적으로 다루고 있는데 이 장은 작품론과는 거의 관

계가 없다. 여기서는 오히려 상징적인 것의 위상을 추상적인 방식으로 위치지음으로써 신화론을 될 수 있으면 일반화하고자 한다.

제4장의 주제는 소설이다. 구체적으로는 휴대폰소설이나 라이트노벨 같은 새로운 종류의 펄프픽션의 등장을 다루며 그 선구자로서 무라카미 하루키의 신화를 다룬다. 또한 소비사회의 주체성의 모델로서 레이먼드 챈들러Raymond Chandler, 1888~1959, 소설가로 대표되는 미국 하드보일드 소설을 참조한다.

제5장에서는 게임의 사례를 다룬다. 게임은 '내적인 정합성'을 갖춘 의사擬似 객관적 세계이며 그러기에 포스트모던의 신화로서 가장 귀중하다. 그렇긴 해도 이번 장에서는 게임의 정석 같은 작품보다도 게임의 시간성을 마치 아이러니컬하게 뒤집은 특이한, 그리고 미학적인 작품에 주목한다. 또한 그 연장선상에서 루이스 캐럴의 소설-아시다시피 캐럴은 게임 애호가였다-에 대해 논한다.

마지막 장에서는 앞에서 언급한 신화적 사고의 여러 유형을 토대로 다시 한 번 제1장의 주제로 돌아가서 근대적(정치적) 공公과 사私, 포스트모던적(신화적) 공과 사, 이렇게 총 네 영역의 특성을 대략적으로 다룬다. 즉 이 책의 전체 내용을 보다 상위의 시점에서 살펴보는 장이다.

전체적으로 작품론을 기본적인 주안점으로 삼고 있기는 하지만, 곳곳에 추상적인 논의가 끼어들고 시점이 빈번하게 이동하는 구성을 취하고 있다. 이런 방식이 부담스러운 독자를 위해 책 말미에 키워드 해설을 덧붙였다. 우선 그것을 슬쩍 훑어보고 그런 다음 본문을 읽어주시길 부탁드린다.

그럼 곧장 본론으로 들어가도록 한다.

제1장 포스트모던의 공公과 사私

오늘날의 세계는 처음의 우연한 출발점이 환경 세계의 피드백을 거쳐서 자기참조self-reference적으로 '현실'(하이퍼리얼리티)로까지 고양된다. 이 장에서 제시하는 것은 그 '현실'이 순수하게 데이터 계산을 통해 성립된 것도 있지만, '인간'이라는 특별한 참조항을 통해서 결정된 것도 있다는 다원적인 상황이다. 부유하는 현실이 '현실'화에 이르기까지 압력을 가하는 '압력솥'으로서의 '신화'는 네트워크화와 정보화의 발전을 거치면서 매우 다채로운 양상을 띤다.

정보처리 기술이 발달하면서 문학 또한 독특한 신화화의 방법을 터득하고 있다. 젊은 미스터리 작가 니시오 이신西尾維新은 폭력이나 죽음으로 가득찬 세계를 묘사할 때 먼저 언어나 사람 이름을 자갈 같은 무의미한 대상으로 바꿔버린다. 이것은 세계를 파괴하는 대신, 언어나 문자를 파괴하는(메시지에 버그bug를 주입하는) 아이러니컬한 전치[轉位, displacement] 전략이다. 그 전략을 여기서는 '신화의 사적私的 사용'이라고 부른다.

1 오늘의 하이퍼리얼리티

리얼리티의 농축濃縮

신화가 '객체의 우위성'에 기인한다고 하면 약간 인간이 소외되는 느낌이 들 수도 있다. 그렇긴 해도, 우리가 수많은 상품[제품]을 만들어내는 시장의 생태계에 서식하고 있고 거기에서 사회성의 밑천을 얻는 현상은 아마 누구도 부정할 수 없을 것이다. 문제는 그 사회성이 어떻게 편성되어 있는가에 달려 있다.

그 편성을 떠받치는 것은, 한마디로 표현하면 '시뮬레이션simulation의 기술적 향상'일 것이다. 1970년대에 소비사회의 신화에 관한 문제를 사유했던 프랑스 사회학자 장 보드리야르Jean Baudrillard, 1929~2007는 바로 '모든 것이 배합된 자유로운 수치적 조작에 달려 있는' 시뮬레이션의 힘에 주목했다.[1] 보드리야르가 다뤘던 디즈니랜드, 홀로그램, 혹은 필립 딕 Philip Kindred Dick, 1928~1982, 미국의 SF소설가이나 J.G 발라드James Graham Ballard, 1930~2009, 영국 SF소설가의 SF소설은 모두 기호나 패턴을 수치적으

---

1. 장 보드리야르, 『시뮬레이션과 시뮬라크르(シミュレーションとシミュラークル)』, 竹原あき子 訳, 法政大學出版局, 1984, p.3. [*Simulacres et simulations*, 1981].

로 조작하여 임의의 현실이 창발創發하는 사태를 선구적으로 예고했다. 고전적인 사고방식으로 보면, 확고한 현실과 황당무계한 허구, 혹은 거짓된 현세現世와 진실한 초월세계가 대립된다. 하지만 1970년대 이후 이러한 대립은 서서히 완화되었고 다른 주제로 대체되었다. 결론부터 말하자면, 현실의 것이든 허구의 것이든 아주 정밀한 시뮬레이션을 통해 리얼리티를 **농축**하고 **수렴**시키는 것이 새로운 과제가 된 것이다.

이러한 배경에는 사회 상황의 변화가 있다. 흔히 말하듯, 현대는 사회의 전체적인 합의consensus(거대서사, 큰 이야기)가 상실된 것이 특징인 '포스트모던' 시대, 즉 수많은 사람들의 이해나 의지를 무시할 수 없는 시대다. 그러므로 기업이나 문화의 엔터테인먼트 산업은 어디까지나 고객이나 소비자의 호응을 얻을 수 있도록, 즉 시장 사이클이나 범주에 따라 판매 전략을 세우도록 점점 더 강도 높게 요구받는다. 그 전략에서는, 소비자의 동향을 파악한 내용이 다음에 어떤 작품을 만드는가, 혹은 어떤 상품을 개발하는가 하는 시뮬레이션 재료로 피드백된다. 다시 말하면 소비는 단순히 주어진 상품이나 서비스를 다 써버리는 것이 아니다. 그것은 오히려 다음 단계의 생산에 지침을 주는 행위이며 좀 더 나아가면 시장을 만드는 **창조행위**의 일환이다. 아무튼, 이런 종류의 피드백이 사회 곳곳에서 발견되는 현상은 따로 설명할 필요도 없을 것이다.

사회 전체적인 합의가 존재하지 않는 한, 우리에게 모든 일의 출발점은 항상 부정확함을 수반한다. 그러나 그러기에 오늘날의 사회는 피드백의 축적으로부터 어떠한 질서를 자기포섭적으로(자기 자신에 입각하여) 창발해가는 기술을 발달시킨다. 실제로 좁은 의미의 소비행동 외에도 무수한 시뮬레이션이 생활에 포함되어 있다. 구체적으로, 물리연산을 이용한 3D CG, CAD(컴퓨터 지원 설계)로 작업한 상품설계, 건축설계, 차간車間거리/도로폭/기후 조건을 비롯한 많은 변수를 고려한 교통지체 시뮬레이션, 편의점, 슈퍼마켓으로 운송되는 상품배달을 관리하는 정교한 로지스틱스logistics[2] 등 얼마든지 사례를 들 수 있다. 컴퓨터로 지원되는 엄청난 계산력 덕택에 사회평면 위에 제각각 흩어져 있던 사람들의 행위나 취미 기호를 계산할 수 있게 되었고 동시에 컴퓨터 용량의 폭발적 증대가 수준 높은 데이터마이닝datamining(데이터 분석으로 유용한 정보를 발견하는 것)을 실현한다.

　단순한 현실이나 단순한 허구는 그것만으로는 더 이상 리얼리티를 갖지 못하고, 모두 흩어져버린다. 그와 반대로 아주 정밀한 시뮬레이션은 리얼리티를 농축하는 확률을 높여주는 유력한 수단이다. 여기서 요점은 출발점이 우연적이더라도, 그 어설픈 출발점을 복원하고 하나의 덩어리, 즉 단위로 정리해가는 객체적이고 자기수정적인 메커니즘이 끊임없이 사회에 압력을 가한다는 것이다. '신화'란 바로 압력솥 같은 정보처리 메커니즘이라고 생각한다. 앞으로 이 책에서는 신화적 정보처리에 어떠한 패턴이 있는가(있을 수 있는 것인가)를 고찰해갈 것이다.

하이퍼리얼한 신화

출발점은, 다소 거칠게 말하자면 '신화=시뮬레이션을 통한 프로세싱processing에 의해 상대적으로 견고한 작품이나 상품을 만들어내는 것'이다. 이러한 경향은 커뮤니케이션관觀의 변화도 가져온다.

　예를 들면 생태학적인 착상을 끌어들인 사회 시스템론은 커뮤니케이션을 '반복성[중복성]Redundancy의 확대'로 파악했다. 뒷장에서 다시 설명하겠지만 이런 사고방식으로 보면 커뮤니케이션은 랜덤random 이상의

*2. 원료준비, 생산, 보관, 판매 등 물적 유통 과정을 가장 효율적으로 총괄하기 위한 종합 시스템.

확률에서 발생하는 패턴, 즉 반복성을 세계에 채워넣는 현상으로 이해할 수 있다. 예를 들면 영어 알파벳이든 일본어 가타가나든 모든 문자가 똑같은 빈도로 사용되지 않고, 반드시 출현 빈도에 차이가 있다. 시간이나 장소가 약간 바뀌더라도 이 법칙성은 쉽게 변화하지 않는다(그렇기 때문에 빈도분석을 통한 암호 해독이 가능하다). 이것은 반복성이 성립하는 것으로 간주된다. 이러한 상황에서 커뮤니케이션을 리얼리티의 **농축 프로세스**로 파악하는 길이 열릴 것이다. 아무튼, 사회 시스템은 철저한 커뮤니케이션의 산물이다.

여기서 그 농축 프로세스의 큰 흐름으로서 하나의 개념적 틀을 제시할 수 있다. 조금 전에 몇몇 시뮬레이션 사례를 언급했는데 이 사례들은 모두 보드리야르의 용어로 '하이퍼리얼Hyperreal'의 연장선에 놓여 있다. 하이퍼리얼이란 물리적 현실의 구성효과를 추출하고 그것을 적절하게 편집하여 보다 효율적인 '모델'을 이끌어낸 다음, 다시 그것을 현실의 생산으로 피드백하여, 때로는 애초의 모델에도 약간의 수정을 가한 결과 생겨난 새로운 현실을 의미한다. 보드리야르는 이러한 순환운동이 현대인에게 리얼리티의 원천이 되는 현상을 통찰했다. 비현실, 즉 하이퍼리얼(초현실)이라는 개념은 현실의 시뮬레이션이 다음 단계에서는 현실 그 자체를 구성한다는 이 순환을 잘 보여준다.

그때 인간의 기억력을 훨씬 능가하는 데이터 용량의 확대는 사회 운영에도 엄청난 영향을 미칠 것이다. 그중 알기 쉬운 예는 역시 데이터마이닝이다. 법률가이자 경제학자인 이언 에어즈Ian Ayres는 어마어마한 정보를 지닌 데이터베이스를 사용한 회귀분석regression analysis으로 전문가도 무색해질 정도로 정확한 수치를 알아낸 사례를 몇 가지 거론한다. 에어즈에 따르면, 와인의 품질 예측부터 의료 현장에 이르기까지 과거 데이터 누적을 활용하여 전문가의 편견bias이 작용하지 않는 보다 중립적인 정답을 이끌어낼 수 있다고 한다. 영역에 따라서는 전문가 이상으로 데이터가 올바른 답을 알고 있다는 사실은 우리의 의사결정에도 큰 영향을 미칠 수 있다. 물론 그런 방법이 완전무결하다는 뜻은 아니지만 데이터가 산출해낸 해답을 무턱대고 무시하는 태도는 아무런 득이 안 된다.

이와 동시에, 에어즈는 인터넷이 등장하면서 '무작위 추출'이 매우 쉬워졌다는 점을 주목하라고 지적한다. 인터넷의 특색은 단순히 대량 데이터를 이용할 수 있을 뿐만 아니라 필요에 따라 임의로 선택한 사용자에게 좀 더 신선한 데이터를 얻을 수 있다는 것이다. 소비자의 취향과 기호는 끝없이 바뀌므로, 그것을 선례에 구애받지 않고 포착하려면, 무작위로 추출한 사람들에게서 새로운 데이터를 제공받는 것이 가장 효과적이다. 그 이전에는 필요한 데이터 그 자체가 존재하지 않는 경우도 많았고 전략 수립에 지장을 준 일도 있었다. 이럴 때 무작위 추출이 위력을 발휘한다. 이것은 일종의 창조행위에 가깝다. "…… 상당수의 의지 결정에서 보자면 인간행동의 원천에 대한 강력하고 새로운 정보는 지금 당장이라도 창출되기를 기다리고 있다".[3] 지금까지는 이 '강력한 새로운 정보'가 바탕이 된 모母집단을 준비하는 데에도 비용이 들었지만 인터넷은 그 어려움을 크게 줄여줄 것이다. 이리하여 데이터 축적에 의한 정밀도 높은 계산 및 신규 데이터 획득의 비용절약, 이것이 데이터화나 네트워크화가 발전한 결과다.

---

3. 이언 에어즈, 『숫자가 전략을 결정한다(その数学が戦略を決める)』, 山形浩生 訳, 文藝春秋, 2007, p.89. [*Super Crunchers: Why Thinking-by-Numbers Is the New Way to Be Smart*, 2007].

연립방정식으로서의 신화

오늘날 데이터마이닝은 '현실=자연'에 아무런 손상도 입히지 않고 오히려 '현실=자연'의 풍요로움을 그대로 고스란히 계산에 이용해버린다. 지금까지는 흔적 없이 사라져버렸을 숨겨진 패턴이 고도의 계산력에 의해 채택되어 우리 생활로 다시 흘러든다. 여기서 자연과 인공의 구별이 약간 애매해지는 것을 알 수 있다. 자연을 희생하고 인공 시스템을 구축하는 것이 아니라, 오히려 자연 그 자체를 원료로 삼아 인공 시스템을 풍요롭게 하는 것. 우리는 이러한 상황을 적절하게 평가해야 한다.

이것은 다른 관점에서 말하면 물리적인 것과 가상적인 것 사이의 구별이 애매하다는 점과 연결된다. 이 점과 관련하여 몇 가지 매개변수 parameter를 꿰맞추고 조정하여 마치 '연립방정식'을 풀듯이 하나의 신화를 생성하는 양식을 열거해볼까 한다.[4]

예를 들어 자동차 제조로 말하자면 클레이모델(점토로 만든 자동차 모형)에서 캐드CAD데이터를 생성하여 거기에서 실물 제조로 연결되는 공정에 대해 생각해볼 수 있겠다. 작업자는 클레이모델을 움직여서 데이터를 얻고 그것을 디스플레이상에 띄워서 조작한 다음 설계도를 작성한다. 그러나 섬세한 질감을 표현하기 위해서는, 단순히 캐드만 조작하는 것보다 실물 크기 클레이모델을 작업자가 수시로 손질해서 그것을 다시 데이터화하는 쪽이 결과적으로 수고를 줄이는 경우도 적지 않다. 여기서 사물과 데이터, 물리와 가상은 더이상 반드시 대립하는 것이라고 할 수 없다. 우연성이나 섬세함, 혹은 자연스러움을 간직한 클레이모델의 '계산'과 디지털화된 디스플레이상의 '계산'은 언제든지 융합할 수 있기 때문이다.

....
4. 클로드 레비스트로스, 『질투하는 옹기장이(やきもち焼きの土器つくり)』, 渡辺公三 訳, みすず書房, 1990, [La potière jalouse, 1985].

또 친근한 예로 상품의 '세대'를 생각해볼 수 있다. 가령 아이팟iPod이나 휴대폰 기종의 '세대'는 전前세대 기종의 여러 기능을 변경해서 만든다. 전세대의 상품명은 유지하지만, 그 콘텐츠는 그때그때 소비자의 요구나 기술적 진화, 경제적 상황 등 여러 변수에 맞춰서 주기적으로 개량해간다. 상품 설계사상思想은 유지되더라도 상품 결과물은 매번 상황에 맞게 얼마든지 달라질 수 있다. 따라서 예를 들면 몇 세대가 지난 뒤 아이팟의 형태가 어떻게 바뀔지 아무도 예측할 수 없다. 그런 의미에서 현대사회에서는 시간적 요소에 대해 예전보다 훨씬 민감한 센서를 작동하게 하는 신화적 상품이 등장하고 있는 듯하다.

약간 복잡하게 말하자면, 오늘날 설계사상은 설계를 뛰어넘는 것(자연)과 설계의 산물(인공)을 화해시킨다고 평가할 수도 있다. 아무리 뛰어난 상품이라도 시대가 지나면 새로운 기술이나 유행에 침식당하거나 시장의 성장 상황이 바뀌어서, 개량innovation이 필요해진다. 따라서 완전한 설계는 처음부터 있을 수 없고 오히려 만일의 경우 변모 가능성을 포함한 설계, 설계를 뛰어넘는 것을 차례로 재설계하는 설계가 좋은 설계가 될 것이다. 말하자면 이러한 **자연적 인공**이라는 성질을 포함한 '연립방정식으로서의 신화'는 일찍이 보드리야르가 하이퍼리얼의 사례로 언급한 디즈니랜드보다 더 말 그대로의 하이퍼리얼을 체현한다.

자애의 원리

헌데, 설령 어느 정도 계산력이 뛰어나고 자연과 인공 사이를 아무런 구애도 받지 않고 오가는 메커니즘이 존재한다고 해도 그 계산력을 사용하는 방향성은 그만큼의 변동variation이 없다랄까, 거기에서 주로 참조하는 것은 '인간'이다. 여기서 지금까지 살펴본 '자연의 이용'의 반대편에

'인간의 이용'을 놓아보자. 다시 한 번 자동차를 예로 들면 일본의 대형 자동차 메이커는 자사 제품의 프로모션의 일환으로 플레이스테이션용 게임 소프트인 '그란투리스모GranTurismo'를 이용하고 있는데, 이것은 게임이 인간에 대해서 발휘하는 현전성이나 지향성이 그냥 유통되는 대중 매체의 정보보다도 훨씬 강력하기 때문이다. 제대로 잘 전달되고 있는지 알 수 없는 TV광고를 내보내는 것보다 실물처럼 정교하게 만들어진 게임 자동차를 운전해보게 하는 쪽이 프로모션 효과가 확실히 더 낫다.

　이런 방법으로 상품이 인간에게 가까워지고 결과적으로 엔터테인먼트화된다는 것은 하나의 징후로서 중요하다. 가령 네트워크가 원리적으로 무한 시뮬레이션 능력을 지녔다고 해도, 그것은 어떠한 방식으로 감축되지 않으면 이해 가능한 것이 되지 않는다. 그리고 상품의 엔터테인먼트화는 오로지 개체로서의 인간(의 즐거움)을 초점으로 커뮤니케이션을 진화시켜 리얼리티를 농축하게 된다.[5] 이런 경우 인간이 정보의 선택압選擇壓(생존률을 바꾸는 힘)을 결정하는 하나의 참조항이 된다. 한편으로 오늘의 신화 시스템은 아주 정밀한 시뮬레이션을 통해서 자연을 전혀 희생시키지 않고 하이퍼리얼리티를 구축한다. 그러나 그것은 또한 동시에 인간에 대한 적합성을 바탕으로 리얼리티의 안정화를 도모한다. 자연의 작은 가능성도 상당한 정도로 현실성을 끌어올림으로써, '왜 바로 그 가능성이 끌어올려지는가'라는 '필연성'이 문제가 되며 인간은 그 필연성 영역을 차지하게 된다.

---

5. 상품의 엔터테인먼트화는 종종 매우 강력하게 작용한다. 가령 우리는 일반적으로 서브컬처는 일시적인 소비재에 불과하고, 정말로 남는 것은 보편적 가치를 지닌 예술 작품이라고 생각하기 십상이다. 그러나 오늘날에는 오히려 팝컬처 혹은 서브컬처 작품이 더 오래 살아남는 신화다. 30여 년 전 작품 중에 〈건담〉만큼 지속성을 지닌 작품은 문화 전 영역을 훑어봐도 아마 거의 없을 것이다. 물론 거기에는 일본 특유의 사정도 있으므로 너무 단정적으로 말할 수는 없지만 엔터테인먼트적인 '리얼리티의 농축'이 때로는 시대별 가치관을 뛰어넘는 힘을 지닌 것은 분명하다.

인간에게 초점을 맞춘 리얼리티의 농축에 관해 말하자면 아주 손쉬운 수단은 아마도 기존 친밀권에 그냥 편승하는 방법일 것이다. 가령 오늘날 '입소문 마케팅Buzz Marketing'에 대한 관심이 높아지는 것을 예로 들 수 있다. 입소문 마케팅의 원리를 해설하여 미국에서 베스트셀러로 호평 받은 말콤 글래드웰Malcolm Gladwell의 저서는 어떤 역치閾値(티핑포인트 tipping point)를 넘으면 폭발적으로 상품이 퍼지는 사례를 소개한다. 글래드웰은 몇 가지 예를 들어 그 법칙을 설명하는데 특히 중요한 것은 네트워크상의 정보를 타인에게 매개하는 인간의 존재다.

글래드웰은 고도의 정보수집 능력이 있고 또한 그것을 타자에게 전달하려는 의욕도 지닌 '메이븐maven(通)'[6]에게 많은 인간관계를 지닌 '커넥터'가 접속함으로써 붐이 일어난 사례를 설명한다. 정보의 퀄리티나 귀중함을 꿰뚫어보는 인간(通)과 그것을 여러 방면으로 전염시키는 인간이 서로 달라도 상관없다. 여기서 글래드웰이 주목하는 것은 메이븐이나 커넥터가 종종 '타자에게 가르쳐주고 싶어하는' 심리를 갖고 있다는 점이다.[7] 정보를 그냥 슬쩍 아는 것만으로는 아무런 일도 일어나지 않는다. 거기에 타자에게 영향을 주고 싶어하는 감정이 실려야 비로소 어떠한 현상이 일어난다. 특히 감정적인 전염이나 모방은 그 작용을 받은 당사자도 의식할 수 없는 경우가 많고, 이러한 의식할 수 없는 '동조성同調性'이 전염성이 높은 커뮤니케이션을 발생시킨다.[8]

*6. 말콤 글래드웰의 『티핑 포인트*Tipping Point*』에 따르면 현자 메이븐(maven), 전파자 커넥터(connector), 설득자 세일즈맨(salesman), 이 세 부류의 인간이 세상을 움직인다고 한다. 여기서 메이븐은 뭐든지 다 아는 소식통, 척척박사를 말한다.

7. 말콤 글래드웰, 『빨리 팔리는 데는 이유가 있다. 네트워크 이론이 밝히는 입소문 법칙(急に売れ始めるにはワケがある ネットワーク理論が明らかにする口コミの法則)』, 高橋啓 訳, ソフトバンク文庫, 2007, p.89. [*The Tipping Point: How Little Things Can Make a Big Difference*, 2000].

8. 앞의 책, p.115.

예전에는 대중매체가 특권적인 메이븐이었고 또한 특권적인 커넥터이기도 했다. 그러나 TV나 신문의 정보는 그냥 휩쓸려 지나갈 뿐이다. 이와는 달리 입소문이 환영받는 것은 그것이 끊임없이 타자 사이의 접근성을 이용하고 있기 때문이다. 일반적으로 커뮤니케이션의 성공을 위해서는 '자애의 원리'를 빼놓을 수 없다.[9] 즉 상대에게 친밀한 정을 지니고 있다는 신호sign를 넌지시 보내주는 것이 커뮤니케이션 안정성의 열쇠를 쥐고 있다. 예를 들면 관심 있던 상대에게 아무런 전제도 없이 갑자기 대가 없는 선물을 한다면 그것은 때로 극도의 경계심을 불러일으킬 것이다(약인 동시에 독이라는 철학상의 교훈을 떠올려 보라). 보낸 사람은 우선 **그것이 친밀한 관계를 맺기 위한 선물**이라는 메타메시지를 넌지시 표현해야 한다. 그렇지 않으면 단순히 상대와의 관계를 나쁘게 만들 뿐이다.

입소문에 기반을 둔 커뮤니케이션은 대중매체가 발신하는 정보에 비해 상대를 친밀한 커뮤니케이션의 대상으로 간주하는 '자애의 원리'를 발동시키기 쉽다. 중성적인 정보(데이터)가 그냥 흐르는 것이 아니라 그것이 바로 '당신'에게 중요하다는 신호를 보내는 것, 현대 커뮤니케이션의 포인트 중 하나는 거기에 있다. 만일, 각 개체가 사회평면상에 균등하게 또한 동등한 능력으로 흩어져 있다면 표상表象의 전염속도 역시 예측 가능할 수도 있다. 그러나 실제 네트워크는 친한 타자의 재잘거림이나 정보를 결집시킨 인간의 발언이 거리를 좁히기 때문에 뜻하지 않은 넓은

---

9. 원래 '자애의 원리'는 미국 철학자 도널드 데이비드슨Donald Davidson, 1917~2003의 용어다. 데이비드슨의 생각으로는 '자애의 원리'는 타자를 이성적인 존재라고 간주함으로써 커뮤니케이션 회로가 성립한다는 것이었다. 이 책에서는 그 종교적인 용법('자애慈愛'의 어원은 charity)을 이해하면서도 그 의미를 재해석한다. 즉 타자를 커뮤니케이션 가능한 존재로 간주하는 국면을 양성하는 데서 '자애의 원리'의 발동을 보고 있다. [도널드 데이비드슨을 다룬 한국의 철학 논문에서는 'charity'를 '자비'로 쓰고 있다. 일본에서는 '자비'라는 한자어가 불교적인 색채가 강해서 중립적인 의미로 쓸 때는'자애'로 쓴다._옮긴이].

범위에 급속도로 전염이 생긴다.

리얼리티의 농축 과정은 이러한 네트워크의 불균등한 편향에 의해 실현된다. 노드(결절점)에 해당하는 인간, 타자에게 전달하는 능력을 갖춘 인간이 개입하여 신화는 종종 확고한 상태로 구축된다. 다만 이런 종류의 전염성viral 커뮤니케이션에는 일단 농축된 단위가 다음 순간 허망하게 풀려버릴 위험성이 들러붙는다. 그렇다면 그 불안정성을 회피하고 다른 종류의 보다 지속적인 시간성을 채워넣으려면 어떻게 하면 좋을까. 이 문제에 대해서는 제2장에서 다시 다루기로 한다.

인간의 위치

어쨌든 이렇게 보면 시뮬레이션의 기술적 진화에 따라 신화론 그 자체도 새로워져야 한다는 것을 알 수 있다. 데이터세계는 우리와 따로 떨어져 있는 세계가 아니며 오히려 유동적이고 유연성이 뛰어난 것으로서 우리의 삶에 관여한다. 사실(자연)을 존중하고 타자와의 친근함(자애)을 존중하는 가운데 하이퍼리얼리티를 생성하는 커뮤니케이션. 우선 그것을 '사실성과 근접성 베이스의 커뮤니케이션'이라고 부르겠다.

이 커뮤니케이션 양식은 때로 인간과 정보의 감축장치 내지 참조항으로서 기능한다. 여기서 주의할 점은 이때 인간이 '사회에 대한 초월적 성격'(노르베르트 볼츠Norbert Bolz)을 지닌 것처럼 여겨지는 것이다. 인간만 네트워크상의 데이터를 이용하는 것이 아니고, 네트워크도 인간의 행동에 적합하도록 신화를 구축한다. 네트워크상의 정보의 도태는 종종 인간의 이해관계에 따라 이뤄진다(왜 인간이냐 하면 네트워크가 지속적으로 참조할 수 있는 **통일체**가 인간밖에 없기 때문이다). 이러한 상호의존적인 관계를 아주 간단하게 제시하면 그림 1과 같은 도식을 그릴 수 있다.

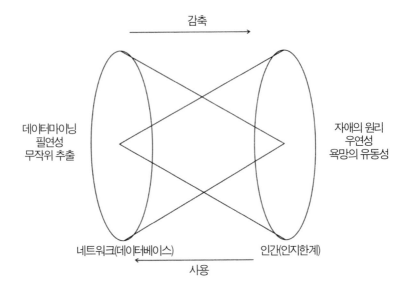

그림 1. 네트워크와 인간의 상호침투

감축

데이터마이닝
필연성
무작위 추출

자애의 원리
우연성
욕망의 유동성

네트워크(데이터베이스)   인간(인지한계)

사용

　또한 이런 종류의 커뮤니케이션 환경 변화는 시대의 미의식도 바꿀 수
있다. 예를 들면 움브라umbra에서 인테리어(쓰레기통) 디자인을 담당했고,
미야케 잇세이Issey Miyake, 三宅—生, 1938~, 패션 디자이너와 공동 작업을 했던
공업 디자이너 카림 라시드Karim Rashid, 1960~는 바로 그러한 커뮤니케이
션 환경에 상응하는 엠블럼(상징)을 제공하고 있다.

　9·11테러가 발생한 뒤 사람들은 '아무것도 안전하지 않다는 것을 깨
닫고' 그로 인해 '물질적인 상품에 대해 한층 더 까다롭게 반응한다'고
판단한 라시드는 아름다운 유선형 디자인으로 감각적이고 복합 기능적
인 제품을 계속 출시한다. 그 제품들에는 사물의 형태보다 사람에게서
얻을 수 있는 '경험'이 중요하다는 그의 디자인관이 반영되어 있다. '형
태는 기능을 따른다', 즉 '형태는 유동성을 따른다Form follows fluid'는 것
이 라시드의 신념이어서 군더더기 장식은 없애고 환경과의 부드러운 접

합면, 다多기능성을 부각시킨다.[10] 과거의 기능주의가 하나의 사용조건에 대한 하나의 기능을 연마하는 것이었다면, 오늘날의 기능주의는 오히려 환경 변화를 고려한 다기능성이 특징이다. 이러한 새로운 기능성을 추구하는 라시드는 하이퍼리얼한 오늘날의 작동을 잘 보여준다.

제품이 차지하는 공간은 최소화하고, 될 수 있으면 경제적으로, 그리고 제품이 맡고 있는 기능은 가능하면 유연하고 다양하게, 이러한 식으로 연립방정식으로서의 신화가 정밀화되면 기존 질서를 그냥 밀어붙이는 이야기는 힘을 잃어간다. 하이퍼리얼한 신화는 오히려 수시로 랜덤성(무작위성)이나 자애의 원리를 끌어들이며, 말하자면 '느슨한' 상태를 유지한 채, 스스로의 윤곽을 정하게 될 것이다. 과거에는 '신화'라고 하면 모두가 믿고 있는 이야기라는 정도의 의미에 불과했지만(예를 들면 '안전신화 붕괴'라는 식으로), 우리는 지금 그것과는 다른 차원에서 생성된 새로운 제어 시스템으로서 신화에 주목해야 한다.[11]

신화의 감정처리

그런데 여기서 언급한 사례는 수치적인 조작이 인간의 감정과 서로 어긋나지 않는다는 것을 의미하기도 한다. 이런 경우는 역사적으로 보더라

---

10. Marisa Bartolucci, *Karim Rashid*, Chronicle Books, 2004, p.8, p.23.

11. 또한 레비스트로스의 신화론이나 나중에 참조할 그레고리 베이트슨Gregory Bateson의 생태학적인 커뮤니케이션론은 사이버네틱스에 근거를 두고 있다. 그 점에서 '초심자 제어 이론'이긴 해도, 그 기원은 오히려 독창적이고 고전적인 통신공학 전통에 속한다고 할 수 있다. 다만 인터넷은 인류사에 유례없을 정도로 엄청나게 많은 사람들의 커뮤니케이션의 장이 되어 있다. 지금까지 인터넷에는 중앙집권형이 아닌, '자율분산형' 사회의 이상적인 이미지가 투영되어 왔지만, 현실에 드러난 것은 '비자율적이고 분산적'이라는, 어떤 의미에서는 최악의 상황이었다. 그러므로 거기에는 제어에 대한 사상이 다시 제기될 여지가 있다.

도 의외로 많다. 감정이나 욕망, 의지는 오래되었고 수치적인 산술을 **초과**한다고 생각되어 왔기 때문이다.

예를 들면 칼 슈미트는 1923년 출간한 저서『현대 의회주의의 정신사적 지위』에서 이렇게 말한다.

> 인민의 의지는 반세기 이후 매우 면밀하게 만들어진 통계적인 장치보다도 갈채acclamatio, 즉 반론의 여지가 없는 자명한 것을 통해 한층 민주주의적으로 표현된다. 민주주의적인 감정의 힘이 강해지면 강해질수록, 민주주의는 비밀투표의 계산조직과는 다른 무엇인가가 있다는 인식이 점차 강화된다.[12]

슈미트는 의회제에 가장 강력한 비판을 했던 사상가인데 이 구절은 이미 파탄난 의회제를 대신할 수 있는 대안으로 제시된 것이다. 여기서 슈미트는 통계(비밀투표)의 원리와 감정(갈채)의 원리를-그의 용어로 '자유주의'와 '민주주의'를- 구분한다. 그런 다음 슈미트는 전자를 비판하고 후자 쪽에 참된 정치가 현전한 것으로 간주한다.

여기서 말하는 '인민의 의지'는 그다지 오래된 주제가 아니고 정치학적으로 18세기의 루소 이후에 본격화된 새로운 영역이다. 그것은 일단 부정형不定型이며, 흔들리기 쉬운 대중적 욕망을 의미한다. 슈미트는 이 새로운 '의지'(욕망)라는 변수의 처리방법으로서 통계보다도 감정이 알맞다고 생각했다. 가라타니 고진柄谷行人, 1941~, 사상가이 말했듯이, 이 슈미트의 논법은 바로 '갈채'에 기초한 히틀러의 감정 정치 그 자체다.[13]

----

12. 칼 슈미트,『현대 의회주의의 정신사적 지위(現代議會主義の精神史的地位)』, 稲葉素之 訳, みすず書房, 2000, p.25. [*Die geistesgeschichtliche Lage des heutigen Parlamentarismus*, 1923].

13. 가라타니 고진,『'전전'의 사고(「戰前」の思考)』, 講談社學術文庫, 2001, p.51.

그런 전제 위에서 슈미트는 '갈채'의 영역을 가장 잘 체현한 것으로 '신화적인 이미지'를 든다. '신화 이론은 의회주의적 사상의 상대적인 합리주의가 자명성을 상실했다는 것을 의미하는 가장 강한 표현이다. 무정부주의적인 저술가들이 권위와 통일에 대한 적대감에서 신화적인 것의 의의를 발견했다면 그들은 무의식 중에 새로운 권위를 구축하고, 따라서 질서, 규율 및 계층제도에 대한 새로운 감정 구축에 협력하고 있는 것이다.'[14] 슈미트에 따르면 의회제는 민족 고유의 정신을 무력화하는 나쁜 제도다. 그러므로 여러 민족의 다원적인 정신은 의회제를 신뢰하지 않는 아나키스트가 발동한 폭력Genest이라는 신화에 의해 비로소 세계에 현전한다. 신화는 숫자로 헤아릴 수 있는 것-즉 '비밀투표의 계산조직'-을 초월하고 있기 때문에 민주주의적 정치로 실질을 되돌릴 수 있다.

그러나 여기서 주의해야 할 것은 1970년대 이후, 하이퍼리얼이 증가한 것은 슈미트적인 발상을 재해석한 것이라는 점이다. 1920년대의 슈미트는 통계적 산술을 파괴하는 영역에 신화가 잠재한다고 생각했다. 당시 독일에서는 통계가 저명인사들을 동원할 수 있는 힘을 지니지 못했다. 따라서 슈미트는 대중의 의지(욕망)를 가장 명료하게 발휘하는 폭력=신화에 강한 관심을 드러냈다. 그리고 실제로 슈미트의 지적을 받아들인 듯, 나치즘은 많은 계층에서 지지를 받았고, 갈채로 사회 전체에 강한 의지(욕망)를 불어넣었다. 여러 종류의 다양한 욕망을 갈채를 통해 단번에 또한 **공간적으로** 갖추지 않으면 사회 운영은 어렵다는 것이 당시의 하나의 정신이었다.

그에 비해, 1970년대의 보드리야르는 오히려 통계로 지지된 하이퍼리얼한 경제적 영역에서 신화가 발현한다고 본다. 시뮬레이션의 발달은 욕망의 분산처리를 점차 정밀화했다. 하이퍼리얼한 세계에서 신화는 통계

---

14. 슈미트, 앞의 책, p.102.

상의 존재이며, 감정적인 부분과 반드시 모순되지 않는 한에서는, 우연성도 포함한다. 슈미트는 의회제에 의한 매개와 토의 정치보다도 밑도 끝도 없이 현전하는 감정=갈채를 높이 평가했는데, 오늘날에는 수치적=통계적으로 창발된 하이퍼리얼한 신화 또한 유동적이지만 그러기에 더욱더 밑도 끝도 없이 말하는 힘을 지니고 있다.

숫자와 감정은 근대의 중요한 범주(카테고리)다. 민주주의 구조를 만들어낸 것은 예를 들면 한 사람=1표라는 '계산'(숫자를 세는 방식)인 동시에, 때로는 슈미트가 말하는 감정의 폭발적인 출현이었다. 그리고 두 개의 범주를 배합한 하이퍼리얼한 신화는 아마도 근대적인 논의의 상도常道를 재편한다. 거기에서 사회성의 배치[布置]의 큰 변화를 발견했다고 해도 결코 오해는 아닐 것이다.

2 리좀화하는 서브컬처

리좀화한 데이터베이스

헌데, 활발한 피드백에 의해 성립된 신화의 등장은 반드시 비즈니스의 영역에만 한정되진 않는다. 현대의 신화적 정보처리를 과격한 방식으로 실행하고 있는 영역은 아마도 서브컬처일 것이다. 서브컬처는 숫자와 감정을 탑재한 하이퍼리얼한 신화가 가장 강력하게 전개되는 영역 중 하나다. 비평가 아즈마 히로키東浩紀, 1971~ , 비평가/소설가/편집인는 2001년 『동물화하는 포스트모던』에서 보드리야르의 논의를 비판적으로 계승하면서 오타쿠가 구축한 '데이터베이스'에 착안하여 그들이 표층 이미지만이 아니라 심층 데이터베이스에서 배양된 코드를 동물적으로 소비하고 있는 현상을 설득력 있게 논했다.[15] 아즈마의 논지에 따르면 오타쿠는 바로 숫자(데이터)와 감정을 양립시키는 존재로 표상된다.

오타쿠적=동물적인 소비행동 역시 다른 국면으로 넘어가고 있다. 가장 큰 특징은 네트워크화에 의해 사람들이 소비와 창조에 참여하기가

---

15. 아즈마 히로키,『동물화하는 포스트모던(動物化するポストモダン)』, 講談社現代新書, 2001, p.51.

제1장 포스트모던의 공과 사 | **45**

매우 용이해졌다는 점이다. 소비 상황에 조금 주목해보자. 예를 들면 오늘날 인터넷이나 코믹마켓Comic Market에서 폭발적으로 유행하고 있는 작품, 구체적으로는 동인同人 슈팅 게임 연작 〈동방 프로젝트東方プロジェクト, 도호프로젝트〉(2002년~), 보컬로이드(VOCALOID, 일본의 야마하가 제작한 음성을 합성하는 소프트웨어_옮긴이) 〈하쓰네 미쿠初音ミク〉(2007년 발매) 등을 보면 원작 단계의 캐릭터 설정은 그냥 그저 그랬으나 사람들이 소비하는 과정에서 이차적으로 다양한 설정이 붙으면서 어느새 거대한 무브먼트로 변해가는 현상이 종종 일어난다. 요컨대 너무 많은 소비자가 인터넷을 경유하여 참여했기 때문에 이미 처음의 캐릭터의 실체가 흐려지고 매우 유동적인 캐릭터로 변모한 것이다.

캐릭터의 큰 윤곽은 공유하고 있으나 나중에 거기에 개별 참여자의 욕망이 제멋대로 투영된 것. 캐릭터에는 거의 실체가 없고 그냥 여러 차이만 있는 것. 지금 네트워크상의 사람들 앞에는 때로 이러한 특수한 성질을 띤 기호가 출현하고 있다. '동방 프로젝트'든 '하쓰네 미쿠'든 그 캐릭터나 작품에 대한 사람들의 욕망은 제각각 다르지만, 최소한의 윤곽을 단서로 하여 많은 사람들이 캐릭터를 바탕으로 커뮤니케이션을 전개할 수 있다.

구조주의 용어를 빌리면, 이런 유형의 기호에는 '신화소mytheme'라는 명칭을 붙일 수 있다. 신화소란 일정한 사전구속을 받으며 끊임없이 차이화되어가는 기호다. '요리 소재와 같은 것'으로 비유하면 이해하기 쉬울 것이다. 가령 당근이나 양파는 레시피에 따라서 다양한 용도로 조리할 수 있다(차이화). 물론 소재의 한계 때문에, 어떤 형태로든 달라질 수 있는 것은 아닐 것이다(사전구속). 또 앞에서 언급한 예를 들자면 네트워크의 계산력은 다양한 대상을 시뮬레이션할 수 있다(차이화). 하지만 그 폭은 우선 인간의 기준에 맞게 감축되어야 한다(사전구속). 그리고 지금 언급하는 캐릭터는 우선 대강의 형상은 공통적으로 인식되지만(사전구속), 그 후에는 그때그때의 유행이나 욕망에 따라 콘텐츠가 자유로이 재해석된다(차이화). 이런 경우 캐릭터는 차이화의 요구에 곧바로 응해주는 매우 민감도가 좋은 신화소라고 할 수 있다.

신화소가 가득찬 세계에서는 말하자면 '네트워크 외부성'(전화처럼 가입자 증가가 이익으로 연결되는 것)의 원리 그대로, 네트워크 참여자의 양量이 그대로 질質로 전환된다. 누구에게 알리고 싶다, 혹은 자신의 작품을 유통시키고 싶다고 생각한 사람들에게 신화소의 광범위한 유통 네트워크가 이미 완성되어 있다는 것은 매력적이다. 왜냐하면, 한번 그 네트워크에 먹혀들면 자동적으로 그만큼 많은 사람의 눈에 띌 수 있기 때문이다. 이렇게 해서 신화의 네트워크 참여자가 어떤 역치를 넘으면 나중에는 '인기가 있기 때문에 인기가 있다'는 토톨로지tautology(동어반복)로 모든 것이 돌아가기 시작한다. 이런 경우 작품 그 자체에 끌리는 것보다도 그 작품에서 기정사실로서 산출되는 네트워크에 가치가 잠재되어 있다.

신화소는 텅 빈 그릇容器에 불과하지만, 그것이 없으면 사람들은 광활한 네트워크에서 방황하며 흘러다닐 수밖에 없다. 그리고 신화소는 기껏해야 텅 빈 그릇일 뿐이므로 주위에서 뻗치는 욕망의 촉수에 의해 임의의 내용을 충전 받는다. 사상 용어로 말하자면 신화소는 아즈마 히로키가 말한 '데이터베이스' 모델과 함께 '리좀'의 모델로 파악하는 것이 적절할 것이다.[16] 네트워크화된 서브컬처에서 신화소는 지각 가능한 데이터로서 사람들의 행위를 최소한 사전구속한다(데이터베이스). 나중에는 그 일정한 구속 안에서 캐릭터를 차례로 차이화하면 된다(리좀). 이러한 '리좀화된 데이터베이스'의 이중성을 근거로 하지 않으면 네트워크상의

---

16. 리좀은 아즈마 히로키의 책에서도 다루고 있듯이, 아사다 아키라, 『구조와 힘(構造と力)』, 勁草書房, 1983에서 주요 모델을 빌렸다.

문화 동향을 잘못 포착하게 된다.

네트워크 사회의 약점

물론 이러한 서브컬처적인 현상에는 일반성이 결여되어 있다고 생각할
수 있다. 그렇기는 해도 신화소를 통한 정보처리는 어디까지나 **다수의 참
여자의 욕망을 해소**하기 위한 방법을 의미한다. 따라서 이상은 단순한 취
미층의 특수한 사례로 환원되지 않는다. 이것은 물론 사회나 문화의 네
트워크화=민주화가 **철저하게** 진행되었을 때, 우리가 일반적으로 어떠한
정보처리를 선택하기 쉬운가라는 문제와 연결된다.

예를 들어 문학 영역에서 말하자면, 최근의 연예인 소설도 유사한 사
례에 해당될 수 있다. 뛰어난 작품으로 작가가 유명해지는 것이 아니라,
유명인(이미 네트워크를 지닌 사람)이 쓴 작품이면 잘 나간다. 이와 같은 역
전 현상은 이미 1980년대 무렵부터 있었는데 오늘날에는 점점 이런 경향
이 강해지는 듯하다. 여기에는 말하자면 '둔화된 작가주의'라고 부를 수
있는 경향이 드러난다. 그러나 이런 네트워크의 사실성이 말해주는 상황
이 과연 바람직한 것인지는 알 수 없다. 사람들의 욕망은 다양화되고 있
지만 그럴수록 욕망이 통과하는 게이트gate(신화소)는 때로 편향되기 때
문이다.

네트워크 사회는 위로부터의 속박을 줄이고 사람들의 횡단적인 자유
를 늘린다고 여겨진다. 그러나 현실적으로 어떤 특정 신화소(고유명)가
'기정사실'로서 네트워크상에 군림하는 것을 많든 적든 피할 수 없다. 이
것을 부정해도 할 수 없지만 그것이 네트워크 사회의 잠재성이나 부富를
활용하고 있는지 어떤지는 별도의 검토가 필요할 것이다.

우선은 '네트워크의 복잡성을 너무 편향된 방식으로 감축해버리면 다

양성이 손상된다'는 점은 말할 수 있다. 시스템론 용어로 말하자면, 여기서는 '변이/선택/재안정화'라는 세 가지 단계를 착실히 거치고 있는지 어떤지가 하나의 판단기준이 될 것이다.[17] 네트워크의 변이성이 높아질 경우 그것을 어떠한 게이트에 따라 감축하지 않으면 제대로 된 선택도 불안해진다. 그러나 그 '선택'의 대상이 너무 편향되면 이번에는 시스템 전체의 안정성을 잃어버릴 수밖에 없고, 결과적으로 변이성의 재료resource도 부족해진다는 악순환의 위험성이 있다. 즉 '변이/선택/재안정화'라는 세 가지 단계는 각각 상호보완적이며 어느 것도 빠져서는 안 된다.

실제로 역사를 되돌아보면 문화는 때로 네트워크상의 감축 양식을 **일부러 무너뜨리려는** 시도를 해왔다. 문학에서 한 가지 사례를 들자면, 18세기에서 19세기까지 독일에서 살았던 시인 횔덜린의 시도를 들 수 있겠다. 횔덜린은 고대 그리스 문학을 독일어로 번역하는 작업을 했고 그 경험을 실제 작품에도 반영시켰다. 헌데 그때 횔덜린은 예를 들면 분명히 제우스에 해당하는 묘사를 굳이 **제우스라는 고유명**proper name**을 사용하지 않고서 묘사하는** 방식을 반복했다.[18] 횔덜린은 소포클레스를 글자 하나하나 충실하게 번역하는 동시에(물론 번역이란 네트워크상의 정보 전송과 관련된 일이다), 고유명 수준에서의 정보 집약이나 선택 방식을 바꿔서 독자에게 작품을 보낸다. 괴테는 종종 그것을 두고 반복적인 지루한 방식이라고 비판했지만, 거기에는 그에 맞는 비평적 의도가 있었다고 본다.

근대 초기에 살았던 횔덜린은 그때까지의 고전적인 문학 양식이 기능

----

17. '변이/선택/재안정화'는 사회학자 니클라스 루만Niklas Luhmann의 분류 방식이다. 『사회의 사회(社会の社会)』, 馬場靖雄他 訳, 法政大学出版局, 2009. [*Die Gesellschaft der Gesellschaft*, 1997].

18. 페터 스존디Péter Szondi, 『횔덜린 연구(ヘルダーリン研究)』, ヘルダーリン研究会 訳, 法政大学出版局, 2009, p.81. [*Hölderlin-Studien,Mit einem Traktat über philologische Erkenntnis*, 1970].

하지 않게 된 시대에 살았다. 그래서 그는 '제우스'라는 근접적인 고유명을 이용해 작품을 쓰는 대신, 고유명 '제우스'를 제거한 정보만을 이식한다. 그러면 과거의 '사실성과 근접성 기반의 커뮤니케이션'이 한 번 무명성의 네트워크의 바다로 다시 던져져서 도로 새로운 신화를 만들어내게 된다. 정보가 통과하는 게이트를 파괴하는 것, 여기에는 문학이 지닌 정보조작의 기능이 잘 드러나 있다.

니꼬니꼬 동영상의 신화성

우리는 **어차피** 네트워크에 둘러싸여 살고 있다. 문제는 거기에서 얻은 정보의 전송을 어떻게 적절하게 처리하는가다. 이는 인터넷이나 서브컬처 혹은 비즈니스에 한정된 문제가 아니며, 자유와 평등을 만인의 권리로 삼는 근대 민주화의 한 가지 귀결이다.

반복하면 '큰 이야기(거대서사)'의 상실 때문에 그때까지의 관계의 축적에 기초한 '사실성과 근접성 기반의 커뮤니케이션'에 대한 신뢰는 좋든 싫든 앞으로 늘어날 것이다. 따라서 메이븐이나 커넥터에 의한 근접적인 '재잘거림'이나 기정사실로서의 '네트워크 외부성'이 차지하는 비중이 커지기 쉽다. 다만 여기서 다시 한 번 주목하고 싶은 것은 이런 방식의 커뮤니케이션 양식을 거의 폭주시켜버린 신화 시스템의 사례가 존재하는 현상이다. 그것은 바로 2007년 이후 주목받은 인터넷상의 동영상 서비스 니꼬니꼬 동영상ニコニコ動画이다.

니꼬니꼬 동영상은 인터넷에 공개된 동영상에 사용자가 직접 코멘트를 달아서 그것을 모두가 보고 즐기는 서비스인데 그 독특한 방식이 널리 화제가 되고 있다. 그 디자인의 특색에 대해서는 이미 정보사회학자 하마노 사토시濱野智史, 1980~가 뛰어난 분석을 제시했으니 그 내용을 참조한다. 하마노의 논지의 축은 크게 두 가지다. 첫째 메커니즘의 문제로, 니꼬니꼬 동영상에서는 동영상을 분류하는 '댓글tag'(메타데이터)이 독자적인 진화를 거듭하고 있는 점, 둘째 시청자와 동영상 관계의 문제로, 니꼬니꼬 동영상에서는 '의사 동기성擬似同期性'이 발생한다는 점이다.

댓글은 동영상의 분류에 이용되는 메타데이터다. 그러나 니꼬니꼬 동영상에서는 그 댓글이 기형화되고 증식하며 무언가 이상한 공간을 만들어낸다. 거기에서 댓글은 꼭 어떤 동영상의 특징을 이해하기 위해서 붙는 것이 아니라 동영상 그 자체를 재미있게 시청하는 '볼거리'를 부각시키는 요소가 된다. 사람들은 댓글을 보고 어떤 동영상에서 다른 동영상으로 이동할 수 있고, 또한 자유분방한 댓글로 동영상의 재미를 공유할 수 있다.

하마노가 주목하는 현상은 하나의 동영상에 붙여진 댓글이 사용 규칙을 정하고 있어서 인기 동영상이라면 잇달아 댓글이 교체되는 것이다. 자세한 내용은 논문에서 다루고 있는데, 하마노는 그것을 도태압淘汰壓, selection pressure이 강한 생태계와 같은 것으로 비유한다. "과거형 댓글의 폭소노미(folksonomy; folk+order+nomous의 합성어, 전통적인 분류기준인 '디렉토리' 대신 '댓글tag'에 따라 나누는 새로운 분류체계, 대중분류법_옮긴이)가 '누적'형 장치였던 데 비해서 니꼬니꼬 동영상의 댓글은 '도태'형이라고 할 수 있다".[19] 하마노에 따르면 댓글은 분류장치인 동시에 일종의 '촉매'이기도 하다. 따라서 그 댓글이 잇달아 교체되는 것은 동영상 그 자체의 변이성을 높이는 효과를 가져온다.

종합적으로 정리하면 니꼬니꼬 동영상은 도태압을 인위적으로 높임으로써 잇달아 새로운 작품(동영상)이 출현하게 하는 장치를 갖추고 있다.

---

19. 하마노 사토시, 「니꼬니꼬 동영상의 생성력(ニコニコ動画の生成力)」, 東浩記·北田曉大 編『思想地図』vol.2, NHK出版, 2008, p.334.

유명한 '작가'가 별로 없어도 서비스 디자인에 의해 다양성이 늘고 있다는 것. 하마노는 그러한 방식에서 독자적인 '생성력'을 발견한다.

> 니꼬니꼬 동영상의 댓글은 단순한 동영상의 '분류' 역할을 뛰어넘어서 다양한 콘텐츠의 '공유Commons'를 매개하는, '촉매'로서의 기능을 갖게 된다. 사람들은 댓글을 통해서 잇달아 다른 작품과 접촉하고 그 작품의 '다른 존재방식'을 [……] 즐긴다. 거기에서는 여러 작품의 다른 존재방식을 개척하는 진화적 운동을 추동하는 것은 '작가'보다도 오히려 '메타데이터' 쪽이다.[20]

조금 전 나는 리좀적인 유동성을 어떻게 '감축'(사전구속)하는가 하는 것에서 신화의 힘을 보았다. 그러나 니꼬니꼬 동영상은 어떤 의미에서는 보다 과격하다. 니꼬니꼬 동영상은 리좀적인 혼란을 정리하기보다는 오히려 점점 리좀화를 가속하면서 콘텐츠를 계속 업데이트함으로써 말하자면 '갈 때마다 애플리케이션이 바뀌는 유원지' 같은 세계를 구축한다. 실제로 메타데이터(사물을 보는 방식)가 증식한다는 것은 매칭의 기회가 늘고 있다는 뜻이기도 하다. 즉, 아주 사소한 일이라도 곧 그것과 맞는 패턴이 발견되고 계속 동영상이 생성되기 쉬운 것이다. 이렇게 해서 일단 유력한 주제만 주어지면 대부분 자동적이고 즉각적으로 거기에서 다른 동영상이 출현한다.

커뮤니케이션 공학의 용어를 사용하면, 일반적인 신화가(그리고 이 책에서 다뤄지는 신화가) 오직 '퇴행적degenerative'인 것이라고 하면, 니꼬니꼬 동영상의 신화 시스템은 '증식적regenerative'이라고 할 수 있다.[21]

....
20. 앞의 책, p.344.

21. 그레고리 베이트슨, 『정신의 생태학(精神の生態學)』 개정판 2판, 佐藤良明 訳, 新思索社, 2000, p.195. [*Steps to An Ecology of Mind*, 1972].

보통 너무 변이성이 높으면 어딘가 그것을 '퇴행'시켜서 자기수정하지 않으면 시스템은 망가진다. 그러나 니꼬니꼬 동영상은 오히려 점점 증식되기 때문에-즉 무수한 동영상이 빙글빙글 계속 회전되는 그 사실성으로 - 스스로의 안정성을 얻고 있다. 다소 성급한 얘기인데 변화 자체가 자신의 '재再안정화'의 근거가 된다는 매우 애크러배틱acrobatic한 질서 원리(근거 없음의 근거)가 거기에서 드러나는 것이다.

공통지식의 생성

그와 동시에 하마노가 강조한 점은 니꼬니꼬 동영상에서 흘러다니는 코멘트가 시청자들 사이에 일시적인 동기성(=의사동기성擬似同期性)을 성립시킨다는 것이다. 니꼬니꼬 동영상에서는 동영상에 곧바로 달린 코멘트가 마치 모두 와글와글거리며 그 동영상을 즐기고 있는 듯한 현장감臨場感을 높여준다. 물론 현실적으로는 코멘트를 다는 시간은 사람마다 제각각 다르지만 시청자는 특별히 그런 차이를 신경 쓰지 않고 코멘트의 의사擬似 리얼타임성을 즐긴다. 원래 인터넷 동영상이라고 하면 개인이 좋아하는 시간에 스트리밍할 수 있는 점이 묘미라고 생각되는데 니꼬니꼬 동영상은 오히려 '실제로는 한 사람이 동영상을 보고 있는데 마치 여러 사람이 보고 있는 것처럼 착각하게 만드는' 의사적인 동기同期에도 가능성이 있음을 시사했다.[22] 실제로 니꼬니꼬 동영상은 최근에 사용자 발신의 '생방송'에도 주력하며, 동기성을 하나의 특색으로 부각시킨다.

　그렇다면 동기성이 왜 중요한가. 그 이유 중 하나는 코멘트 같은 메

22. 하마노 사토시, 『아키텍처의 생태계(アーキテクチャの生態系)』, NTT出版, 2008, 제6장. 또한 본문에서는 다루지 않았지만 하마노는 니꼬니꼬 동영상을 다른 동기형(同期型) 미디어, 가령 세컨드라이프나 트위터와 비교하며 다양한 내용을 시사한다.

타데이터(대상이 어떻게 보이는가 하는 정보)가 대대적으로 가시화됨으로써 '공통지식'의 생성이 쉬워지고, 정보처리의 비용이 크게 달라지기 때문이다. 공통지식이란 무엇인가. 예를 들면 보행자는 파란 신호일 때 길을 건넌다. 자동차 쪽이 빨간 신호일 때(보행자는 파란 신호일 때) 차를 멈춘다는 암묵의 약속이 있기 때문이다. 보행자와 운전자 양쪽에게 공통된 이 암묵의 약속을 공통지식이라고 한다. 이런 공통지식이 없다면 사람들은 모든 행동에서 엄청난 불확정성에 직면하고 우왕좌왕할 것이다.

그러나 보행자와 운전자가 정말로 공통지식을 공유하고 있다는 확실한 증거는 실은 어디에도 없다. 실제로 어느 운전자가 정말로 신호를 제대로 보고 이해하고 있는가, 그것을 의심하면 끝이 없을 것이다. 사회적 신뢰의 기능은 '어디에도 없을' 확증을 성립시키는 데 있지만 사회의 복잡성이나 불투명성의 증대는 그 확증이 성립하지 않을 기회를 늘리고 있다. 그러므로 근대사회는 사람들을 모아서 만나게 하는 장치를 통해 그 확증이 성립하지 않을 기회를 메워버린다. 가령 경기장이나 콘서트홀과 같은 대규모 건축은 성립하기 어려운 공통지식(모두 즐기고 있다는 것을 모두 알고 있다)을 효율적으로 생성하는 근대적 장치이며, 또한 슈미트적인 갈채를 실현한 것이다. 그러나 그 장치를 작동시키려면 어디까지나 공간적, 물리적으로 사람들을 모을 필요가 있고 비용이 너무 많이 든다.

그런 점에서 니꼬니꼬 동영상처럼 불특정 다수가 모여서 그들의 반응이 줄줄이 댓글로 달리는 메커니즘은 중요하다. 니꼬니꼬 동영상에 코멘트를 다는 인간은 글자 그대로 불특정한 '누군가'이며 명시적인 정체성을 갖고 있지 않다. 그것은 바로 '무작위 추출'된 사람들과 같은 것이며, 그 무작위성이 '불특정 다수에서 추출된 몇 사람이 이 코멘트들처럼 동영상을 보고 있다'는 공통지식을 발생시킨다. 본래는 입수하기 어려운 공통지식이 일순간에 의문의 여지없이 획득되는 것이다.

우연과 필연

이상과 같이 팽창된 정보를 처리하는 데 필요한 신화적 사고가 지금은 상당히 다양해졌다. 그로 인해 세계에 대한 사람들의 감각도 미묘하게 변화해갈 것이다. 예를 들어 리좀화된 데이터베이스는 어떤 면에서 보면 우연성이 강하고 또 다른 면에서 보면 법칙성(구속성)에 지배받는다. 니 꼬니꼬 동영상에서 다음에 무엇이 유행할지는 누구도 예측할 수 없다. 하지만 네트워크 전체를 보면 끊임없이 무언가가 유행하고 있을 필요가 있다. 즉 사람들이 무엇에 관심을 기울이는지는 우연적인데 유행이 일어나는 현상 자체는 필연적이다. 인터넷 환경에서 그 반복 역학은 '축제(마쓰리)'로 불리며, 무언가 대상을 선택하고 나면 또 다른 대상으로 옮겨간다는 순환형=전염형 세계에서 살아간다는 것을 그 **당사자 자신에 의해서도** 대충 자각한다.

　이러한 우연성과 필연성이 겹치면, 그것은 우리가 약간 특수한 세계에 발을 들여놓고 있다는, 하나의 방증이 될 수도 있다.[23] 오늘날처럼 복잡화/불투명화가 극에 달한 사회에서는 세계를 어떻게 나눌지를 그때그때의 자의에 의존하기 십상이다. 그런 의미에서 모든 것은 우연에 불과하다. 하지만 그 자의적인 구분 중 몇 가지는 리얼리티를 지닌 것으로 농

----

23. 아즈마 히로키는 이미 이 우연과 필연의 겹침을 문제로 다뤘다. '각각의 이야기는 데이터베이스에서 추출된 유한한 요소가 우연의 선택으로 선택되고, 조합되어 만들어진 시뮬라크르에 불과하다. 따라서 그것은 얼마든지 재현 가능하지만 관점을 바꾸면 한 번 던진 주사위의 결과가 우연이자 필연이라는 의미에서, 역시 필연이며, 재현이 불가능하다고 할 수 있다.'(아즈마 히로키 앞의 책, p.124).

축되고 이 세계에서 하나의 단위=덩어리로서 복제된다.[24] 그것은 아마도 사후적으로는 필연적인 것으로 파악된다. 이러한 상황하에서는 우연성과 필연성은 말하자면 얇은 피막을 매개로 연결되어 있는 것처럼 보인다. 독일의 시스템 이론가 노르베르트 볼츠가 말했듯이, '바야흐로 세계는 가상현실이며, 말하자면 관찰과 정보처리가 수행되기를 기다리고 있다'.[25] 관찰할 때마다 그때그때 리얼리티가 결정화되든 되지 않든, 일종의 양자론적인 세계상, 그것이 시스템론이 그려내는 이미지임이 분명하다. 니꼬니꼬 동영상과 같은 리좀화된 데이터베이스는 그러한 세계의 조건을 확대해 보여준다.

24. 물론 복제나 모방의 문제는 문화의 생태계만이 아니라 인간의 생체를 기반으로도 생각할 수 있다. 가령 최근 뇌과학적인 지식에서는 인간이 생득적으로 지닌 감정의 미러링(mirroring, 모방) 능력이 주목받고 있다. 마르코 이아코보니Marco Iacoboni, 『거울뉴런의 발견(ミラーニューロンの發見)』, 塩原通緒 訳, ハヤカワ新書, 2009, [Mirroring People : The New Science of How We Connect With Others, 2008]에서는 타자의 감정을 모방하는 것이 공감의 네트워크를 형성하는 사례가 무수히 소개되고 있다. 이러한 관점에 따르면, 우리의 사회성은 제로에서 출발하는 것이 아니라 감정 차원에서 복제행위가 재빠르게 널리 퍼지는 지점에서-적어도 퍼질 가능성이 있는 지점에서- 시작되는 것이며, 이와 같은 착상의 원점으로서 철학자 메를로퐁티나 키에르케고르 등이 거론된다.

25. 노르베르트 볼츠, 『세계 커뮤니케이션(世界コミュニケーション)』, p.57.

3 포스트모던의 공과 사

리좀화된 데이터베이스는 근대의 민주화 과정이 막다른 지점까지 도달했음을 의미하는 장치다. 사람들은 신화소의 네트워크에 의존함으로써 필요한 최소의 구속만으로 자유로이 작품을 발신할 수 있다. 터부나 한계가 대폭 억제된다.

허나 문화의 기능은 딱히 그러한 폭넓은 민주적 참여를 형식적으로 가능하게 하는 것만은 아니다. 문화가 수행하는 일은 어디까지나 그러한 네트워크 조건을 부각시키거나 변경시키는 데 있다. 이것을 잊어버리면 문화의 가능성은 현저하게 좁아질 것이다.

그렇다면 이 하이퍼리얼한 신화로 가득찬 유동적인 세계에서 작품은 어떠한 구체적인 응답을 얻을 수 있을까. 또한 문화비평 쪽은 어떠한 평가기준을 세울 수 있을까. 여기서는 일례로 바로 그 유동적인 세계에 곧바로 모습을 드러내는 엔터테인먼트 작가를 참고할까 한다. 결론부터 얘기하자면 나의 평가기준은 피드백에 의해 강화된 '현실'을 작품이 어떻게 **전치시키는가**에 달려 있다.

니시오 이신西尾維新의 언어행위

예를 들면 니시오 이신西尾維新, 1981~, 소설가/만화가이라는 유명한 젊은 작가가 있다. 니시오의 작품 스타일은 한마디로 말하면 미스터리 수수께끼 풀기를 형식으로 차용하면서 만화나 애니메이션의 문법에 가까운 통속적이고 저질스러운 분위기가 강한 판타지를 그리는 것이다. 윤리의식이 부족한 성격의 캐릭터가 경박한 대화를 나누다가 갑자기 엽기적인 사건에 말려든다. 또는 이야기나 미스터리에 대한 자기참조적 이야기가 군데군데 끼워져 있지만 모두 시시한 '헛소리'에 불과하다고 스스로 실마리를 없애버린다.

우선 니시오의 독자는 강한 통속성이나 자기참조적 버릇, 만화나 애니메이션 문법을 교묘하게 답습해내는 의태擬態의 뛰어남, 그리고 그 특징적인 문체 등에 끌린다고 보인다. 또한 전前세대와 비교하자면 거기에는 일종의 관점의 변화도 있다. 1990년대 인기를 끈 미스터리 작가(모리 히로시森博嗣, 1957~, 소설가/공학박사나 쿄고쿠 나쓰히코京極夏彦, 1963~, 소설가/요괴연구가)가 탐정의 초인적인 활약을 조수의 관점에서 그린 고전적인(셜록 홈즈식) 스타일을 차용했다면, 니시오를 비롯한 2000년대의 젊은 미스터리 작가들은 종종 탐정 1인칭으로 쓰는 스타일을 선호해서 차용했다(제4장에서도 다루겠지만 이것은 예전의 하드보일드형 탐정과 일치한다). 그 1인칭 주체에게 가차 없이 가해지는 재앙과 그것을 적당히 받아치는 아이러니가 니시오 스타일의 묘미다.

니시오의 스타일은 특히 젊은 독자들에게 매우 큰 공감을 불러일으켜서 호평을 받았다. 작품의 애니메이션화도 성공했고, 지금은 '2000년대를 대표하는 라이트노벨 작가'로 불러도 손색이 없을 정도다. 헌데, 여기서 주목하고 싶은 것은 미디어믹스의 성공여부가 아니고 어디까지나 니시오 소설의 문체에 대한 문제다. 예를 들면『너와 나의 망가진 세계』
(2003)에는 다음과 같은 구절이 나온다.

> 결국 지금의 10대들뿐만 아니라 누구든지 젊었을 때는 현실주의의 현실감에
> 서 현실을 느낄 수 없는 현실주의자니까. 황당무계한 것을 너무 좋아하잖아.
> 그래서 허구에서밖에 현실을 느낄 수 없는 거지.[26]

> 사람을 죽일 놈은 뭘 해도 죽이고 사람을 안 죽일 놈은 뭘 해도 안 죽여. 한
> 사람 죽였다고 해도 안 죽일 놈은 역시 안 죽이고, 한 사람도 안 죽였어도
> 죽일 놈은 역시 죽일 거야. 사람을 죽이는 놈도 사람을 안 죽이는 놈도 다르
> 지 않아. 죽이는 것도 안 죽이는 것도 종이 한 장 차이잖아, 누구에게나.[27]

이런 구절을 별난 문장이라고 느낀 독자도 있을 것이다. 똑같은 단어
를 반복적으로 사용하여 유의미한 언어사용을 일부러 무의미한 것으로
바꾸어 **골탕먹이는** 문장. 조금 전에 니시오의 소설이 '통속적이고 저질스
러운 분위기가 강함'을 지적했는데, 그 분위기는 결국 이런 문체로 구현
된다. 특히 두 번째 인용문에서는 '죽인다', '안 죽인다'라는 말만 난무해
서 결국 최종적으로 무엇을 말하고 있는 것인지 잘 알 수 없다. 이런 어
법으로 니시오는 문장을 일부러 넌센스로 바꿔버린 것이다.
  그렇긴 해도『너와 나의 망가진 세계』라는 소설이 다름 아닌 '허구'와
'폭력'을 하나의 주제로 설정한 것 또한 분명하다. 맨 처음 나오는 문장

---

26. 니시오 이신,『너와 나의 망가진 세계(きみとぼくの壊れた世界)』, 講談社ノベルス,
2003, p.18. [『너와 나의 망가진 세계』는 국내에『너와 나의 일그러진 세계』(니시오 이
신. 이성현 옮김. 들마루. 2005)로 번역·소개되어 있으나 이 책에서는 언어파괴적인 의
미를 살려서『너와 나의 망가진 세계』로 옮긴다_옮긴이]

27. 앞의 책, p.18, p.130.

이 이미 이것을 암시한다. '이 소설에는 폭력적인 장면scene이나 그로테스크한 표현이 들어 있다. 띠지에 그런 카피가 붙어 있는 소설을 찾아서 나는 요루쓰키夜月의 방으로 들어갔다'.[28] 그 뒤에도 이 주인공은 세상에서 떠들어대는 폭력에 대해 다양한 냉소적 감상을 수다스럽게 잔뜩 늘어놓는다. 'TV를 켜면 그곳은 폭력과 죽음의 보고寶庫다. 만화를 봐도 그렇고 비디오를 봐도 그렇고 영화도 그렇다. 어린애가 사고를 저지르면 만화나 애니메이션, 게임을 봐서 그렇다고 말들이 많은데, 뭐 그건 당연한 얘기고 내가 그랬듯이 어린애가 사고를 저지르면 만화나 애니메이션, 게임을 본 탓일 텐데, 그것은 어른도 본질적으로 마찬가지 아닐까. TV든 신문이든 음악이든 영향을 받고 누구나 폭력을 좋아한다. 그런 것들은 도덕과는 무관한 것이다. 즉 그것은 역설적인 것이다.'[29]

죽음이나 폭력의 이미지는 이제 어디에나 흔한 현상이다. 실제로 최근 들어 폭력은 우리의 사회적 지평에도 점차 '손쉬운 신화장치'로서, 즉 우연을 필연으로 바꾸는 것으로서 기능하게 되었다. 그렇긴 해도 현대의 폭력은 말하자면 단순히 손쉬운 장치 같은 것에 불과하고, 세상의 이목을 끌 수 있더라도 아무런 지속성이 없다. 니시오도 과거의 작품에서 무게감을 상실한 폭력의 이미지에 기초하여 상당히 변형된 잔혹 묘사를 했다. 따라서 이 냉소적인 요설은 거의 자기분석에 가깝다.

폭력을 그린(혹은 발동하는) 것도 혹은 그와 같은 풍조를 한탄하는 것도 결국은 폭력이라는 쉬운 신화장치mark 주위에서 일어나는 게임에 불과하다. 그러므로 만일 그 지점과 거리를 유지하려면 죽음이나 폭력이라는 고강도의 표식mark 자체를 속일 수밖에 없다. 그런 점에서 보면 니시

....
28. 앞의 책, p.10.
29. 앞의 책, pp.35~36.

오의 문체는 죽음이나 폭력의 이미지를 '언어'나 '소리' 수준으로 재배치한다는 점에 특색이 있다. 실제로 조금 전에 인용한 부분에서 '죽인다', '안 죽인다'라는 말의 메시지는 무의미해지고, 그 무의미함을 메우기라도 하듯이, 언어가 지닌 물리적인 측면(외관이나 발음)이 고의적으로 두드러진다. 니시오는 흔하디흔한 죽음이나 폭력의 이미지를, 굳어버린 잡동사니 같은 언어 위에 전사轉寫하고 있는 것이다.

사적인 아이러니

죽음이나 폭력이라는 손쉬운 집단적인 신화를 만들어내는 주제가 니시오 특유의 언어유희로 교체된 것. 즉 다루기 무거운 주제를 일부러 우물쭈물 무의미한 문자의 나열로 만들어버린 것. 죽음이나 폭력을 묘사하는 것은 쉽다. 실제로 세계는 그러한 표상으로 가득차 있고, 니시오의 소설 속에서도 그런 표상을 엔터테인먼트로서 잘 다루기를 기대한다. 그러나 니시오는 한편으로 그런 기대를 완벽하게 충족시키면서도 다른 한편으로는 그것을 고스란히 그대로 사적인 언어유희로 바꿔버린다.

이것은 일종의 아이러니인데 일반적인 아이러니와는 다르다. 보통은 세상에서 말하는 상식을 삐딱하게 바라보는 시니시즘cynicism(냉소주의), 그것이 아이러니라고 여겨진다. 그러나 오늘의 신화 작가는 '객체의 우위성'에 따르는 이상, 아이러니를 발동하더라도 자의식이 아니라 환경을 해킹한다. 이런 경우 아이러니란 이중화의 능력, 즉 네트워크화에 속하면서도 그 네트워크를 다른 것으로 바꿔버리는 것을 의미한다.

『너와 나의 망가진 세계』의 속편인 『기분 나쁘고 소박하게 둘러싸인 너의 나의 망가진 세계』(2008)에서 한 부분을 인용하겠다.

고독하게 살아가는 것도.

고립되어 죽어가는 것도.

고고하게 계속 존재하는 것도.

현대사회에서는 대체로 불가능한 것이다-아니 눈치를 챘다면 그냥 당연한 얘기인데 뭘 좀 아는 척하려고 줄줄이 늘어놓으니 진땀 날 지경이지만 정작 중요한 얘기는 오히려 여기부터다. 그런 당연한 얘기에도 당연히 예외가 있다.[30]

이런 말장난은 니시오의 소설에서는 빈번하게 보인다. 고독孤獨, 고립孤立, 고고孤高라는 비슷한 단어가 연달아 쓰인 것은 그가 의미전달보다도 리듬이나 음감에 집착하고 있음을 잘 보여준다. 고독, 고립, 고고 그런 단어들은 니시오 자신의 내면에서 끄집어낸 말이라기보다는 오히려 **언어가 원래부터 지니고 있는 능력**을 강하게 끌어당긴 결과에 불과하다.

이것과 똑같은 사례를 문자를 다루는 방식에서도 찾을 수 있다. 예를 들면 『기분 나쁘고 소박하게 둘러싸인 너와 나의 망가진 세계』의 주인공인 '쿠시나카 쵸시串中弔士'라는 진짜 기발한 이름을 관찰해보자. 보다시피, 이것은 '串'이라는 문자를 분해해서 만든 이름이다. 여기서는 문자 그 자체가 일종의 자기목적화된 게임 같은 것이다. 이런 사례 말고도, 니시오의 인명은 상당히 희한하고(그의 소설에는 모습이 달라진 지명이나 사어死語, 고어古語투를 빌린 인명이 으레 등장한다), 특히, 이 시리즈의 주요 등장인물인 '히쓰우치 사마토키櫃内様刻' 등은 어떻게 읽어야 좋을지 확실하지 않다.

물론 '쿠시나카 쵸시串中弔士'처럼, 이른바 **글자 이미지를 사용한 이름**은 어떤 의미에서 '희극적'이며, 일본의 전통에서는 그다지 희귀한 감성은

30. 니시오 이신, 『기분 나쁘고 소박하게 둘러싸인 너와 나의 망가진 세계(不気味で素朴な囲われたきみとぼくの壊れた世界)』, 講談社ノベルス, 2008, pp.59~60.

아니라고 할 수 있다. 다만 이 작품의 주제와 연결지어 생각해보면 여기서 니시오는 표현을 소위 문자나 소리로서 일부 대체시키는 방법을 쓴 것 같다. 니시오는 '세계가 망가진다'라고 직접 말하기보다는 세계가 망가지고 있는 것의 상사형相似形으로서 언어를 망가뜨리는 방법을 쓰는데, 아마도 이것이 훨씬 효과적일 것이다. 인간의 입장에서 보면 세계가 안정적인 의미를 어처구니없이 상실해버리듯이, 언어 또한 간단하게 분해된다. 세계와 언어가 그것만으로 비슷하다고 할 수는 없지만 망가지기 쉽다는 점은 비슷하다.

제5장에서 자세히 다루겠지만 이런 방식은 일종의 '기지(재치)'에 속한다. '망가진 세계'라는 얼핏 보면 심각한 주제를 좀 더 가벼운 매체(언어나 소리)로 치환하는 것, 그러나 그것에 의해 역설적으로 주제를 표현하는 것, 이런 식으로 매체의 전치轉置를 통해 말하기 어려운 것을 말할 수 있도록 하는 것이 기지의 효용이라고 할 수 있다. 다시 말하면, 이런 종류의 아이러니컬한 기지는 그의 작품 제목-『가타나 가타리刀語(칼 이야기)』, 『바게모노 가타리化物語(괴물 이야기)』, 『니세모노 가타리偽物語(가짜 이야기)』 등-에도 이미 암시되어 있다.

니시오는 이야기의 결말 패턴을 기반으로 중요한 대목은 일부러 그 패턴을 속이고 '가짜 이야기'로 바꿔버린다.

특히 『가타나 가타리刀語(칼 이야기)』에서는 그 아이러니가 전면적으로 발휘된다. 이 작품은 제목 그대로 12개의 비밀의 칼을 둘러싸고 소년과 소녀가 여행을 하는 이야기인데, 실제로는 칼다운 칼은 별로 등장하지 않는다. 니시오는 일부러 갑옷이나 부채 등 분명히 칼이 아닌 것을 억지로 칼로 비유하며 이야기를 진행한다. 칼이라고는 하나 결국은 기호에 불과하고 그냥 칼의 모조품dummy만 늘어나고 있는 것이다. 『가타나 가타리』, 『바게모노 가타리』, 『니세모노 가타리』라는 제목들을 포함하여 니시오는 '작품이란 그런 종류의 모조투성이', 니시오 자신의 말을 빌리면 그저 '헛소리'임을 자기참조하고 있다. '네트워크에 속하면서 그 네트워크를 다른 것으로 바꿔버리는' 아이러니가 여기서도 발휘된다.

신화의 사적 사용

물론 사람들이 집단적으로 모여드는 네트워크에 속하는 것도 능력이 필요하다. 니시오 이신은 독자들의 집단언어를 참조하고 읽어내는 기술이 뛰어나다. 실제로 2000년대에 데뷔한 수많은 라이트노벨 작가 중에서도 니시오가 특출난 존재감을 드러내고 있는 것은 그 참조 능력이 뛰어나기 때문이다. 다른 한편으로 니시오는 집단언어(폭력이나 죽음의 이미지)를 소리의 음향이나 리듬, 혹은 글자 이미지를 사용하여 사적인 방식으로 해킹해버린다.

집단언어를 훔쳐서 사적인 상상이 허용된 기묘한 말을 창출하는 것. 이러한 기술을 여기서는 '신화의 사적 사용'이라고 부르겠다. 그 어휘는 어디까지나 사적인 상상의 산물이므로 반드시 사회적으로 널리 유통된다고는 생각할 수 없다. 실제로 니시오의 소설을 뭔가 사회에 대한 공적인 메시지로 읽어내려 하면 어딘가 무리가 생길 것이다. 왜 그런가 하면 사회적 메시지는 아무런 의미가 없으면 성립하지 않는데, 니시오는 오히려 메시지를 중요한 지점에서 무의미한 **물질 덩어리**로 바꿔버리기 때문이다. 그리고 그런 방식으로 니시오는 '사적인 판타지'를 위한 영역을 보전한다. 다시 말하면 니시오의 언어행위는 사적 영역의 재안정화에 유익한 것이다.

물론 사적 영역에 갇혀 있으면 반드시 비판이 따른다. 그러나 개인이 자신의 사적인 감각을 보다 잘 표현하기 위해 어휘를 만들어내는 것은 과연 정말로 비판할 만한 일일까. 신화라는 압력솥을 사용하여 사적 영역의 리얼리티를 격리하는 것, 그것은 오히려 문학이라는 미디어의 중요한 기능이 아닐까. '망가진 세계'에 대응되는 망가진 말이나 문자의 선택은 아무리 희극적일지라도 **집단적 네트워크에서 새로운 어휘를 만드는** 시도로 파악할 수 있다.

포스트모던의 공公과 사私

하지만 '신화의 사적 사용'만 놓고 보자면 결말이 나지 않는다. 그것은 어디까지나 공적인 것과의 비교에 의해 측정된다. 물론 공적인 것과 사적인 것이라는 개념을 정확하게 파악하려면 그 문제만으로도 책 한 권은 써야 한다. 그러나 유감스럽게도 이 책에는 그럴 여력이 없으니 간단한 스케치만 그려보겠다.

　최근 공적인 것과 사적인 것의 구별을 새로이 천착한 사상가로 리처드 로티Richard Rorty, 1931~2007라는 미국 철학자가 있다. 로티는『우연성·아이러니·연대성』(1989)이라는 저서에서 사적인 '자기창조의 요구'와 공적인 '인간의 연대 요구'를 분리할 것을 제안했다. 약간 길지만 인용하기로 한다.

　이 두 가지 탐구(사적인 완성/공적인 연대를 각자의 방식으로 탐구하는 것_인용자 주)를 꾀하려는 우리에게 가능한 것은 기껏해야 공정하고 자유로운 사회의 목적이 다음과 같다고 생각하는 것이다. 즉, 그 사회의 시민이 그들의 사적인 시간에 한해서 -즉 타자에게 피해를 주지 않고 보다 혜택 받지 못한 사람들이 필요로 하는 자원을 이용하지 않는 한- 좋아하는 것만 하는 자기중심적이고 '비합리적'이며 심미적인 생활이 가능하게 하는 것이다. 이러한 실천적인 목표를 달성하는 데 수반되는, 실천적인 규준이 몇 가지 있다. 그러나 이론 차원에서는 자기창조와 정의를 통합하는 방책은 존재하지 않는다. 자기창조의 어휘는 사적이며 공유되지 못하고 토론하는 데 익숙하지 않은 것이 필연이다. 한편 정의의 어휘는 공적이며 공유되고 논쟁을 주고받을 때 매체가 되는 것이 필연이다.[31]

사적인 삶을 충실하게 하려면 공적이고 보편적인 규범과 연결되어야 한다는 견해가 있다. 그러나 로티는 그렇게 생각하지 않는다. 사적인 영역에서는 타자에게 해를 끼치지 않는 한, 자신이 좋아하는 대로 행동하면 된다. 하지만 그것과는 다른 차원에서 공적 영역의 '정의'(상호 조정)의 문제가 있으며, 그것에 알맞은 개념체계가 있다. 그때 사적인 자아완성에 사용되는 어휘와 공적인 연대에 사용되는 어휘는 **완전히 따로따로** 기능하는 것이 바람직하다. 로티의 견해에 따르면, 가령 키에르케고르S. Kierkegaard나 니체 등과 같은 저술가는 사적 영역의 창조에 적합한 어휘를 발명했다. 한편, 존 듀이, 존 롤스 등의 저술가는 시민사회에 좀 더 공정한 어휘를 발명하려고 했다. 이 양자는 다른 유형으로 파악해야 한다.

예를 들면 키에르케고르는 대중사회화의 문제에 일찍부터 관심을 가졌고 그와 동시에 사적인 아이러니를 잘 사용한 저술가였다. 키에르케고르는 사적인 것과 공적인 것의 구별이 막연하게 시작된다는 가정하에서 다시 한 번 사적 영역(실존)을 끄집어내려고 한다. 다만 그러기 위해 그는 예를 들면 「유혹자의 일기」(『이것이냐, 저것이냐』라는 책의 일부분이다)처럼 간행 시에 가명을 여러 번 바꿔 사용하고(=독자와의 거짓 끈), 일기 속

31. 리처드 로티, 『우연성·아이러니·연대(偶然性·アイロ=ー·連帶)』, 齋藤純一 他訳, 岩波書店, 2000, pp.3~4. [Contingency, Irony and Solidarity, 1989].

에서 유혹을 넌지시 암시하고(=작중인물과의 거짓 끈), 마지막으로 '약혼'(=인공적으로 맞춰진 거짓 끈) 파기 문제를 둘러싸고 고뇌하는, 고백도 환상도 아닌 각자 돌아가며 일을 떠맡는 텍스트를 썼다.

키에르케고르는 온갖 '끈(유대감)'을 허구화한다. 그에게 '실존'이란 자아의 아이덴티티를 정립하는 단순한 얘기가 아니라 오히려 거짓 끈들에서 산출된 일종의 '비밀'의 결정체(인식불능의 고유명)라 할 수 있다. 키에르케고르는 사적인 것과 공적인 것을 모호하게 만든 대중사회에서 일기라는 양식을 사용하여 실존의 윤곽을 그렸다. 물론 키에르케고르는 경제 영역 외에 종교적인 지반을 확보하려고 했던 것인데, 그 시도는 어디까지나 사회적 유대감을 변질시키는 것과 일체였다. 여기에 키에르케고르의 특이한 기술 스타일이 있다. 간단하게 말하면 실존이란 유대감(네트워크) 속에서 비밀을 간직하고 있는 것이다.

저술 장르

로티는 '사소한 일'을 자기완성의 소재로 잘 활용하는 태도에서 '사적인 아이러니'를 본다. 그것은 '공공에게 거의 아무런 쓸모도 없지'만, 사적인 것을 창조하려는 다음 세대에게는 일종의 모범이 될 수 있는 기술이다.[32] 키에르케고르의 말은 공공에게 전혀 쓸모없지만, 사적인 상상을 허용하기 때문에 다양한 유대감에 기생하는 방법을 잘 보여준다.

물론 나는 오늘날 키에르케고르에 맞먹는 저술가가 나오고 있다고 말하고 싶은 것은 아니다. 다만 '공공에게는 거의 아무런 쓸모도 없'지만 실존의 윤곽을 그리기에 적합한 어휘가 자유롭게 만들어지는 것은 사적으로 바람직하다고 생각한다. 실제로 우리가 다양한 '저술 장르'

----
32. 앞의 책, p.239.

를 갖고 있는 것을 마다할 이유가 전혀 없기 때문이다. 한편, 앞에서 서술한 하이퍼리얼한 신화는 우리의 리얼리티를 배양하는 데 없어서는 안된다. 그런 의미에서 하이퍼리얼한 신화는 '공적'인 것이 될 수 있는 가능성이 있다.

이번 장에서 마지막으로 덧붙이자면 지금까지 다룬 로티의 논지는 실은 상당히 큰 논쟁점을 안고 있다. 철학자 슬라보예 지젝은 바로 그 점을 비판한다. 지젝에 따르면 '여기서 로티의 비판자로서 읽어야만 하는 것은 칸트다'.[33] 지젝은 로티의 공사 구별이 칸트의 공사 구별을 역전시킨다고 지적한다. 간단하게 말하면 칸트는 공동체에 속하는 것을 '사적', 공동체를 초월한 개인으로서 보편적으로 말하는 것을 '공적'이라고 생각했다. 이와 달리 로티는 개인의 자기창조를 '사적', 공동체를 '공적'이라고 생각한다. 그러므로 지젝의 입장에서 로티의 철학은 칸트적 전통에 완전히 무지한 것으로 퇴행하는 것뿐이다.

이 문제는 마지막 장에서 다시 다룬다. 여기서는 공사를 구분하는 사고의 단초로서 이른바 '근대적'인 해결(칸트적)과 이른바 '포스트모던적'인 해결(로티적)이라는 두 종류의 해결방식이 있을 수 있다는 점만 언급한다.

어쨌든 사적인 것을 규정하는 어휘는 다르다.[34] 니시오 이신의 어휘

----

33. Slavoj Žižek, *Violence,* Picador, 2008. p.144.

34. 또한 네그리와 하트Antonio Negri & Michael Hardt는 최근 저서 『공동체*Commonwealth*』(2009)에서 공사 구별에 준거한 정치적 사고를 비판하고 공사의 틈새에서 집단적으로 형성되는 자본(Commonwealth)의 가능성을 높이 평가한 다음에 그 공동체를 자본주의에서 격리할 것을 주장한다. 그들의 관점에서 보면, 이 책의 내용처럼 사적인 아이러니와 공적인 연대를 구분하는 것은 옳지 않을 것이다. 나도 그들의 논지의 의의를 인정하지만, 문예비평가의 관점에서 보자면 여기서 우선 공사라는 오래된 말을 유지하는 쪽이 바람직하다고 생각한다. 물론 그 감각이 옳은지 그른지는 독자의 판단에 맡긴다.

는 사적인 아이러니(자기창조)에 속하는 것이며 공적인 논의에는 적합하지 않다. 그러나 그것은 악이 아니다. 나의 제안은 저술 장르(사적/공적)에 따라 각각의 평가기준을 설정하는 것이다. 그렇다면 당연히 다음 과제로 공적=공동체적이라는 의미를 충족하는 어휘는 어떠한 것인가 하는 질문이 던져질 것이다. 다음 장에서는 그 문제의식 하에서 '신화의 공적 사용'의 실례를 다룬다.

제2장 신화의 신화

리버럴화가 진전된 민주주의 사회에서 이미 어느 정도 성숙된 서브컬처 신화를 어떻게 다음 세대에 계승하여 '공적'인 자원으로 재생시키면 좋은가. 이번 장에서는 그 '장을 바꾸기' 위한 상상력을 오로지 시청각적인 서브컬처 작품을 예로 들어 설명한다.

상상력은 자타의 경계를 무너뜨리고 가까운 곳과 먼 곳을 재편성한다. 그리고 그 재편성은 누구든지 적은 비용으로 이용할 수 있는 풍부한 자원, 전력이나 증기 등과 같은 테크놀로지의 힘에 의해 촉진된다(그런 의미에서 상상력이란 심리적인 것이 아니라 유물론적인 것이다). 오늘날 우리에게 리얼한 풍요란 역시 네트워크상에서의 '링크'일 것이다. 이번 장에서는 픽사Pixar, 도미노 요시유키富野由悠季, J.J.에이브럼스, 〈스즈미야 하루히의 우울〉 등을 참조해서 오늘날의 표현이 어떻게 리얼리스틱한 상상력의 장에 접근할 수 있는지를 고찰한다.

두 가지 사회학

앞 장의 내용을 간단하게 확인해보자. 불투명한 세계에서 우연히 입은 '상처'를 사후적으로 필연적인 일로 재해석한다. 신화란 그것을 위한 감축장치다. 만일 신화가 없다면 우리에게 리얼리티의 기반은 덧없이 증발해버릴 것이다. 그때 네트워크가 복잡해지고 고도화되는 한편, 그 복잡함을 **인간에게 맞춰서** 감축이 행해진다. 예를 들면 이론적으로 어떤 색깔로든 시뮬레이션이 가능하다고 해도, 그 색깔 차이를 인간이 식별할 수 없다면, 미세한 색깔 차이를 만들어낸 의의는 흐려질 것이다. 이리하여 색깔 중에서도 살아남기 쉬운 것과 살아남기 어려운 것의 차이가 생긴다. 고도의 기술력이 있는 것과 그 기술이 현실에서 살아남을지 어떨지는 어디까지나 다른 문제다.

고도로 정밀화된 네트워크를 통해서 얻은 정보를 선별하여 '신화화'할 때, 외부 환경으로서의 인간-약간 볼품없지만 통일성은 갖춰져 있는 인간-이 유일한 참조점이 된다는 것, 노르베르트 볼츠는 그것을 '사회 시스템의 전망에서 보면 인간은 사회의 초월적 성격 그 자체다'라고 말한다.[1] 사회는 왜 풍부하게 변화할까? 그것은 사회가 인간이라는 불안정하고 오해받기 쉬운 살아 있는 생물의 행동에 크게 의존하고 있기 때문이다. 한편으로 인간은 시뮬레이션의 발달을 통해서 이득을 취할 수 있다. 다른 한편으로 네트워크는 인간 능력의 불완전성을 소거할 수 없고 오히려 그것에 의존한다. 사이버네틱스cybernetics의 창시자 노버트 위너Norbert Wiener, 1894~1964, 미국의 수학자의 약간 아이러니컬한 표현을 빌리자면, 네트워크는

---

1. 노르베르트 볼츠, 「서론」 볼츠+안드레아스 뮌켈Andreas Münkel 편찬, 『인간이란 무엇인가(人間とは何か)』, 壽福眞美 訳, 法政大学出版局, 2009, p.10. [*Was ist der Mensch*, 2003].

인간의 인간적 사용을 실현하고 있다고 할 수 있겠다.

그렇긴 해도 인간이 '사회의 초월적 성격'을 독점하려고 하면 이번에는 다양성이 위태로워진다. 본래 좀 더 다양한 힘이나 진동이 우리 주위를 뒤덮고 있지만, '오늘날 존재하고 있는 유일한 통일'(볼츠)이 인간의 삶의 통일이기 때문에[2] 자칫하면 인간에게 유리하게 맞춘 표현이 우세해진다. 하지만 그렇기 때문에 우리는 그야말로 세계의 미세한 진동을 포착할 수 있는 표현에 착안하여 그 양식mode을 다룰 사회학적 기술을 연마해야 한다.

여기까지만 생각하자면 우연을 필연으로 바꾸는 신화는 과거의 '비참한 기억'의 공동체적=운명적인 공유에 있다고 여겨진다. 공동체의 동질성을 확인하려면, 고통스러운 기억이야말로 가장 강한 유대감이 된다. 허나 그것은 어쨌든 내셔널리즘으로 기울기 마련이고, 리버럴한 통치 원리의 관점에서 보자면 바람직하지 않다. 그에 비해 오늘날의 세계에서 우연을 필연으로 바꾸는 신화적인 힘은 오히려 네트워크의 움직임 때문에 동적으로 도출된다. 적어도 민주적인 통치기술을 이것으로 정한다면, 네트워크를 하나의 '운명'으로 돌리기보다는 네트워크상의 로컬한 정점을 변이하도록 만드는 것이 훨씬 위험분산risk hedge에 유익하고 또한 리버럴한 원래 취지에 적합하다. 미리 말하자면 복수複數의 균형 상태(베이트슨의 용어를 빌리자면 클라이맥스 바로 직전의 '플래토plateau, 고원')의 구성에 어떻게 간섭하는가에서 오늘날의 신화의 가능성을 발견할 수 있다.

그런데 여기서 문화적 다양성의 분석은 대체로 두 유형의 사회학으로 구분된다. 하나는 통계에 기반하여 사람들의 행동에서 산출된 데이터를 수치적으로 해석한 사회학이다. 다른 하나는 무수한 정보에서 도대체 무엇이 어떻게 차이화되고 있는지를 보는 사회학, 즉 '차등[差分]'을 보는 유형의 사회학이다. 우선 전자를 '통계사회학'이라고 한다면, 후자는

2. 볼츠, 앞의 책, p.9.

차이를 가려내는 것을 목적으로 하는 '구조사회학'이라고 부르기로 하겠다. 아주 단순한 예로 말하자면 자동차의 생산 대수에 착안하는 것이 통계사회학이고, 자동차 모델의 변경에 착안한 것이 구조사회학이라고 할 수 있다.[3]

이 두 가지 사회학은 관심 영역이 다르다. 통계사회학은 가령 어떤 상품이 어느 정도 팔리고, 그것이 과거와 비교해서 얼마나 변화했는가와 같은 양적인 측정을 중시한다. 앞 장에서 다뤘듯이, 이렇게 해서 측정된 데이터가 시뮬레이션의 정밀도를 높이고 하이퍼리얼한 신화를 생성하는 데 도움이 된다. 그에 비해서 차등의 측정을 바탕으로 한 구조사회학은 정보의 누적에서 생기는 질적 차이를 중시한다. 설령 수치적인 실적은 올라가지 않더라도 거기에 새로운 모델이 제시될 수 있다면, 구조사회학은 그 의의를 존중한다. 예를 들면 앞 장에서 서술한 '신화의 사적 사용'은 끈(유대감)=네트워크에서 사적인 어휘를 격리하고자 하는데, 그런 작업을 직접 하는 작가가 설령 비주류라고 해도 구조사회학적인 발상에서 말하자면 그것은 충분히 가려낼 가치가 있다. 왜냐하면 그 사소한 차이의 견실한 축적 없이, 우리가 실존을 가탁하고 있는 어휘를 파악할 수는 없기 때문이다.

특히 리처드 로티의 네오 프래그머티즘(신실용주의)의 관점에서 본다면, 차이의 존중이 한층 더 중요해진다. 로티는 우리가 사용하는 언어는 마침 거기에 있는 소재로 만들어진 것에 불과하며 절대적 근거를 지니지 않은 대용품이라고 생각했다(이런 주장은 아마 로티가 영어권 철학자라는 점과 무관하지 않을 것이다). 이것은 실존적 영역이나 공적 영역을 표현하는 어휘라고 해도, 그러한 어휘들은 기회에 맞게 쇄신할 수 있는 것이고, 또

---

3. 이 두 가지 사회학의 구별은 롤랑 바르트, 「사회학과 사회논리」, 『기호학의 모험(記号学の冒険)』, 花輪光 訳, みすず書房, 1988. [L'Adventure semiologique, 1985]을 참조한다.

한 그렇게 해야 한다는 의미를 포함하고 있다. 여기서 구조사회학적인 분석은 필수적일 것이다.

신화의 공적 사용

어쨌든 우리에겐 앞에서 언급한 두 가지 사회학을 어떻게 조합할지가 중요하다. 예를 들어 유명한 서브컬처 신화가 최근 잇달아 리메이크되고 있는 현상을 생각해보자. 그 배경에는 인구 동태의 변화(저출산화)와 더불어 저연령층의 문화가 고연령층의 문화를 직선적으로 밀어내는 것이 아니라, 낡은[오래된] 문화와 새로운 문화가 공존하는 상황이 있다. 즉 '젊음'이라는 개념이 지금까지보다 훨씬 유연해졌고 젊은이 문화youth culture의 영역 자체가 애매하게 확장되고 있다.[4] 기업이라고 해도 당연히 이름이 이미 알려져 있다는 사실성의 이익을 활용하지 않을 재간이 없기 때문에 과거의 서브컬처 신화가 기회 있을 때마다 계속 재생산된다. 그것은 일면에서 보면 분명히 보수화이지만, 반쯤은 불가피하다고 할 수밖에 없다. 이상은 통계사회학적인 문제다.

그러나 구조사회학적인 관점에서 말하자면, 단순히 그 신화에서 생기는 통계적인 수치(팬의 숫자나 상품의 매상)를 관찰하는 것뿐 아니라 오히려 거기서 발생하고 있는 '차이'를 관찰하는 기술을 연마하는 것이 한층 중요하다. 따라서 리메이크라고 해도 어떤 질적 차이가 생기는 것이라면 거기에 착안할 만한 장점이 있고, 그러한 차이가 관찰되지 않으면 구조사회학의 센서는 반응하지 않는다.

물론 허버트 사이먼Herbert Alexander Simon, 1916~2001이 말했듯이 인지한계

---

4. 폴 윌리스Paul Wallace, 『인구 피라미드가 뒤집어질 때(人口ピラミッドがひっくり返るとき)』, 高橋健次 訳, 草思社, 2001, p.172. [*Agequake*, 1999].

를 갖고 있는 인간이 모인 사회에서는 중요한 진실에 대해 정기적으로 주의할 필요가 있다.[5] 따라서 설령 교과서적인 논리였다고 해도, 기회가 있을 때마다 적절한 장소에서 다뤄지는 것은 그 나름대로 유효하다. 마찬가지로 리메이크 작품은 사이먼이 말한 대로 바로 그 '주의력[관심] 관리' 기능을 수행하고, 신화의 존재를 사람들에게 다시 주지시키는 데 유익하다. 게다가 뛰어난 신화 작가라면 과거의 서브컬처 신화에 대한 관심을 능숙하게 환기시키고 작품의 역점을 바꾸고 전체의 의미를 재구성하는 것도 가능할 것이다. 이번 장에서 다루는 것은 바로 그와 같은 기법이다.

이렇게 재구성된 신화를 이 책 머리말의 규정에 따라서 '장을 바꾸는 신화'라고 부르겠다. 혹은 시점時點의 '장'을 바꾸는 힘을 장착한 서브컬처 신화를, 잠시 다른 '장'으로 바꿔놓는 것, 그렇게 함으로써 오래된[낡은] 장과 새로운 장이 연결되고 그러한 것들 사이의 차이가 비교 가능해진다. 다시 말하면 **앞 세대에 한쪽 발을 남겨두고** 다른 세대의 작품으로 정착되어가는, 말하자면 이음매 같은 신화, 그것을 여기서는 '신화의 공적 사용'의 실례로 정한다.[6]

....

5. 허버트 사이먼, 『인간의 이성과 행동(人間の理性と行動)』, 佐々木恒男·吉原正彦 訳, 文真堂, 1984), p.4. [*Reason in human affairs*, 1983].

6. 철학자 자크 데리다는 다른 환경하에서 똑같은 이름을 끌어오는 것을 '오래된 이름' 전략이라고 부른다. '새로운 개념 준비를 하는 데 오래된 이름을 가끔 보존하는 것'을 지향하는 전략은 요컨대 환경이나 역사의 연속성을 어느 정도 유지하고자 한다. '선행하는 조직'을 바꾸기 위해 갑자기 이름을 포함한 모든 것을 쇄신(변형)해버리면 '개입을 위한 지렛대'를 잃어버리기 때문에 일부러 오래된 명칭을 계속 유지한다. 전혀 새로운 무엇인가를 갖다 붙이는 것보다도 사람들에게 이미 친숙한 대상이 어느샌가 사람들의 곁에서 다른 것이 되는 쪽이 좀 더 '효과'가 있다. 자세한 것은 『포지시옹(ポジシオン)』, 高橋允昭 訳, 靑土社, 1992, p.106, [*Positions*, 1972]을 참조. 이 책에서 '작품을 바꾸는' 유형의 신화만큼이나 '장을 바꾸는' 유형의 신화를 평가하는 것은 서브컬처에서 오래된 이름의 실례를 보여주기 위해서다.

물론 작품의 공공성이 구현될 때에는 역시 역사적 풍토도 무시할 수 없다. 예를 들면 미국인 로티는 '공公'의 위상을 '연대'에 두지만, 이 주장에는 국가나 교회에 대한 자율성을 확보하고자 했던, 근대 이후 서양의 역사적 전개에 대한 응답이라는 측면이 있다. 누구의 강제에도 따르지 않는 리버럴한 시민사회에도 당연히 구조적인 약점은 존재한다. 로티가 말하는 '연대'란 그 약점을 보완하려는 태도라고 할 수 있다.

　　예를 들면 나치의 아이히만Karl Adolf Eichmann을 논의했던 한나 아렌트Hannah Arendt나 아이히만을 계기로 미국에서 특수한 심리실험을 했던 스탠리 밀그램Stanley Milgram, 1933~1984, 미국의 심리학자이 주장했듯이, 인간은 각 개인의 퍼스널리티personality에도 불구하고 조건(특히 권위 있는 제삼자로부터의 지령)만 갖춰지면 쉽게 대규모의 악을 저지를 수 있는 생물이다(악의 평범성). 더구나 그 악은 때로는 그들 자신의 양심을 조금도 손상시키지 않고 실현된다. 국가나 교회에 대한 사회의 자율은 오히려 최악의 '복종의 심리'를 유발하는 요소가 있고, 또한 그것은 모든 사람들이 추상적인 개인으로서 출발하는 리버럴한 사회에서는 거의 불가피한 병리다. 사람이 어떻게 자기를 구성하더라도 괜찮다면, 설령 그 구성의 방향이 대규모의 복종이라고 해도 그것을 원리적으로는 거부할 수 없다. 일찍이 신학자나 철학자는 '(신이 만들어낸 이 세계에) 왜 악이 있는 것인가', '원래 인간이 행하는 행위를 똑같은 인간이 악이라고 규정할 수 있는 것인가'라고 질문을 던진 것이지만, 20세기의 사상가는 오히려 평범한 인간이 아주 쉽게 악에 빠지게 되어버린다는 데 경악한 것이다.

　　로티의 네오 프래그머티즘적인 관점으로 보면 철학이나 문학은 그 위험성을 숙지시키는 계기가 되어야만 한다. 따라서 로티의 입장에서 '공적'인 작품이란 사람이 어디까지나 자신은 양심에 따르고 있으나 '악'을 저지르게 만드는 사회를, 이른바 의사 체험시키는 작품이라는 것이다.

그와 같은 작품-구체적으로는 나보코프Vladimir Nabokov나 조지 오웰George Orwell의 소설-을 지렛대로 삼아서 사람은 사회에서 잔혹함을 줄이기 위한 태도, 즉 '연대'의 계기를 얻을 수 있다는 것이 로티의 견해다.

　로티의 이 논지는 철학이나 문학을 리버럴하고 민주주의적인 시민사회를 지원하는 도구로 파악하고 있는 하나의 의견이다. 리버럴한 사회에 부응하는 성숙한 문학은 역사가 반드시 자신들이 원하는 대로 나아가는 것이 아니라는 인식을 내재하고 있다. 그와 같은 문화의 가능성도 당연히 곁눈질로 살펴본다. 하지만 이번 장에서는 일부러 다른 각도에서 '공적인 것'을 규정한다. 사회적 연대의 조건은 잔혹함의 감소만으로는 해결되지 않는다. 오히려 여기저기로 내달리고 있는 불연속성을 제어하는 과정에서 사회의 자기이해가 풍부해지도록 만드는 것이 관용과 연대를 배양하는 방법이다. 여러 세대(이것은 인간의 세대라기보다도 작품을 생성시킨 시대 환경으로서 파악하길 바란다)에 걸쳐서, 복수의 사회성을 횡단하는 '장을 바꾸는 신화'를 '공적인 것'에 포함시킬 수 있는 것은 그 때문이다.

　이후에는 구체적인 사례로 시청각적 서브컬처인 애니메이션과 헐리웃 영화를 다루고, 지금의 문화가 지닌 자기상像을 모색해본다. 우선 대충 도식으로 정리하자면 이번 장의 열쇠는 무엇보다도 '상상력', 즉 자신과 타인의 경계를 해체하고 네트워크의 고착을 완화시키는 테크놀로지의 힘에 있다. 상업화되는 서브컬처 신화의 유산을 다시 수용하여 복원하고 다시 한 번 자율성을 얻게 하려면, 어떠한 '장'의 힘을 작품에 불어넣으면 좋을까. 제2절부터는 도미노 요시유키富野由悠季, 1941~, 영화감독/각본가나 J.J. 에이브럼스J.J. Abrams, 영화감독/시나리오 작가의 영상 작품, 또한 〈스즈미야 하루히의 우울涼宮ハルヒの憂鬱〉 등을 참조해서 그것을 위한 상상력의 소재를 구조사회학적인 관점에서 찾아본다. 또한 제1절은 도입부적인 성격을 띠고 있으니 작품론에 흥미 있는 독자는 제2절부터 읽어도 괜찮다.

링크 예술로서의 애니메이션

처음에 하나의 테제를 제시하겠다. 바로 '애니메이션은 링크 예술이다'라는 것이다. 예를 들면 미국의 저명한 애니메이션 작가인 존 라세터John Lasseter, 1957~는 생텍쥐페리가 했던 다음 말을 인용한다. '중요한 것은 눈이 아니라 눈빛이다-입술이 아니라 미소다.'[7] 라세터는 〈토이 스토리 Toy Story〉(1995)나 〈니모를 찾아서Finding Nemo〉(2003) 등의 작품으로 놀라운 CG기술을 보여주는 픽사에 책임감독으로 참여했는데 그 픽사는 바로 눈이 아닌 '눈빛'을, 입술이 아닌 '미소'를 본래 살아 있지 않은 물질에게 부여하려고 했던 스튜디오라고 할 수 있다.

애니메이션에서는 사물이 단순히 사물로서 존재하는 것만이 아니다. 거기에서는 오히려 사물에서 생긴 '눈빛'이나 '미소' 등과 같은 링크가 사물을 표현한다. 실제로 픽사 필름에서는 방금 전까지는 팔팔하던 무

---

7. 데이비드 A. 프라이스David A. Price, 『메이킹 오브 픽사-창조력을 만든 사람들(メイキング・オブ・ピクサー創造力をつくった人々)』, 櫻井祐子 訳, 早川書房, 2009, p.13. [The Pixar Touch, 2009].

생물이 다음 순간 생기를 잃어버린 고물덩어리로 되돌아가버린 듯한 표현이 빈번하게 사용된다(〈토이 스토리〉나 〈월.E*WALL.E*〉의 주인공이 그러했듯이). 이것은 아마도 시청자들에겐 자신과 작품의 링크가 무정하게 끊어진 순간으로 받아들여질 것이다. 픽사 필름의 주요한 단위는 '링크'이고 링크의 발생과 소실이라는 낙차가 작품의 드라마성을 형성한다.

여기서 '약속'이나 '맹세' 혹은 '계약' 등과 같은 아주 고전적인 서사 장치가 픽사 필름에서 빈번하게 사용되는 점도 지적해둔다. 예를 들면, 2008년 공개한 〈월.E〉[8]는 지구에 홀로 남겨진 주인공 로봇 WALL.E가 인류가 남긴 뮤지컬 영화를 보고서 자신도 누군가와 손을 잡고 싶다는 간절한 소망을 이루는 영화다. 실제로 〈월.E〉가 소박할 정도로 '손을 잡는다'는 모티프를 강조한 작품이라는 것은 우주에서 나태한 생활을 하면서 인간성을 상실해버린 인류가 그 '손'을 퇴화시킨 것을 부각시킨다. 이 영화의 화려한 CG는 '손을 잡는다는 행위를 얼마나 유일무이한 행위로 보여주는가'라는 과제에 집중되어 있다고 해도 지나친 말이 아니다.

혹은 2009년 공개한 〈업*UP*〉(일본 상영제목은 〈칼 할아버지의 하늘을 나는 집〉)에서도 죽은 아내를 환상의 낙원에 데려간다는 '맹세'를 지키는 칼 노인이 부부로 오랫동안 살아온 집을 신고서 하늘을 여행하다가 마침내 그 낙원에 도착한다. 칼은 그곳에서도 떠다니는 집을 **자신의 몸에 묶어 매달고** 낙원을 찾아다닌다. 그것이 아내와의 끈(맹세)에 대한 그의 충성을 의미하는 것은 물론이다. 그러나 이야기가 진행되면서 칼은 이따금 그 집에 올라탄 소년과 두터운 유대감을 나누다가, 마지막에는 집 대신에 그 소년을 선택하게 된다. 거기에서도 역시 노인과 소년을 하나의 로프가 묶어주고 있고 링크의 존재가 잊힌 적은 없다. 고도의 CG로 구성된 〈업*UP*〉이 실은 오히려 아무런 장치도 없는 링크(로프)에 그 이야기를 매달아 지

---

*8. WALL-E: Waste Allocation Load Lifter Earth-Class, 지구 폐기물 수거-처리용 로봇.

탱하는 것, 여기에 픽사 작품을 관통하는 하나의 단순한 '사상성'이 드러난다.

물론 이 사상은 최신 애니메이션에만 한정되진 않는다. 보다 오래된 작품으로는 데즈카 오사무手塚治虫, 1928~1989, 만화가/애니메이터/의사가 1960년대에 만든 단편 실험 애니메이션, 즉 〈메모리めもりぃ, Memory〉(1964)는 인간의 '추억'이 어떻게 개별적인 신체적 부위(특히 성적인 부위)에만 집착하는지를 그린 일종의 풍자극이며, 입술이나 유방 같은 부분대상이 전편을 뒤덮고 있다. 반면 〈인어人魚〉(1964)는 자신이 구해준 물고기에게서 환각적으로 미녀를 상상하는 소년에 관한 이야기다. 그런 애니메이션 작품에서는 보통 인간의 이미지보다도 부분대상이(혹은 공상이) 더 강한 환기력을 지니며, 주인공이나 시청자는 그 부위와 강한 '유대감'을 갖게 된다. 이런 작품은 단편 애니메이션이긴 해도, 데즈카의 욕망이 어디에 있는지 간결하게 보여준다.

또한 애니메이션과 근친관계에 있는 장르에도 비슷한 현상이 존재한다. 현대 일본의 라이트노벨이나 휴대폰소설에서 계약이나 맹세 모티프는 지나치게 남용되고 있다. 그 작품들에는 무엇인가를 선택하는 강한 의지나 반대로 무엇인가를 버리는 포기의 결단, 결코 파괴해서는 안 되는 금칙사항 등의 주제가 가득 들어 있다. 다소 거칠게 말하자면, 이러한 것들은 매우 고전적인 법의 개념계概念系에 속한다. 픽사를 비롯한 최근의 서브컬처에서는 종종 '기적'이 주제가 되고 있는데, 그것은 법적 어휘(의지, 파기, 계약 등등)의 힘을 마음껏 이용한 결과로 볼 수 있다. 한 마디로 말하면 법적 어휘는 아무것도 아닌 유대감(끈)에 쉽게 의사擬似 초월적인 색채를 부여하도록 만든다.

물론 '애니메이션은 링크 예술이다'라고 해도, 그것은 애니메이션의 특징의 극히 일부분에 불과하다. 그렇긴 해도, 그 단순한 규정에서 드러나는 것도 있을 것이다. 예를 들면 20세기의 미디어론은 새로운 미디어장치를 통한 지각의 변화를 포착하려고 해왔다. 독일의 비평가 벤야민Walter Benjamin은 사진이나 영화에 일상적으로는 붙잡을 수 없는 '시각적 무의식'이 내재되어 있다고 말했다. 실제 작품 차원에서도 예를 들면 디지털 기술을 사용한 미디어아트는 일상을 초월하는 지각을 기계적으로 발생시키고, 그것을 때로 정치적 맥락에 접합하려고 한다는 점에서 벤야민적인 미디어론을 계승하고 있다. 그렇다고 해도 오늘날 영상 자원은 너무 풍부하고 기계가 만든 지각이야말로 일상화되고 있다는 점도 부정할 수 없는 사실일 것이다. 일상과 기계, 의식과 무의식의 낙차를 기본 배경으로 움직여온 과거의 미디어론은 오늘날 그야말로 큰 변곡점을 맞고 있다.

그런 점에서 보면 링크를 단위로 설정하는 것은 미디어론의 관점에서 새로운 해법처럼 보인다. 링크는 그 자체로는 결코 사람들의 존재 방식을 손상시키지 않는다. 실제로 개인에 대한 링크는 증가하면 증가할수록 경제적 가치나 사회적 명성과 연결되는 성질을 갖고 있다. 또한 정보에 대한 링크는 지식의 가치도 크게 변동시킨다. 우리는 네트워크의 활력을, 말하자면 뜨거운 물처럼 이용/소비할 수 있는 시대에 살고 있다. 네트워크상의 정보를 입수할 수 있는 비용이 현저히 낮아지고 지식이 활발하게 재편성된다는 것은 이미 많은 사람이 알고 있다.

애니메이션 장르는 그러한 네트워크의 일부에 새로운 낙차를 만들어 낸다. 애니메이션은 가까운 것(친밀한 것)과 먼 것(소원한 것)을 기준으로 세계를 정리하고, 표현상의 풍부함을 획득한다. 약속이나 맹세 혹은 계약은 **기한이 한정**되어 있고 농밀한 배타적 관계이며, 말하자면 인공적으로 '가까움'을 구축하는 것이다.[9] 네트워크 사회에서는 명확한 의지를 개

9. 니클라스 루만Niklas Luhmann, 『정열로서의 사랑(情熱としての愛)』, 佐藤勉·村中知子 訳, 木鐸社, 2005. [*Liebe als Passion:Zur Codierung von Intimität*, 1982]식으로 '친

입시키지 않더라도 사람이나 사물 혹은 정보가 얽혀 있는 가운데 자생적으로 링크가 발생해버린다. 따라서 어떤 특정한 링크를 의식화儀式化하여 친밀한 것으로서 코드화하려고 하는 '법'의 모티프가 서브컬처 속에 회귀하게 된다.[10]

풍부성과 희소성

이 '링크'처럼 모든 사람이 별다른 자각 없이 거의 비용을 지불하지 않은 채 의존하고 있는 풍부성의 영역을 여기서는 '상상력의 영역'이라고 부르기로 한다. 일반적인 용법에서도 그러하듯이, 상상력이란 자타의 경계를 무너뜨리는 '대리' 능력을 의미한다(사상사적으로도 상상력의 개념은 낭만주의의 영향을 받았고 나르시시즘의 테마와 관계가 깊다). 새로운 테크놀로지의 출현은 때로 자타의 물리적이고 심리적인 장벽을 제거하고 그때까지의 대립을 자연 소멸시켜버리는 듯한 면이 있다. 상상력은 그러한 유물론적인 변동과 궤를 같이 하여 자란다.

　일반적으로 사람들이 경쟁할 때는 희소한 재화[財] 때문에 정치적으로 투쟁할 뿐 풍부한 재화는 거의 의식하지도 않는다. 예를 들면 공기는 누구에게나 평등하게 주어지는 것이기 때문에 그 배분을 놓고 사람들이 투쟁하는 일은 없다. 그러나 희소한 재화는 그것을 얻을 수 있는 사람과 얻을 수 없는 사람의 차이가 필연적으로 생기므로, 자기와 타자를 준별하는 데서 사상을 시작하는 것이 하나의 전통적인 사고 유형이 된다(그 극점이 앞 장에서 다룬 칼 슈미트의 정치사상이다). 이른바 정치경제학Political

----

밀함의 코팅'이라고 불러도 좋다.

10. 링크의 가능성으로 가득찬 세계에서 기한 한정의 배타적 관계를 맺으려고 하는 현상은 서브컬처에만 한정되지 않으며 당연히 일반 기업의 관심사이기도 하다.

Economy은 그 희소한 재화를 어떻게 배분하는지에 관여하는 지식을 의미한다. 하지만 반대로 누구나 자유롭게 다룰 수 있는 풍부성(상상력)의 영역에서 출발하여, 세계는 그 상상력이 동력이 되고 있다고 간주하는 것도 결코 불가능한 일은 아니다.[11]

　실제로 시대의 풍부성의 영역에 따라 우리의 생산 효율성이나 비용은 완전히 달라지고 무엇이 희소한 것인가 하는 판단도 달라진다. 예를 들면 근대의 발전은 증기나 전력이 풍부성의 영역을 구성했기 때문이라는 사실을 간과해서는 안 된다. 증기나 전력 공급이 어떤 시점에서 단번에 확대됨으로써 과거에는 장해가 많았던 사업을 매우 낮은 비용으로 실현할 가능성이 생긴 것이다. 또 이른바 '대중사회'라는 것도 통신의 확대가 가져온 새로운 사회성으로서 이해할 수 있다. '대중'이라는 표현에는 인격적인 함축성이 있지만, 정작 문제는 오히려 비인격적인 영역에서 꿈틀대며 사람들에게 커뮤니케이션이나 발신의 힘을 제공하는 통신 영역의 풍부성이며, 대중이라는 인격적인 표현이 등장하는 것은 그 값싼 힘이 널리 유포되는 것에 지나지 않는다. 풍부성이 지닌 생성력은 과거의 노력을 불필요하게 만드는 것이므로, 경멸이나 적대감에 찬 시선으로 볼 수도 있지만, 분명 그것은 사회의 역학 관계에 변용(대중의 소비가 그대로 시장의 창조행위로 되돌아오는 등의 현상)을 가져온다.

---

11. 예를 들면 미국의 저명한 미래학자이자 테크노 유토피아주의자 조지 길더George Gilder는 『텔레코즘(テレコズム)』, 葛西重夫 訳, ソフトバンク パブリッシング, 2001. [*Telecosm: How Infinite Bandwidth Will Revolutionize Our World*, 2000]에서 '어떤 새로운 시대에도 그 시대를 특징짓고 그 시대의 척도가 되는 중요한 풍부성과 희소성이 존재한다. 그러한 풍부성과 희소성은 경제학의 현장, 비즈니스의 실천, 문화의 토대, 생활의 기반을 규정한다'고 근사하게 말한다(p.7). 또한 문명의 역사를 풍부성과 희소성의 조합이라는 경제학적 은유로 설명하려고 하는 길더(그리고 또한 이번 장)의 태도 그 자체가 현대의 특유한 현상임은 말할 것도 없다. 이것은 현대에서 '호모 이코노미쿠스(경제적 인간)'의 우세를 의미하는 하나의 예가 된다.

더욱 주의해야 할 점은 풍부성이 성립되면 때로는 다른 영역에 희소성이 발생할 수 있다는 것이다. 일반적인 사례를 언급하자면 예를 들어 1970년대에는 폭발적인 인구증가에 비해 치명적인 식료품 부족이라는 마르크스주의적 시나리오가 지배적인 루머였는데, 그 위기는 효율적이고 대규모적인 식료품 증산을 가능하게 함으로써(녹색혁명-그린 레볼루션) 극복되었다. 그러나 '녹색혁명'에는 어마어마한 물이 필요하고 그것을 위해서는 세계의 하천이 바싹 말라간다는 새로운 문제가 일어난다.[12] 또한 펌프 능력의 발달은 관개용 취수取水를 보다 효율적으로 만들어서 결과적으로 지하수의 고갈을 한층 가속하게 될 것이다. 이런 사정으로 식료품이 상대적으로 풍부해지는 반면, 그때까지는 풍부하다고 여겨졌던 물이 희소해지고 새로운 정치적 과제로서 부상한다. 풍부성의 위치에 따라서 희소성의 위치도 달라지는 것이다.

　　이러한 인식을 조금 전에 언급했던 논지에 빗댄다면, 링크(커뮤니케이션의 증대)라는 풍부성의 등장이 허버트 사이먼이 말한 의미에서의 '주의력'이라는 재화를 희소화한다는 방향으로 전개된다. 링크는 얼마든지 성립하지만, 그것에 충분히 신경 쓸수록 그만큼 시간적 여유를 잃어간다. 누구나 모든 정보를 균등하게 접할 수 없고 그렇기 때문에 한편으로는 필터링이 불가결해지고, 다른 한편으로 커넥터나 메이븐에게로 접근이 집중된다. 왜냐하면 커넥터나 메이븐은 네트워크에 대한 주의력이 풍부하고 정황의 시간적인 변화 과정에 대해서도 민감한 인재라고 여겨지기 때문이다. 그들은 부족하기 쉬운 주의력[관심]을 말하자면 대신해줄 사람

---

12. 프레드 피어스Fred Pearce, 『물의 미래(水の未来)』, 沖大幹·古草秀子 訳, 日経BP 社, 2008. [*When the Rivers Run Dry*, 2006]에 따르면 '녹색혁명'을 지탱하는 고수량 품종은 높은 생산성이 예상되는 대신 원(原)생산품종보다도 훨씬 많은 물을 필요로 한다는 결점이 있다(p.38). 따라서 피어스는 '녹색혁명' 이후의 세계에서 물의 적절한 관리를 목적으로 하는 '청색혁명'을 제창한다.

들이다.

이런 상황에서 희소한 재화의 쟁탈보다 풍부한 재화 위에서 생산이나 창조의 양식에 대해 생각하는 것, 그 지점의 요점을 정리한 것이 표1이다. 이 새로운 정치경제 전략을 문화비평에도 부연하면 어떻게 될까.

표 1. 두 종류의 정치경제

	희소성의 취급	사고의 출발점	비평적 기준
투쟁의 원리	희소한 재화를 많은 사람에게 나눠준다	자타의 준별	단절이나 중재에 의한 자원조정
상상력의 원리	새로운 풍부성이 새로운 희소성을 낳는다.	자타의 구별 용해	풍부성에 기초한 네트워크의 확장

애니메이션의 경제성

링크는 풍부하고 편재遍在하지만 주의력은 희소하고 편재하기 십상인 이 세계에서 애니메이션은 좀처럼 생기지 않는 링크를 연출하여 거기에 주의를 끌어모은다(픽사는 그 작업에 CG를 조작하는 수학적인 시뮬레이션을 이용하고 있다는 점에서 하이퍼리얼한 신화의 힘을 잘 보여준다). 애니메이션은 세계를 채우는 링크=연결하는 힘의 풍부성(상상력)에 힘입어 시청자와의 사이에 본래 있을 수 없는 희소한 끈을 만들어낸다.

다만 거기에도 문제는 있다. 애니메이션에서는 자칫하면 작품과 시청자의 링크가 감정적으로 고착돼버린다는 점이다. 그때 신화에서 유연성이 상실되고 다양성을 향유할 만한 용량이 상실된다. 따라서 방금 말했던 경제성의 원리에 따른다면, 한번 고착되고 자명화되어버린 링크를 다시 한 번 자타 구별을 뛰어넘는 새로운 '상상력의 영역'으로 치환하는 것, 이것이 유력한 신화화의 작업으로서 부상한다. 이 경우, 계약이나 맹세에 의해 링크를 의식화하는 캐릭터를 '법적 인간homo legalis'이라고 부른다면, 그 링크의 고착을 느슨하게 하며 재발견시키는 캐릭터는 '경제적 인간homo economics'이라고 부르는 것이 알맞다.

그림 2. 링크의 처리법

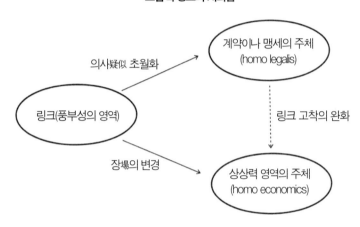

또 다른 문제는 서브컬처 신화는 어쨌든 상업화로 흐르는 것을 피할 수 없다는 점이다. 특히 유명한 서브컬처 신화는 일종의 공유재로서 기능하고 이미 소비자 사이에 수많은 링크를 확산시켰다. 최근 인터넷의 등장은 그 상업화=공유재화=네트워크화의 경향을 확실히 가열시켰다. 이런 경우 상업화가 지나치게 진행되면 작품의 자율성이 손상된다는 점이 해결해야 할 과제다. 이리하여 그 상업화된 신화를 역시 다른 상상력의 장(복제와 풍부성의 세계)으로 다시 메우고 링크의 질을 바꿔서 자율성을 회복하는 것, 거기서야말로 신화 작가의 수완이 발휘될 것이다.

다음은 그 '장을 바꾸는' 유형의 신화의 구체적인 예로 일본에서 가장 저명한 서브컬처 신화라고 말할 수 있는 건담 시리즈부터 1999년에서

2000년에 걸쳐 방영된 〈턴에이 건담∀ガンダム, Turn A Gundam〉[13]을 살펴보겠다. 결론부터 말하자면 이 작품은 바로 고착된 링크의 복원 및 상업화된 신화의 재처리가공을 명확한 주제로 삼고 있기 때문이다.

....
*13. 1999. 04. 09. ~ 2000. 04. 14, 건담 탄생 20주년 기념으로 후지TV에서 방영된 50부작 애니메이션.

도미노 요시유키富野由悠季가 그린 신화

1979년 제1탄 〈기동전사 건담機動戦士ガンダム, 키도오센시간담, MOBILE SUIT GUNDAM〉이 TV 방영되고 나서 건담 시리즈는 메인 TV판만 해도 10편 이상의 작품이 만들어졌다. 거기에 만화판이나 영화판, 소설판 등으로 파생된 것까지 포함하면 이 시리즈와 관련된 작품은 어마어마한 편수라서 전모를 파악하기는 어렵다. 후속 작가에게 미친 영향을 포함하여 이는 분명 일본을 대표하는 신화체계라고 할 수 있다. 그 상업적 전개는 원조 건담 시리즈 감독이었던 도미노 요시유키의 통제를 벗어난다. 30년 전에도 건담은 어디까지나 상업 원리에 따른 형태로 전개되었다. 오늘날에도 시리즈의 신작은 만들어지고 있고, 앞으로도 어떠한 형태로든 작품은 계속 나올 테지만 어떤 경우에도 시장과 타협하는 것은 결코 피할 수 없다.

그런 의미에서 건담은 보기에 따라서는 매우 자유롭지 못한 작품이다. 그래도 이 책의 문맥에서 강조하고 싶은 것은 독주를 시작했던 이 시리즈를 도미노 요시유키가 어떤 시점에서 다시 한 번 재再디자인화하려고 시도했다는 점이다. 그 지점의 사정을 좀 더 설명해볼까 한다.

원래 제1탄의 〈기동전사 건담〉은 지구를 떠나 우주에 정착한 사람들이 만든 이민국가-게다가 '지온 공국Principality of Zeon'이라는 명칭을 썼기 때문에 분명히 이스라엘을 의식했음을 알 수 있는 국가-와 본토 지구인들의 싸움을 중심으로 한 방대한 서사시다. 지구에 살고 있는 주인공 15세 소년 아무로 레이Amuro Ray는 우연히 전투용 로봇 건담 조종사가 되어 뜻하지 않게 우주전쟁에 말려든다. 이야기는 그 미숙한 소년과 지온 공국 군인 사이에서 벌어진 말 그대로 '신화적'인 싸움이 중심을 이루고 있다.

이러한 설정에서 알 수 있듯이, 본래 이 신화는 메시지가 매우 풍부한 것이었다. 적과 아군이 뒤죽박죽 뒤섞인 전쟁의 혼란 상태를 서브컬처 이미지의 힘을 이용하여 **다시 상연**上演**하는** 것, 그것이 건담 시리즈의 성취 중 하나라고 봐도 전혀 틀리지 않을 것이다. 특히 도미노가 난민국가로서의 지온 공국에 나치 독일의 모습을 겹치게 만든 의도는 연출 방식을 보면 곳곳에서 쉽게 짐작할 수 있다. 즉 도미노는 단순히 전쟁을 모티프로 삼은 작품을 만든 것이 아니다. 오히려 제2차 세계대전의 시작부터 종전에 이르는 현실 상황을 1979년의 시점에서 애니메이션이라는 오락으로 '반복'한 것, 건담이라는 신화는 그것을 위한 장을 제공한 셈이었다.

그렇긴 해도 이 신화가 완전히 황당무계한 세계였다는 것은 명백하다. 원래 1979년에 전쟁을 다시 한다는 것은 전쟁에 얽힌 미디어 이미지가 이미 상당히 유포되어 있는 사회를 상대로 한다는 뜻이기도 하다. 따라서 거기서 전쟁을 반복한다고 해도 그것은 단순히 인간끼리, 국가끼리의 싸움을 표현하는 것이 될 수 없다. 전쟁 체험이나 기억이라고 해도 30년이나 지나면 무수한 미디어의 중계 과정에서 말 그대로 '신화화'되어 버리는 것을 피할 수 없다. 따라서 어느 정도 심각한 주제를 그린다고 해도, 그 30년 사이에 인간의 주위에 누적된 다양한 정보를 복합적으로 집어넣지 않으면 표현의 힘은 효과가 떨어질 것이다.

예를 들면 건담의 로봇이 '모빌 슈트'라는 기묘한 이름으로 불리고, 일종의 의사擬似 인격적인 존재감을 얻었던 것은 작품의 신화로서의 힘을 고조시키는 데 한몫하고 있다. 아무리 봐도 전투용 로봇인데도 도미노는 거기에 모빌 슈트라는 로봇에게 어울리지 않는 이름을 붙였다. 그러나 이와 같은 병기도 아니고 인간도 아닌 이물異物=상품이 아니라면 미디어화된 공간을 재현할 수 없었다고 생각하는 쪽이 정확할 것이다.

또한 원래 건담 시리즈는 인류의 '뉴 타입New Type'의 탄생을 주제로 하고 있고, 전쟁을 통해 인류 자체가 무언가 다른 존재로 변한다는 사상이 흘러넘치고 있다. 물론 그것은 허구의 설정이지만 인간적인 것과 비인간적인 것을 애매하게 하는 그런 이미지를 도미노가 매우 교묘하게 써먹었다는 점은 분명하다. '모빌 슈트'든 '뉴 타입'이든 사회적으로 축적되어온 미디어 이미지를 흡수하기에는 딱 알맞은 소재였다고 할 수 있다.

치유로서의 신화

애니메이션은 링크 없이는 힘을 획득할 수 없다. 모빌 슈트라는 '장난감'이 환기력을 지닌 것이라면, 그것은 모빌 슈트가 미디어를 통해서 축적된 정보를 뒤섞은 다음, 시청자와의 사이에 새로운 링크를 확립했기 때문이다. 그렇긴 해도, 이런 통로=링크는 어쨌든 새로운 상상력의 영역에 다시 던져져야 한다. 왜냐하면 건담처럼 강력한 서브컬처 신화에서 자라난 작품은 링크가 고착되는 한편, 상업화가 진전되어 결과적으로 표현의 힘이 떨어지기 쉽기 때문이다.

실제로 도미노 자신이 건담을 지속적으로 만드는 데 상당히 갈등했다는 사실은 익히 알려져 있다. 표현자로서의 입장과 시장 원리의 틈바구니에서 다양한 마찰이나 충돌이 생긴 나머지 도미노는 어느 시기에 '컨디션 저조'와 '자폐 상태'에 빠져버린 것을 스스로 고백한다.[14] 결국 1994년 〈V건담〉을 발표한 뒤 도미노는 시리즈 감독에서 물러나 〈∀건담〉으로 복귀할 때까지 건담의 TV시리즈는 다른 사람의 손에 맡겨졌다.

이러한 사정이 있는 이상, 복귀작 〈∀건담〉은 건담 시리즈 그 자체에 대한 응답이었다고 할 수 있다. 구체적으로 도미노는 〈∀건담〉이라는 작품을 역대 건담 시리즈의 '역사' 그 자체를 대상화한 일종의 메타픽션으로서 구축했다. 이 작품에서는 그때까지의 TV판, 만화판, 소설판, 그러한 모든 작품을 관통하는 거대한 역사(〈우주세기〉라고 불리고 있다)가 '흑역사'로서 정리된다. '∀'라는 것은 원래 논리학의 전칭기호인데 도미노는 그 기호를 '턴에이'로 읽게 하고 건담의 역사를 한번 크게 다시 보게 만들고자 했다. '턴에이 건담'은 '흑역사' 뒤에 아무런 기억을 갖지 않은 채 새롭게 역사를 만드는 사람들의 이야기다.

'흑역사'라는 말에서도 알 수 있듯이, 도미노는 스스로 창조한 건담이라는 사가saga(중세 북유럽에서 발달했던 몇 세기에 걸친 연대기_옮긴이)에 대해서 부정적이고 트라우마적인 뉘앙스를 사용하고 있다. 그것은 분명히 지금 말했던 도미노 자신의 심리적인 문제와 관련이 있다. 실제로 이 작품이 만들어낸 전말을 다룬 저서 제목을 『턴에이의 치유ターンエーの癒し』라고 붙인 것을 봐도 알 수 있듯이, 도미노는 〈∀건담〉을 일종의 '치유의 서사'로서 설정했다.

그렇다면 그 치유=복원은 어떻게 이뤄지는 것일까. 건담 시리즈의 정형인 〈∀건담〉도 원래의 지구인과 지구 바깥으로 떠난 사람들(흑역사 뒤에 달로 옮겨간 사람들) 사이에서 드라마가 전개된다. 이야기는 달로부터

---

14. 도미노 요시유키, 『턴에이의 치유(ターンエーの癒し)』, ハルキ文庫, 2002.

지구로의 귀환을 추진하려고 전략을 꾸미는 지점에서 시작된다. 이런 설정에는 이미 어쩔 수 없이 다른 환경에서 살게 된 '난민'이 어떻게 원래의 세계로 귀환하는가라는 주제가 강하게 투영되어 있다. 동시에 지구는 그 무렵 마침 산업혁명이 발흥하던 시기로, 과거의 세계로부터 새로운 세계로의 이행이 또 하나의 주제로서 다뤄진다. 원래의 세계로 돌아가는 것과 새로운 세계로 나아가는 것, '귀환과 이행'이라는 두 가지 축은 그것 자체, 건담 시리즈에 대한 〈∀건담(턴에이건담)〉의 위치도 암묵적으로 드러내고 있다.

여기서 작품의 줄거리를 간단하게 설명해보겠다. 주인공 소년 로랑 세아크Loran Cehack는 원래 달의 주민이었는데 달 측의 지구귀환 작전에 투입되어 선발대 부원으로 은밀하게 지구에 파견됐다. 하임Heim이라는 지구의 어느 집안의 도움으로 구조된 로랑은 거기서 운전수로 생활하면서 영주의 따님들과 친분을 쌓게 된다. 하지만 그 평온함은 오래 가지 않는다. 얼마 후 로랑의 선발대 임기가 거의 끝나갈 즈음, 달의 전투부대가 본격적으로 지구에 내려온다. 그것은 본래 영주 교섭을 선취하기 위한 강하降下작전이었는데, 무력이 우세하던 달의 군대가 지구로부터 저항을 받자 화가 나서 지구 거리를 파괴해버린다. 그 사건 때문에 지구와 달의 양쪽 군대는 본격적인 전쟁이 일어나기 직전의 상태로 돌입한다.

로랑은 달의 주민이지만 달과 지구의 전투에서는 끝까지 자신을 구해준 지구 편을 든다. 가끔 광산에서 파낸 거대한 '수염달린 기계인형'-모빌 슈트를 말하는데 작중에서 거의 그렇게 불리지 않는다-을 조종하는 로랑은 그것에 의해 전력의 균형을 유지하고 달 측이 일방적으로 전쟁 국면을 장악하지 않도록 신경을 쓴다. 그때까지의 건담 시리즈의 주인공이 자칫하면 흥분하는 격정형이고 약간 어린애 같은 면을 지녔던 데 비해서 로랑은 오히려 온후한 하인으로 도미노가 그린 주인공 치고는 이색적이다.

로랑의 소소한 노력에도 불구하고 달과 지구 사이에는 작은 다툼이 끊이지 않는다. 그러나 동시에 양자 사이에는 여러 차례 교섭도 진행되고, 현재 전쟁 상태인지 아닌지 경계는 애매하게 처리되어 있다. 게다가 로랑은 '수염달린 기계인형'을 절대로 살인병기로 이용하지 않는다. 오히려 로랑은 강가에서 세탁을 돕는다거나 주인을 위해 소를 이동시키거나 하는 데 이 기계인형=모빌 슈트를 이용한다. 본래는 전투병기인 모빌 슈트가 일상 속에서 다른 용도로 전용된 것이다.

또한 앞에서 서술했듯이, 로랑이나 하임가의 인간을 포함하여 이 작품의 등장인물 대부분은 '흑역사'의 기억을 갖고 있지 않다. 그들은 이미 과거에 어떤 전쟁이 일어났었는지 모르며 문명도 흑역사의 시대(우주세기)에 비해 소박해졌다. 그러나 건담의 역사에 등장한 기계나 로봇만은 지구의 광산에서 잇달아 유물로서 발굴되어 요긴하게 쓰인다. 그런 경우에도 결코 본래의(즉 '흑역사'의 시대에서 쓰이던) 이름이나 용도가 계승되지 않는다. '수염달린 기계인형'처럼, 용도나 정식 명칭을 완전히 이해하지 못해도 일단 당장 쓸모 있다면 괜찮다는 식으로 이러한 유물은 요긴하게 쓰인다.

애도 작업

〈∀건담〉의 연출은 모빌 슈트라는 신화적인 아이템을 인용하면서도 그것을 이전과는 다르게 전유하고 있다. 그런 '재처리'는 조형적 차원에서도 드러난다. 기체機體 디자인을 맡았던 유명한 공업디자이너 시드 미드 Syd Mead, 1933~는 수염달린 기체나 좌우비대칭의 기체(턴X) 등 과거의 건담 이미지를 상당히 뒤엎은 듯한 조형을 만들어냈다. 특히 전자의 조형은 일부 팬의 반감을 샀다. 그러나 달라진 용모는 '수염달린 기계인형'이라는 호칭에 리얼리티를 갖게 한다. 애니메이션이 '가까움'과 '멂'에 의해 세계를 정리하는 것이라면, 이러한 디자인의 변경은 그 정리 방식을 바꿔버린다는 의미에서 본질적이다.

원래 일반적으로 표현은 친밀함의 원근감을 파괴함으로써 힘을 얻는다. 단순히 익숙하지 않은 것은 사람의 관심을 끌지 못하며, 익숙한 것은 그것만으로는 어떠한 새로운 상황도 불러일으키지 못한다. 오히려 익숙한 것이 익숙하지 않은 것으로 바뀜으로써 혹은 익숙하지 않은 것에서 익숙한 무언가가 생김으로써 사람은 아무래도 대상에서 눈을 뗄 수 없게 된다. 프로이트는 일찍이 이런 교란에서 '언캐니uncanny(낯선 친숙함/기이함)'의 감각의 심연을 보았다. 이번 장의 맥락으로 바꿔 말하면 '언캐니'란 어느샌가 링크하고 있던 것과 링크하지 않게 되고, 링크한 적도 없는 것과 과잉으로 링크함으로써 생기는 효과다.

반복하자면 모빌 슈트와 같은 의사擬似 인격은 상업용 액세서리뿐만 아니라 작품의 사상 그 자체를 구성한다. 도미노는 살아 있는 인간끼리의 싸움이 아니라, 미디어화된 인간과 미디어화된 인간의 싸움을 연출하고 전쟁을 반복했다. 그러나 표현을 구동驅動하는 '기이함'은 거기에 다른 장場의 리듬을 끊임없이 보내지 않으면 곧 마멸되어버린다. '수염'이나 '기계인형' 등 외견상 특징을 그대로 이름에 써먹는 방식이 많이 사용된다든가, 소를 운반한다거나 세탁을 하거나 하는 목가적인 리듬이 몇 번씩 반복되는 것은 모빌 슈트를 '멀리 하고', 다른 무엇인가를 '가깝게 하는' 것과 연결된다.

그리고 이러한 일련의 조작은 마지막으로 건담 시리즈, 즉 '흑역사'와의 관계성을 바꾸는 것으로 귀착된다. 로랑을 포함한 지구 측은 발굴한 흑역사 시대의 도구를 이용하여 달로 떠나고 그 땅에서 군사적인 실권을 쥐고 있는 군인과 대결하여 승리한다. 그들의 싸움 뒤에는 '수염달린 기계인형'을 포함하여 예전의 흑역사의 잔해가 거대한 '누에고치'로 남겨진다. 즉 흑역사는 TV 방영에서 50화에 걸쳐 천천히 변질되었고 다음 생명을 낳는 모티프로 변한 것이다. 이 '애도 작업'의 프로그램이야말로 〈턴에이 건담〉을 일종의 정신분석적인 작품으로 만들어낸다.

이런 식으로 과거를 기억하지 못하는 캐릭터의 힘을 빌려서 트라우마와 오욕으로 점철된 흑역사를 훌륭하게 해체시키고 '애도 작업'으로 연결하는, 이런 임상적인 실천이 작품의 근간에 깔려 있다. 따라서 〈턴에이 건담〉이 '메타픽션'이라고 해도 그것은 특별히 건담의 역사를 상위에서 자기비판하거나 그 허위성을 호소하는 것이 아니다. 오히려 이 기묘한 메타픽션은 건담 시리즈의 다양한 상처나 손상을 치유하고 이를 통해 감정적 고착을 해소하는 것을 목적으로 하고 있다.

도미노 자신은 〈턴에이 건담〉에서 자신의 방법론을 '마쓰리(축제)'나 '소원 빌기'에 비유한다.

> 마쓰리祭り의 발상은 여러분도 잘 아시다시피 소원 빌기다. 신을 위로하는 행위였다. 액막이, 병 쫓기(푸닥거리), 풍작에 대한 감사. 이런 것들을 감사하고 기념하려고 준비하는 춤, 노래, 이런저런 주문……
> 그리고 그것이 진행되면서 점점 흥이 나서 여기저기 뛰어다닌다. 불을 휘두른다. 그러다가 결국은 요바이夜這い[15]도 저지른다.

---

*15. 1200년경부터 시작된 풍습으로 마쓰리 때 남자가 밤에 이집 저집 돌아다니며 여자와 정을 통하다가 그중에서 제일 마음에 드는 여자와 결혼하던 풍습이다. 메이지 시대에 국가 차원에서 '요바이' 금지령을 내렸지만 1900년대까지 농촌에서 유지되었다.

신을 위해서만 그랬다면 지겨웠을 것이다. 신에게 뭔가 바친다거나 소원을 빈다는 구실을 내세워 사람들은 정신을 해방시킨 것이다.[16]

확실히 〈턴에이 건담〉에는 종종 마쓰리의 모습이 매우 인상적으로 그려진다.[17] 예를 들면 '수염달린 기계인형'이 발굴된 시점이 마쓰리 때였고, 마지막 화의 마지막 장면에서도 마쓰리의 하야시囃子[18]가 배경에서 은은하게 들려온다. 허나 여기서는 좁은 의미의 '마쓰리'에 국한하지 않고 〈턴에이 건담〉이라는 작품 그 자체가 일종의 '마쓰리'나 '기도'가 되고 있다는 데 주목한다. "나는 '턴에이(∀)'의 주제를, '그냥 순례하는 것'이라고 단순하게 규정했다".[19] 〈턴에이 건담〉은 흑역사를 '순례'하고 거기에 들러붙는 고착을 50화에 걸쳐서 변질시킨다. 그것은 마치 현세로 돌아온 혼을 오쿠리비送り火[20]나 등롱 흘려보내기와 같은 연출을 통해 피안으로 되돌려보내는 전통적인 행위를 떠오르게 한다.

복제기술 시대의 에로스

또한 여기서 중요한 것은 공업화 직전의 세계를 의식한 메커닉한 디자인뿐 아니라 등장인물에게도 특수한 '상상력'이 침투되어 있다는 것이다. 예를 들면 달의 여왕 디아나 소렐은 로랑이 지구에서 모시던 하임

---

16. 앞의 책, p.64.

17. 실제로, 이 시기의 도미노는 다른 작품에도 민속적인 색채가 풍부한 마쓰리 장면을 집어넣었다. 예를 들면 〈오버맨 킹게이너(OVERMANキングゲイナー)〉(2002~2003) 등.

*18. 북, 피리, 징을 이용하여 연기 장단을 맞추거나 흥을 돋우려고 연주하는 반주 장단.

19. 도미노, 앞의 책, p.18.

*20. 조상의 혼을 저승으로 보내기 위해 피우는 불.

가의 큰딸 키엘과 쌍둥이처럼 닮았다. 그리고 평화교섭을 할 때 키엘과 만난 디아나는 둘이 서로 신호를 보내며 몰래 슬쩍 바꿔치기한다(또한 여기에는 『도리가에바야 모노가타리とりかへばや物語』의 모티프가 반향한다). 이렇게 해서 지구인인 키엘이 달을 통솔하고 달을 다스리던 디아나가 지구의 딸로서 살아간다는 역전된 역할을 그녀들은 잠시 동안 선택하게 된다.

또한 주인공 로랑도 어떤 계기로 지구의 영주인 구엔 사드 라인포드 Guin Sard Rhineford로부터 여장을 명령받는다. 구엔은 로랑을 일부러 '로라'라고 부르며 동성애적인 취향을 풍기는데, 그것은 로랑(로라)의 분위기가 매우 중성적이라는 것과 관련되어 있다(로랑은 긴 은발의 소유자이며 목소리도 여성 성우가 맡고 있다).

이러한 이야기상의 설정은 그들 사이의 장벽을 무너뜨린다. 가장 감정의 기복이 심한 소시에 하임(키엘의 여동생)은 달의 여왕 디아나를 부모의 원수처럼 여기고 끔찍하게 싫어하지만 당사자인 디아나는 소시에의 언니 키엘과 잠시 동안 뒤바뀐 것이고, 더구나 소시에는 그 사실을 알아차리지 못한다. 나중에 뒤바뀐 사실을 알게 된 소시에는 자신이 언니라고 생각하고 친하게 지내던 키엘이 실은 디아나였음을 알고서 공격성을 잃어버린다.

디아나에 관해서도 비슷한 얘기를 할 수 있다. 작중에서 디아나는 달의 여왕이라는 신분의 속박에서 자유로워질 수 없었고 많은 상실을 경험하게 된다. 그러나 키엘이 디아나의 위치를 대신하게 되자 그 거대한 슬픔은 반감된다. 디아나의 친위대장인 하리 오드는 키엘에게 '지금 당신이 디아나 님의 슬픔을 절반 이상 떠맡고 계십니다'라고 감사의 마음을 전한다. 그리고 그렇게 말한 당사자 하리도 디아나에게 친위대장으로서 품었던 사모의 정이 서서히 키엘에게로 옮겨가고, 그것은 결국 연애감정으로 바뀐다.

이와 같이 개별 등장인물에게는 그와 대칭적인 파트너(복제)가 있고 그 파트너는 또다른 별도의 네트워크를 지니고 있다. 이렇게 해서 어떤 인물에 대한 사랑은 쉽게 그 파트너의 네트워크로 엇갈려버리는 것이다. 도미노의 작품에 으레 보이듯이 〈턴에이 건담〉에서도 일종의 에로스가 이야기의 구석구석을 메우고 있지만 그것은 어디까지나 상상력의 영역에 플롯화된 에로스, 즉 복제물의 세계에서 생성된 에로스인 것이다. '귀환과 이행'의 충돌은 기술의 대규모 이전을 초래하고 무수한 생략이나 점프를 유발하고 원근감을 바꾸고 자타를 초월한 에로스=상상력을 활성화시킨다. 에로스는 항상 기술에 의해서 매개되고 있다고 볼 수 있다. 어쨌든 감정을 쏙 빼닮은 다른 대상에게로 옮기는 와중에 변질시키는 것. 도미노가 말하는 '신을 위로하기' 위한 '마쓰리'나 '기도'는 그러한 이미지처리를 빼면 성립할 수 없다.

분산처리

어쨌든 건담 정도로 유명한 신화라면, 그것은 이미 일종의 공유재로서- 즉 누구나 접근할 수 있고 누구나 개작할 수 있는 소재로서- 파악하는 것이 좋다. 그러나 그렇게 했을 때의 문제는 작품에 담긴 사상이 진부화(상업화)되는 한편, 링크도 고착되어버린다는 것이다.

정신분석의 도식을 빌리면 이러한 상황에는 대략 두 가지 해결법이 있을 수 있다. 하나는 '상기想起'하는 것, 즉 원작의 본래 모습을 되돌리기 위해 과거의 역사를 언어화=의식화하는 것이다(최면이나 자유연상에 의해서 무의식을 언어화하는 타입의 치유법). 다른 하나는 '반복'하는 것, 즉 과거를 정확히 복원하기보다 과거의 하중을 현재의 다양한 국면에 치환하여 분

산처리(프로이트가 말하는 철저한 조작)를 시도하는 것이다.[21]

여러 번 반복하는데 도미노는 건담의 첫 작품부터 과거 전쟁의 상기=재현이라기보다는 '장난감'을 이용한 전쟁의 반복을 다뤄온 신화 작가다. 그리고 〈턴에이 건담〉은 그 건담 시리즈를 다시 한 번 시도한다는 의미에서 말 그대로 신화의 신화가 된다. 〈턴에이 건담〉에는 건담의 핵심을 이루는 부품이 갖춰져 있지만, 도미노는 일부러 그런 부품을 과거의 건담 시리즈와는 전혀 다른 리듬(場)으로 반복했다. 건담이라는 신화가 복제 세계에 던져짐으로써 디아나의 슬픔을 키엘이 떠맡고 소시에의 증오를 디아나와 키엘 사이에서 반감시키고 또한 흑역사의 부채를 달과 지구가 나눠 가진다……라는 조작이 실행된다.

우리는 여기서 뛰어난 '상상력의 이야기'를, 즉 자타의 경계를 증발시킨, 격렬한 힘의 운동을 담고 있는 신화를 봐야 할 것이다. 문명의 교착은 지식이나 질서를 재편하고(예를 들면 키엘은 대학에 가지 않고 사회생활에 뛰어들려 한다), 사람들 사이의 연결 범위를 극적으로 바꿔버린다. 그리고 그 재편성의 힘이 또한 건담이라는 신화에 '치유'를 가능하게 한다. 무수한 손해를 떠맡아온 도미노라는 나이 든 작가가 이렇게 근사하게 상상력과 치유를 공존시킨 것, 우리는 이 작가의 젊디젊은 열정에 놀라지 않을 수 없다.

---

21. 「상기, 반복, 철저조작(想起, 反復, 徹底操作)」, 『프로이트 저작집(フロイト著作集)』第6卷, 小此木啓吳 訳, 人文書院, 1970. [*Erinnern, Wiederhoken undDurcharbeiten*, 1914].

3 시간조작

전사적前史的 **상상력**

포스트모던적인 네트워크 사회에서는 미디어가 여러 겹으로 겹치는 가운데 처음 생긴 사소한 우연의 상처가 어느샌가 우리에게 리얼리티를 띠는 대상으로 진화한다. 신화란 그 진화를 가속시키거나 감속시키거나 하는 압력솥이나 마찬가지다. 도미노도 그러한 세계를 전제로 모빌 슈트라는 인간도 비인간도 아닌 신화적 존재를 조형하고 거기에 사람들과의 링크를 끌어모았다. 그리고 〈턴에이 건담〉은 그 링크를 수정하고 다시 네트워크의 풍부성(상상력의 영역)으로 치환하는 메커니즘을 갖추고 있다.

그런데 이러한 자기수정적인 정보처리는 그 밖에도 다양한 방법을 고려할 수 있다. 예를 들면 〈턴에이 건담〉은 원래의 건담의 역사에서 말하자면 '후사後史'(일종의 후일담)로서 제시되었다. 여기서 그것을 역전시켜 **왜 그와 같은 역사가 생겨난 것인지**를 묻는, 말하자면 '전사적 상상력'을 고려해볼 수 있다.

원래 전사前史(사건의 기원)를 다룬 신화는 가장 대중적인 것이다. 예를 들면 매우 잘 알려진 것으로 중국의 오래된 신화인 '태양을 쏜 이야기'를 소개해보기로 한다. 『회남자淮南子』에 따르면 원래 태양은 10개였고 그것이 하나씩 순서대로 하늘에 떴다. 그러나 어떤 계기로 그 순서가 틀어져서 10개의 태양이 한꺼번에 하늘에 떠버렸기 때문에 사람들은 너무 뜨거워서 타 죽을 지경이 되었다. 그래서 예羿(일본어 발음으로는 게이)라는 활쏘기 명인이 그중 9개의 태양을 명중해 떨어뜨려서 사람들을 궁지에서 구했다. 이렇게 해서 태양은 지금처럼 하나만 하늘에 떠 있게 되었다고 전해진다.

물론 이런 종류의 신화는 단순히 '태양이 하나만 존재한다'는 초기 상황에 특별한 '유래'를 갖다붙일 뿐이다. 자연현상에 국한되지 않고 살아 있는 것의 형태(왜 뱀은 다리가 없고 땅에 기어다는 것인가?)나 공동체의 기원에도 이러한 신화는 무수히 존재한다. 레비스트로스 식으로 말하자면 전사를 말하는 것은 '우주의 다양한 차원에서 사물이 왜 현재의 모습인가'를 서술하는 유형의 신화에 속한다고 할 수 있겠다.[22] 태양이든 공동체든 그러한 것들은 거의 의심할 여지없이 현전한다. 이처럼 강고強固한 존재를 '우주의 다양한 차원'으로 치환하는 것이 고대의 전사적 상상력의 테마가 되고 있다.

이것은 약간 소박한 정보처리로 보일 수 있을 테지만, 그 나름대로 매우 흥미로운 문제가 포함되어 있다. **실제로 존재하는 무언가**를 다시 한 번 재위치시킨다는 조작은 〈턴에이 건담〉이 하고 있는 것과 기본적으로 동일한 구조이기 때문이다. 도미노 요시유키가 시청자와의 고착된 링크를 완화하고 작품을 상상력의 영역으로 발산시킨다면, 지금 말한 전사적 상상력은 사건의 발단을 바꿔쓰고 자신이 바라는 과거를 그려내는 방식이다.

22. 클로드 레비스트로스, 「신화란 무엇인가(神話とは何か)」, 『構造·神話·勞働』, 大橋保夫 編訳, みすず書房, 1979, p.66. 일본 강연 모음집.

신화 작가 J.J. 에이브럼스

이런 유형의 전사적 상상력을 그려낸 신화는 현대에도 등장하고 있다. 일례로 J.J. 에이브럼스 감독의 영화 〈스타트렉Star Trek〉(2009)에 관해 다뤄볼까 한다. 이것도 '왜 〈스타트렉〉이 현재처럼 되었는가'를 다시 설명하는 신화를 형성한다.

스타트렉은 미국에서 1960년대 이후 TV에서 연속 방영된 유명한 SF 작품이다. 건담이 그러했듯이 스타트렉도 일종의 연작saga으로 만들어졌고, TV판만 해도 이미 다섯 편의 시리즈가 방영되었고 영화를 포함한 관련 작품 또한 다수 존재한다. 그중에서도 유명한 것은 지구인 커크 함장과 외계에서 온 스팍 부함장 두 사람의 콤비를 메인으로 삼은 첫 번째 작품이며 에이브럼스가 작업한 것도 첫 번째 작품의 리메이크다.

헌데 이것은 단순한 리메이크가 아니다. 간단하게 말하면 에이브럼스는 여기서 스타트렉이라는 신화체계의 역사 고쳐 쓰기改變를 주제로 삼고 있다. 이야기는 젊은 커크와 스팍을 비롯하여 스타트렉의 친숙한 캐릭터들이 어떻게 만나게 되었는가 하는 그들이 친해지게 된 계기를 그리고 있다. 그들은 훈련을 함께 하면서 서서히 서로 두터운 우정을 쌓아가고 우주로 날아갈 준비를 갖추게 될 것이다. 여기까지는 누구나 상상하는 스타트렉의 세계라고 할 수 있다. 그러나 한편으로 그들과 적대하는 로뮬란Romulan 제국의 총독이 미래로부터 그 시대로 시간여행을 감행하여 역사를 다시 쓰려고 하는 음모가 등장한다. 로뮬란 제국은 이 영화의 시공간에서 미래에 멸망하는 플롯이기에 그 총독은 그것을 안타까워하며 역사 고쳐 쓰기를 감행한 것이다.

그렇기 때문에 영화 〈스타트렉〉은 원래 TV판 '정사正史'에서 일탈하여 다른 역사를 전개하기 시작한다. 로뮬란 제국의 간섭이 작품세계에 다양한 왜곡을 가져오고 이야기의 테두리를 벗어난다. 특히 커크는 스팍과 대립하다가 함장 자리를 상실하고 추방당하여 원래의 정사와는 상당히 다른 이상한 방향으로 흐른다. 그때 낯선 혹성으로 보내진 커크 앞에 미래의 늙은 스팍이 찾아와서 로뮬란 제국이 역사를 고쳐 쓴 사실을 알려주고 커크에게 본래 있어야 할 궤도로 복귀하도록 조언한다. 커크는 그 조언을 받아들여서 현재 함장 자리에 앉은 스팍을 자극하여 격분하게 해서 결과적으로 스팍을 강등시키는 데 성공한다. 커크는 함장에, 스팍은 부함장 자리에 앉게 되고 모든 내용은 원상 복귀된다. 그리고 그 두 사람의 활약으로 로뮬란 제국의 역사 고쳐 쓰기라는 야망은 방해를 받게 된다.

줄거리는 대강 이런 내용인데 달리 보면 이것은 작품 내용에서 무언가 굉장히 '쓸데없는 짓'을 하고 있는 것으로만 보인다. 그 점만 보면 역사를 고쳐 쓰는 스타트렉을 어떻게 해서 본래의 것으로 치환하는가, 그 궤도수정**만** 그려내고 있는 것이기 때문이다. 마지막으로 드러난 것은 어느 정도 오차를 감안하더라도 일단은 원래 사람들에게 매우 친숙한 스타트렉임이 분명하다. 덧붙이자면 이 영화판에서 미래의 늙은 스팍 역을 연기하고 있는 인물이 원래 스타트렉 TV판에서 스팍을 연기했던 배우 레너드 니모이Leonard Nimoy인 점도 하나의 장치다. 우리에게는 마치 정사正史를 대표하는 늙은 스팍(니모이)이 모르는 사이 위사僞史를 향한 새로운 스팍이나 새로운 커크를 유도하는 것으로 보이기 때문이다.

굉장히 쓸데없어 보인다 하더라도 에이브럼스의 〈스타트렉〉에서는 바로 조금 전에 말했던 전사적 상상력이 근사하게 결실을 맺고 있는 듯하다. 다시 한 번 말하자면 '태양이 하나만 존재한다'는 이니셜 스테이트 initial state(초기 상황) 그 자체는 아무것도 변경되지 않았지만 거기에 '전사前史'가 첨가됨으로써 '하나의 태양'이라는 현상이 도대체 어떠한 **환경에**

서 지어낸 얘기인가라는 정보가 날조된다. 마찬가지로 이 영화판에서 스타트렉의 정사는 결국 흔들리지 않는다. 그 대신에 정사에 도대체 어떠한 배경이 있으며 그것이 어떠한 경위로 지어낸 것인가라는 정보가 날조된다.

또한 이러한 전사적 상상력은 다른 맥락에서 재위치지을 수 있다. 아즈마 히로키는 『게임적 리얼리즘의 탄생』에서 이것을 초기 상황이 최악이고 리플레이를 통해서 그 상황을 단계적으로 개선해가는 유형의 신화로 평가했다.[23] 그것에 비해서 〈스타트렉〉은 최선의-최선은 아닐지언정 나름대로 좋은- 초기 상황에서 일탈해버린 흐름을 어떻게 원상 복귀시키는지에 초점이 맞추어져 있다. 전자가 구성적인 이야기라고 한다면 후자는 교훈적인 이야기라고 평가할 수 있다.

이런 유형의 자기복원적인 신화는 마치 생태학적 시스템의 움직임을 연상시키는 점이 있다. 예를 들면 그레고리 베이트슨Gregory Bateson, 1904~1980은 『정신의 생태학』에서 '더 많이 변할수록 더 똑같아진다(Plus ça change, plus c'est la même chose)'라는 프랑스 속담을 뒤집어서 '더 많이 똑같을수록 더 변한다'라는 사례를 소개한다. 예를 들면 생물의 생존survival이라는 변수가 안정화되려면 어느 정도는 갑작스런 변이가 계속 일어나야만 한다. 혹은 회전 속도 제어장치governor가 장착된 엔진은 가솔린 공급량이 끊임없이 변화함으로써 그 회전수가 안정될 것이다.[24] 베이트슨의 생각에 따르면 환경 변화에 따라 변수가 적절하게 조정됨으로써 '똑같은 것'의 전달 가능성(항상성Homeostasis의 실현 가능성)이 높아진

23. 아즈마 히로키東浩紀, 『게임적 리얼리즘의 탄생(ゲーム的リアリズムの誕生)』, 講談社現代新書, 2007. 특히 류우키시 제로나나竜騎士07, 1973~, 시나리오 작가/만화가/소설가가 시나리오 작업을 했던 〈쓰르라미 울 적에(ひぐらしのなく頃に)〉와 사쿠라자카 히로시桜坂洋, 1970~의 소설 『ALL You Need Is Kill』이 그것에 해당한다.

24. 베이트슨, 『정신의 생태학(精神の生態学)』, p.587.

다. 특히 변화가 풍부한 오늘날의 세계에서는 '똑같은 것'을 나타내더라도 한 번 '변하기 쉬움'을 경유한 쪽이 종종 잘 먹힌다. 에이브럼스의 〈스타트렉〉은 바로 이 '똑같으면 똑같을수록 많이 변하는' 사례라고 할 수 있다.

긱geek에 의한 의사擬似 다큐멘터리

에이브럼스 이외의 다른 감독의 작품도 다뤄보겠다. 에이브럼스는 긱(오타쿠ォタク)[25]적인 감각을 전면에 내세우고 있고, 미디어도 통속적이고 저질스러운 작품에 관심을 보였다.[26] 원래 일본의 오타쿠든 미국의 긱이든, 그들은 부조리한 현실을 자유로이 고치고 어떤 즐거움을 만들어내는 것으로 바꾸면 좋다는 일종의 기술적인 낙관주의를 지향한다. 그런 의미에서는 그들에게 어떤 대상은 언제든지 바꿔쓰기가 가능한 상태, 즉 신화소로서 주어져 있다. 예를 들면 아즈마 히로키가 오타쿠를 포스트모던적인 인격유형으로서 파악한 것도 그들이 단순한 히키코모리(은둔형 외톨이)였기 때문이 아니라 신화소를 계속 산출하고 제멋대로 섬세한 의미를 구축하고 또 그 의미를 풍요롭게 만드는 한도에서 협조행동(사교성)을 발휘했기 때문이다.[27] 그 행동은 외부에서 보면 아이들 장난처럼 보이지만 내부적으로는 상당히 풍부한 의미체계의 구축과 연결되어 있다.

---

*25. 일본의 오타쿠ォタク는 폐쇄적이고 수집적인 성격이 강한 사람들을 의미하고, 영미권의 긱geek은 특정 분야, 주로 컴퓨터, 네트워크, 인터넷에 지적 열망이 강한 괴짜들에 가깝다. 최근 들어 긱은 초창기 의미를 벗어나서 IT뿐만 아니라 특정 주제에 열광적이고 지적인 사람을 가리킨다.

26. 예를 들면 〈스타트렉〉에 대한 에이브럼스의 인터뷰가 실린 가디언 기사 참조. http://www.guardian.co.uk/film/2009/may/07/jj-abrams-interview-star-trek.

27. 아즈마 히로키, 『동물화하는 포스트모던(動物化するポストモダン)』제2장 참조.

에이브럼스는 〈스타트렉〉 혹은 TV시리즈 〈로스트*LOST*〉(2004~) 등에서 긱적인 감각을 전개한다. 그런 작품에는 그로테스크한 생명체(괴물)나 의심스런 인용 등을 끼워 넣어 고정팬을 만족시키고 있다. 이와 동시에 에이브럼스는 핸디캠Handycam을 한 손에 들고 호기심 많은 구경꾼처럼 세계를 촬영하고 돌아다니는, 말하자면 다큐멘터리스트 감각도 구비하고 있다. 즉 그는 한편으로 세계를 다큐멘터리의 대상으로서 다루면서 다른 한편으로 그것을 가차 없이 수정해버린다는 이중성을 지녔다. 특히 2008년에 공개된 영화 〈클로버 필드*Cloverfield*〉는 얼핏 보면 모순된 이중성이 강하게 투영된 실험적인 작품이다. 결론부터 말하자면 에이브럼스는 마치 헐리웃적이고 긱 취향인 세계를 일부러 다큐멘터리처럼 표현하면서도 그 다큐멘터리적 감각을 지탱하는 배경 또한 작품 안에 집어넣는다.

화제의 영화였지만 간단하게 소개할까 한다. 이 영화는 정체불명의 괴물이 뉴욕 맨해튼을 파괴하고 돌아다니는 충격적인 영상을 마치 핸디캠으로 촬영된 것처럼 처리한 작품이다. 아무런 예고도 없이 습격한 생명체 때문에 자유의 여신상이 파괴되고, 괴물에게서 생겨난 금속성 벌레가 인간을 잡아먹고 맨해튼의 지하에서 지상까지 철저하게 다 파괴해버린다……. 이러한 장면이 연속 등장하는데 헐리웃 영화에 익숙한 시선으로 보면 그다지 신선한 것은 아니다. 이 작품의 진가는 이 세상의 종말 같은 카타스트로피적 광경이 젊은이들이 이따금 돌리던 핸디캠에 의해 기록되었다는 데 있다. 〈클로버 필드〉라는 영화는 그 핸디캠으로 기록된 주관적 영상 그 자체이며, 심하게 손이 흔들리는 장면이 현장감을 풍부하게 한다.

이러한 연출기법은 당연히 이 작품이 어디까지나 **현실**의 다큐멘터리라고 시청자에게 호소하는 효과를 지닌다. 실제로 9·11의 참상을 경험한

뉴욕을 무대로 이러한 영화를 찍는다는 것은 당연히 일종의 우화적인 효과를 낼 것이다. 동시에 누구나 알아차렸겠지만 에이브럼스의 연출은 유튜브You Tube로 대표되는 동영상 사이트의 등장과 밀접한 관련이 있다.

요즘 사람들은 손쉽게 접할 수 있는 기자재로 간단하게 영상을 찍고 그것을 인터넷상에 업로드하고 공유한다. 주관적 영상은 이런 현상과 연속성을 형성하고 있다. 그런 의미에서 〈클로버 필드〉는 이중의 의미로 현실을 의식하도록 만들어져 있다. 하나는 9·11에 의해 환기된 카타스트로피의 이미지를 평범한 시민의 시선으로 그려낸 것이며, 또 하나는 그 시선을 지탱하는 미디어적 현실 그 자체를 추적하여 보여주는 것이다.

그러나 그것만이 아니다. 예를 들면 에이브럼스는 괴물에 의한 파괴와 살육의 이미지 안에 군데군데 연인끼리 다정하게 얘기를 나누는 평범한 일상의 이미지도 끼워 넣었다. 원래 그 핸디캠에는 연인끼리의 일상을 촬영한 동영상이 기록되어 있는 것이지만 괴물의 습격으로 허둥지둥하던 촬영자가 그 위에 녹화를 해버린 것이다. 그래서 촬영자가 잠시 녹화를 정지하고 있는 시간의 영상은 원래 있었던 연인끼리의 영상이 그대로 남아 있도록 설정되어 있다. 사정을 알 수 없는 묵시록적인 세계 속에서 일상세계의 영상의 로그가 곳곳에 출현한다는 것, 이것이 작품의 곳곳에 약간 기묘한 인상을 불어넣고 있다.

확실히 〈클로버 필드〉가 반복적으로 내보내는 핸디캠의 영상은 압도적인 현전성現前性을 지니고 있고, 그런 의미에서는 분명히 허구적인 상황을 일부러 진짜처럼 그려내려 했다고 할 수 있다. 그것은 긱이나 오타쿠 등이 허구를 현실로서-보다 정확하게는 리얼리티의 원천으로서- 다루려고 하는 것을 알기 쉽게 보여주는 풍자다. 하지만 거기에 간헐적으로 전혀 관련이 없는 영상이 삽입됨으로써 암울하고 참혹해서 끔찍하기 그지

없는 작품은 왠지 유머러스한 느낌을 준다. 특히 작품의 마지막 부분, 촬영자가 괴물에게 습격받아 아비규환 속에서 영상이 산산조각이 난 뒤, 데이트를 마친 연인 두 사람이 '오늘도 좋은 하루였어'라고 다정하게 대화를 나누는 장면은 에이브럼스 특유의 약간 악취미적인 아이러니가 풍기고 있다.[28]

하지만 이런 연출기법이야말로 오히려 동영상 문화의 등장에 가깝다고 할 수 있지 않을까. 일반적으로 에이브럼스의 긱적인 감성은 오로지 그로테스크한 생물체(괴물)를 만들어내는 데 있다고 여겨진다. 그러나 〈클로버 필드〉의 연출기법은 어느 정도 진실에 가까운 영상이더라도 그것은 항상 아무 상관없는 다른 영상과 서로 이어져 있다는 것을 의미한다. 만일 녹화 스위치를 누른다면 그 '귀중'한 영상은 아무것도 남지 않았을 테니까 말이다. 어떤 영상의 주위에는 그밖에도 무수한 영상이 많이 북적거리고 그 사이에 본질적인 우열을 따질 수 없다. 그의 긱적인 감성은 단순히 기발한 이미지를 표출하는 것만이 아니라, 영상의 축적이 만들어낸 리듬을 포착하는 것이다. 이런 면까지 포함하여 〈클로버 필드〉는 긱에 의한 동영상 문화를 배경으로 만든 의사 다큐멘터리로서 파악될 것이다.

'상상의 공동체'의 쇄신

오타쿠 또는 긱 등의 등장은 심적인 체험처리보다는 기계적인 정보처리

---

28. 주관적 영상 아이디어는 딱히 〈클로버 필드〉에만 한정된 것은 아니다. 〈클로버 필드〉가 공개된 뒤 곧바로 핸디캠의 주관적 촬영을 이용한 영화가 몇 편 발표되었다. 그러한 영화들도 현장감을 자아내고 공포와 패닉을 증폭시키기 위해 핸디캠을 사용하고 있다(예를 들면 스페인 영화 〈REC〉 등). 이러한 주관적 촬영기법은 다량의 정보를 인간의 기준에 맞춰서 감축하려고 하는 경향을 잘 보여준다.

의 지위가 상승하고 있는 현상을 잘 보여준다.[29] 제4장에서는 그것을 '의미의 의미'의 변화로서 파악하고 있지만 심적인 것보다도 기계적인 것이 우월한 이유는 분명하다. 심적인 차이를 관찰하는 것(내관內觀)은 어렵지만, 환경의 차이는 관찰과 공유가 가능하기 때문이다. 그리고 그 기계적 환경에서 '리듬'은 간과할 수 없는 중요성을 띠고 있다.

리듬의 중요성은 인터넷의 등장에 의해 확실해졌다. 이제까지는 대중 매체가 하루 단위로 정보를 일괄해서 전달해줬다. 일간지(저널)가 심어 놓은 리듬 덕분에 세계에 대한 사람들의 관심이 일단 유지된다. 베네딕트 앤더슨은 신문이나 출판이 국민국가라는 '상상의 공동체'를 구축한다고 논했지만, 국민이라는 거대한 공동성은 정기간행물이 사람들의 상상력의 발동과 생활 리듬을 동기同期시켜 주었기 때문에 성립된 시스템이다(특히 근대인에게 신문이 '아침 예배'를 대신하게 되었다는 헤겔의 지적은 중요하다).[30] 그러나 라디오, TV, 비디오……를 거쳐서 인터넷이 등장한 이후 상황은 전혀 달라져버린다. 그렇다면 '동영상 문화를 배경으로 한 의사 다큐멘터리'도 어떤 방식으로 새로운 타입의 '상상의 공동체 원리를 훔치고 있다고 할 수도 있다. 상상력은 경계를 해체하고 '가까움'과 '멈'을 재편성한다. 동영상 문화의 압도적인 풍부성은 그 힘의 원천 중 하나가 될 수 있다.

좀 더 일반적으로 말해도 지금 '미디어'라는 이름에 걸맞은 것은 국경이나 언어를 초월하는 신용카드, 이미 여러 나라의 풍경을 구성하고 있는 편의점이나 패스트푸드, 혹은 공통의 '리듬 타기(ノリ)'를 제공하는 팝

29. 이 점은 볼츠, 『세계 커뮤니케이션』, p.67 참조.

30. 베네딕트 앤더슨Benedict Anderson, 『증보 상상의 공동체(增補 想像の共同体)』, 白石 さや·白石隆 訳, NTT出版, 1997, p.62. [*Imagined Communities:Reflections on the Origin and Spread of Nationalism*, 1983/1991].

뮤직 등일 것이다.[31] 이러한 미디어는 별도의 메시지를 발신하는 것이 아니라, 그냥 **어떤 순간** 타인과 시간적인 파장을 맞추기 위한 계기에 불과하지만 지금은 그런 종류의 미디어가 그야말로 효과적이다. 실제로 해외여행을 할 때도 신용카드로 일처리가 된다면 그것은 '세계'로서 지각된다. 반대로 카드를 사용하지 않는 장소에서 물건을 사려고 한다면 거기에서는 다른 커뮤니케이션 기술(언어나 풍습)을 학습해야만 한다. 그것이 불가능한 인간은 '세계'에서 소외되고 있다. 2002년 신카이 마코토新海誠, 1973~, 애니메이션 감독가 발표한 〈별의 목소리ほしのこえ〉(2002)라는 단편 애니메이션 작품은 '세계란 휴대전화의 전파가 닿는 장소였다, 라고 막연하게 생각했다'라는 소년의 중얼거림에서 시작되는데, 이 대사도 꼭 어린애스러운 대사로만 치부하지는 못할 것이다.

다른 관점에서 말하자면 신용카드나 팝뮤직은 거의 학습이 필요 없는 미디어다. 그러므로 이러한 미디어는 희소한 재화로서의 '주의력[관심]'의 생략을 가능하게 한다. 또한 여기까지 형식화된다면 공간적 요소도 반드시 시간과 모순된 것은 아니라는 점을 알 수 있을 것이다. 공간의 공유는 시간 손실을 효과적으로 억제하기 위한 수단으로서 다시 파악할 수 있다. 이제 공간도 시간과 관계되는 것이다. 앞으로 '상상의 공동체'라는 이름에 부합하는 것은 국민국가를 바탕으로뿐만 아니라 시장과 결부된 미디어를 통해서도 가상적으로 구축될 것으로 예상된다. 사람들은 미디어를 통해서 기회가 있을 때마다 시간의 세로축을 구비함으로써 리얼리티의 생성을 명백한 것으로 만든다. 또한 앞에서 다룬 내용을 뒤집어보면 어떨까. 시간적인 일치가 세계를 구성하는 열쇠가 된다는 것은 가령 그것을 잃어버리면 세계의 체험 가능성 그 자체가 이상해진다는 것도 시사한다. 주관적 촬영이나 최근 10년 사이에 국제적인 규모로 힘을

31. 볼츠 앞의 책, p.71.

지니게 된 리얼리티 TV 프로그램 등은 '당신은 지금 세계와 의심할 나위 없이 동기同期한다'는 안도감을 시청자에게 발신하지만, 그것은 바로 사람들의 **세계 상실에 대한 불안**을 반증하는 것이다.

그에 비해서 〈클로버 필드〉라는 의사 다큐멘터리는 그 불안을 은폐하는 것이 아니라 오히려 개방한다. 정체를 알 수 없는 괴물에게 목숨을 위협받는 냉소적인 상황조차도 약간 긴장을 늦추고서 슬쩍 곁눈질로 보면 평범하고 느긋한 광경과 인접해 있다. 마지막 장면에서 등장하는 '오늘도 좋은 하루였어'라는 연인들의 영상은 짓궂은 장난기로 가득 차 있지만 그 마지막 장면은 바야흐로 무수한 동영상이 하루 단위로 업데이트된다는 안정된 리듬 따위는 아랑곳하지 않고 정보 공간에 바글거리고 있는 현상을 폭로하고 있다고 할 수도 있다. 이런 점에서, 〈클로버 필드〉는 기존의 경계와 원근감을 무너뜨리는 새로운 상상력의 영역에 발을 들이고 있다고 할 수 있다.

4 리듬의 충돌

엔드리스 에이트 Endless Eight

동서고금의 모든 사회를 관통하는 보편적인 리듬은 존재하지 않는다. 사회의 리듬은 항상 기술적·경제적인 조건 속에서 개별적으로, 그리고 구체적으로 결정된다. 허나 인터넷의 등장은 사회적인 리듬을 급격하게 극적으로 바꿔쓰기해 버린다는 의미에서 드문 사건이라고 할 수 있다. 특히 공공성을 오로지 하루 단위의 사이클로 조정해온 근대인의 입장에서 인터넷이 만들어낸 리듬은 글자 그대로 전대미문일 것이다. 이런 변화의 중요성은 아무리 강조해도 지나치지 않다.

그런데 일본에서 인터넷이 만들어낸 리듬과 가장 첨예하게 대립하고 있는 것은 아마도 TV다. 해외에까지 널리 유포된다는 측면에서 TV의 영향력은 절대적이었다. 드라마든 애니메이션이든 특수촬영特撮이든 일주일에 하루, 가정에 정기적으로 정보를 보낼 수 있다는 규칙성(반복성)이 문화의 발달을 촉진하는 것은 분명하다. 그러나 그 전통적인 리듬은 인터넷에 의해 깊이 침식당하고 있다.

따라서 인터넷이라는 새로운 리듬이 과거의 리듬과 충돌하거나 경합하는 일은 언제든 일어날 수 있고 또 실제로 일어나고 있다. 〈클로버 필드〉는 그 인터넷 이후의 리듬을 들춰낸 것인데, 마지막으로 그것과는 반대로 일부러 오래된 리듬을 체현하는 작은 시도를 예로 들고 싶다.

최근 10년 동안 나온 서브컬처 신화로 가장 저명한 작품 중에 타니가와 나가루谷川流, 1970~, 라이트노벨 작가/SF 작가/만화가가 작업한 〈스즈미야 하루히의 우울涼宮ハルヒの憂鬱〉(2003)이라는 라이트노벨 작품이 있다. 2006년에 애니메이션으로 만들진 것을 계기로 이 작품은 대중에게 널리 알려졌다. 그 뒤에도 만화나 게임 등 다른 매체로 변환되어 서브컬처 신화로서 큰 영향력을 지니고 있다. 그런데 이 시리즈에 〈스즈미야 하루히의 폭주涼宮ハルヒの暴走〉(2004)라는 단편집이 있고, 거기에 수록된 〈엔드리스 에이트ェンドレスエイト〉라는 에피소드가 2009년에 애니메이션으로 만들어졌는데 제작자 측이 어떤 실험적인 연출을 시도했다. 그것은 아주 똑같은 이야기를, 8회 연속으로 반복한다는 것이다. TV 애니메이션은 보통 주당 1회 간격으로 방영되는 것이므로 시청자는 8주 동안 똑같은 이야기를 보게 된다.

이 에피소드의 원작은 주인공인 하루히 등이 여름 방학 마지막 2주 동안을 1만 번 이상 루프하고 있는 수수께끼 현상을 주제로 삼았다. 그 루프를 알아차린 이는 나가토 유키長門有希라는 캐릭터뿐이고, 나머지 캐릭터는 8월 31일이 끝난 순간에 기억을 잃어버리고 다시 그 2주 전으로 되돌아오는 것을 계속 반복한다. 애니메이션판 〈엔드리스 에이트〉는 그 원작의 상황을 어떤 의미에서 충실하게 재현하려고 한다. 설령 1만 번 반복할 수 없을지언정, 제작자는 TV라는 매체를 이용하여 일단 아주 똑같은 이야기를 미묘하게 연출을 바꿔서 8주 동안 보여줬다.

원래 서브컬처에서는 이런 유형의 루프가 빈번하게 주제화된다. 예를 들면 아즈마가 말하는 '게임적 리얼리즘'은 바로 하나의 이야기를 조금

씩 버전을 바꿔가면서 몇 번이나 반복하는 표현기법이다. 다른 한편으로, '엔드리스 에이트'는 그냥 똑같은 이야기를 반복하는 것이지 무언가 명확한 메시지가 있는 것이 아니다. 제작자도 그냥 재미삼아 똑같은 이야기를 8번 방영하는 작업에 도전해보고 싶었을 뿐인지도 모른다.

그렇긴 해도 이 기묘한 연출기법은 그 나름대로 이해 가능한 것이기도 하다. 예전에는 애니메이션 작품에 관련된 정보발신은 오로지 TV나 출판에 의해 제어되었다. 그런데 인터넷이 출현한 뒤에는 방영일과 방영일 사이에도 무수한 발신이 존재하고 있고 그 볼륨(목소리=량)이 무시할 수 없어졌다. 특히 '스즈미야 하루히' 시리즈와 같은 인기 작품은 소문부터 작품평, 2차 창작까지 포함하여 파생 작품이 끊임없이 발신되고, 방영 중이면 점점 정보의 범람은 가속화된다. 물론 코믹마켓 같은 '연중행사'의 장도 기능은 하고 있지만 인터넷이 등장하고 나서는 이미 1년 내내 2차 창작이 범람하고 더구나 그것이 항상 열람 가능한 상태로 되어 있다.

그렇게 생각하면 한 주 동안에 한 번의 발신이라는 긴 리듬을 그냥 오로지 반복하는 방식으로 특화시킨 〈엔드리스 에이트〉는 인터넷 이후의 새로운 리듬에 명백하게 위반된다. 대부분의 애니메이션 작품은 1주 동안 한 번씩 이야기를 진행시키면서 팬의 감정과 동기성同期性을 유지한다. 그러나 아무런 변화도 없는 이야기가 그냥 똑같이 반복되더라도 그것과 동기하는 것은 주기와는 전혀 다른 리듬이 거기서 발동되기 때문이다.

관찰대상의 추이

〈엔드리스 에이트〉는 결코 걸작이라고는 할 수 없다. 전위적인 연출이 돋보이는 것도 아니고 강한 메시지가 들어 있는 것도 아니다. 그러나 적어도 거기에는 애니메이션을 지지하는 시간적 조건이 뜻하지 않게 부각되는 면이 있다. 사람의 마음을 움직이는 걸작보다도 오히려 **애니메이션이라는 장르가 무엇에 관심을 가질 수 있는지**를 의미하는 작품이 필요한 지점도 있다.

특히 시스템론의 관점에서 말하면, 이것은 '관찰대상을 바꾸는' 작업이라고 표현할 수 있다. 일반적으로 장르의 진화는 이런 유형의 관찰대상의 변화에 기반한다. 예를 들어 음악의 경우, 피아노가 출현하여 음계가 구조화됨으로써 강약이 본격적으로 관찰대상이 되었다('피아노포르테pianoforte'라는 정식명칭을 생각해보면 된다). 또한 19세기 후반부터 20세기에 걸쳐서 조성調性이 관찰대상이 되었고 12음 기법을 사용한 악곡이 등장했다(바그너나 쇤베르크). 나중에는 음악이 연주되는 공간이 관찰대상이 되고, 무대만이 아니라 콘서트홀을 통째로 정밀하게 구조화하는 시도가 나왔으며(피에르 브레이즈), 또한 전자음악의 경우, 인간의 신경생리학적인 매개변수parameter마저도 관찰대상이 된다. 혹은 그러한 것들 일체를 웃어넘기도록 모든 것을 우연의 유희로 환원하는 음악도 가능할 것이다(존 케이지). 이와 같이 음악의 진화사는 그대로 **관찰대상의 변화의 역사**로서 파악할 수 있다.

어떤 영역을 구석구석 관찰하고 그 잠재성의 끝이 보이면 이번에는 다른 영역으로 관찰의 역점을 옮기는 것. 음악은 형식화가 진행되자마자 그 과정이 한층 현저하게 드러나는데 애니메이션에 대해서도, 관찰대상의 추이를 바탕으로 한 진화사를 그릴 수 있을 것이다. 애니메이션이라고 하면 앞에서 서술했듯이, 부분대상의 비대화肥大化가 하나의 특성이 된다. 그러나 〈엔드리스 에이트〉의 경우, 이미 관찰대상은 다른 차원으로 벗어나 있다. 그 점에서는 오히려 기호의 출현주기라는 매개변수parameter가 상승한 것처럼 여겨진다. 실제로 오늘날의 애니메이션에 힘을 불어넣고 있는 것은 내용 이전에 TV 방영이나 그 주변의 소비에 관련된 '주기성周期性'이 아닐까? 그렇다면 극단적으로 말해서, 이미 내용은 불문하고 오히려 주기성을 철저히 관찰하는 방식으로 표현에 대한 길을 개척할 수 있는 것이 아닐까?

물론 '관찰대상의 추이를 바탕으로 한 애니메이션의 진화사'의 전모를 그려내려면 좀 더 면밀한 작업이 필요하다. 다만 인터넷이 점점 보급되면서 애니메이션은 존재의 자기기반이었던 TV와는 전혀 다른 리듬에 침식당하고 있다. 이것이 애니메이션 주변의 '상상의 공동체'의 질을 크게 바꾸는 것은 분명하다. 〈엔드리스 에이트〉는 제작자 측의 의도가 어떻든, 그 변화에 대한 하나의 응답이 되고 있는 것처럼 보인다. 그 점에서는 앞에서 언급한 리듬에 의존하는 것이 작품을 격리하고 재안정화하는 하나의 구체적인 방법이 되고 있다.[32]

자율과 의존

이러한 관찰 모드의 변화는 보다 거시적인 관점에서 보면 우리의 사고양

----

32. 혹은 이런 사례를 생각해도 좋다. 자연계에는 종종 매우 자립적인 동작을 취하고, 다른 생물을 끌어들여서 공생관계를 맺는 생물(임의로 A라고 부른다)이 존재한다. 그러나 거기에 아주 똑같은 동작을 해서 무심코 끌어들인 생물을 습격하여 포식해버리는 생물(임의로 B라고 부른다)이 출현하는 경우가 있다. 그러면 경계심이 강해진 생물은 더 이상 A에는 가까이 갈 수 없게 되어버릴 것이다. 그때 A는 자신이 B가 아니고 A라는 것을 표시하기 위해 똑같은 신호를 몇 번이나 발신하고 의심을 없애는 듯한 행동을 하는 경우가 있다. 사람의 경우에 부모가 집을 비운 동안에 아이가 무심코 문을 열어도 별 탈이 없도록 '엄마일 때는 초인종을 세 번 울릴 게'라고 약속을 정한다거나 하는 것과 똑같다. 베이트슨은 『정신의 생태학』에서 그러한 준별화를 '자기표시적 이콘성'을 획득하는 행동이라고 부른다(p.559). 2차 창작, 즉 모방적인 창작물이 흘러넘치면 이번에는 거기에서 '자기표시적 이콘성'을 발신하는 것이 하나의 과제로서 올라올 가능성이 있다. 〈엔드리스 에이트〉는 8회에 걸쳐 동일한 신호를 보내는데, 이것은 '자기표시적인 이콘성'의 발동으로서 파악하면 이해하기 쉽다.

식의 변화와도 느슨하게 연관되어 있다. 시스템론적 관점에서 보자면 고도의 기능분화가 이뤄진 오늘날의 사회분석에는 전통적인 상하 계층 모델보다도 내외 모델을 이용하는 것이 바람직하다.[33] 즉 세계를 커뮤니케이션의 집적에 의해 이루어진 작동적 닫힌 영역의 다발로 파악하고 그 개개의 시스템과 환경 사이에 그어진 '구별'이 그때마다 작동적 닫힌 영역의 내적 구조를 결정한다. 이것이 상하가 아닌 안팎의 모델이다. 주목해야 할 점은 이 사회진화의 모델에서 보면 독립성과 의존성이 모두 증폭된 결과가 도출된다는 것이다.[34] 독립성을 높이려면 그만큼 양분을 섭취해야만 한다.

근대인은 의존관계를 단절하고 자기를 다스리는 '독립'을 이상으로 내걸었다. 또한 그와 반대로 '있는 그대로'의 생성을 평가하는 논자도 있다. 그러나 그러한 것들은 모두 매우 복잡한 사회에서는 이미 유지하기 힘든 사고방식이라서 실제로는 의존성과 독립성, 혹은 기생과 자율이 교차하는 국면에 한층 주의를 기울일 필요가 있다. 바로 이런 점에서 이번 장에서 서술해온 '상상력'에 대한 사고가 더욱 중요해졌다. 상상력은 풍

33. 니클라스 루만, 『사회이론입문(니클라스 루만 강의록2)(社会理論入門)』, 디르크·베커 編, 土方透 監訳, 新泉社, 2009, p.401. [*Einführung in die Theorie der Gesellschaft*, 2005]. 좀 더 보충하자면 기능분화가 이뤄진 사회에서도, 그 이전의 환절분화(가족처럼 세그먼트가 병렬되는 구조)와 계층분화(상층에 자원이 집중되는 조직화 원리)가 상실되는 것이 아니다. 오히려 기능분화된 시스템을 원활하게 움직이기 위해 환절적環節的 혹은 계층적인 모델을 곳곳에 끌어들인 것은 루만이 『사회의 사회』에서 과학 시스템이나 영역국가가 각각 환절적으로 분화되는 것에 주의를 촉구하는 점에서도 분명하게 드러난다(p.1049). 따라서 우리는 따로 환절적인 혹은 계층적인 모델을 내팽개칠 필요는 없고, 오히려 그러한 것들의 과거의 양식이 기능분화하는 사회에서 '재이용'되는 국면에 주의를 기울이면 된다.

34. 예를 들면 루만은 『사회의 사회』에서 다음과 같이 서술한다. '분화의 형식이 많은 것들을 필요로 하게 되면 그만큼 증폭된 독립성과 증폭된 의존성을 조합시키는 것이 가능해진다(이것은 물론 근대의 기능분화된 전체 사회에 대해서는 한층 더 그렇게 말할 수 있다)'. p.986.

부성에 **의존**하고 그 속에서 '가까움'과 '멈'에 의한 세계인식을 바꿔쓴다. 그러나 작품은 반드시 일정한 의존관계에 얽힌 것은 아니라서 모두 다른 상상력의 영역(관찰대상)에 의존하여 자기 자신의 성질을 바꿔가게 될 것이다. 이런 종류의 진화 프로세스를 존중한다면 오늘날의 사고라는 것은 시스템이 얼마나 적절하게 자신의 의존(또는 기생) 대상(상상력의 영역)을 발견해낼 수 있는가 하는 물음으로 방향을 바꿀 필요가 있다. 실제로 모종의 의존은 모종의 자율의 지지가 된다-동시에 어떤 종류의 자율의 가능성을 손상한다-는 구조를 이해하지 않으면 현대 사회의 분석은 미덥지 못하다.

물론 '적절하게' 말한다고 해도 그 기준을 명확히 하기는 어렵다. 예를 들면 그 나름대로 조건이 갖춰지면 약물의존조차도 기능할 수 있는 것이므로 실제로 제2차 대전 직후의 일본이나 엄격한 마약 박멸 캠페인을 전개하기 전의 타이처럼 이른바 중독성 마약hard drug이 횡행하는 사회는 결국 우리와 거리가 먼 것도 아니고 비정상적인 것도 아니다. 다만 만일 그 의존이 다른 유형의 의존=자율의 가능성을 대폭 손상하는 것이라면, 사회운영상은 어떠한 개입이 필요해질지도 모른다. 도덕이라는 기준은 더 이상 적용되지 않지만 시스템의 '필요다양성'이라는 관점은 여전히 살아 있기 때문이다.

화제를 돌리면 서브컬처는 종종 **의존이 없으면 자율도 없다**는 것을 명백하게 드러낸다. 〈클로버 필드〉는 발흥하고 있는 리듬에 의존하고, 〈엔드리스 에이트〉는 반대로 낡은 리듬에 의존한다. 구조사회학적인 관점에서 보면, 신화를 다시 읽는다면 이러한 차이를 그야말로 분석하는 노력을 해야만 한다. 몇 번이나 반복하지만 오늘날의 세계는 그것 자체가 무수한 잠재적인 상처로 가득차 있는 가상세계로서 파악된다. 그리고 서브컬처 신화라는 장치는 의존=자율의 조합을 **검사하여 알아냄**으로써 그 상처를 리얼리티로 바꾸는 상상력을 다양하게 시행하는 것이 가능하다.

리얼리스틱한 표현을 위해

다소 급하게 몇 가지 작품을 골랐는데 이 지점에서 이번 장의 논지를 정리하기로 하겠다. 여기서 대강 다음과 같은 '신화의 신화화'의 알고리즘을 제시한다.

(1) 링크가 고착되어버린 신화를 복제의 에로스에 의해 해방시킨 정신분석적인 신화(ex. 〈턴에이 건담〉)

(2) 누가 보아도 의심할 나위 없을 정도로 존재 자체가 '자연화自然化'된 신화로, 선행 역사에 인위적으로 따라붙는 전사적 상상력(ex. 〈스타트렉〉)

(3) 의사 다큐멘터리적인 작품을 무수한 동영상이 바글거리는 새로운 리듬 속에 투입하는 신화(ex. 〈클로버 필드〉)

(4) (3)과는 반대로 오래된 리듬에 의존함으로써 자율성을 높이는 신화(ex. 〈엔드리스 에이트〉)

이러한 신화들의 공통점은 이미 사람들에게 익숙한 서브컬처 신화를 다른 시간성, 다른 리듬으로 치환하고 독립성과 의존성의 관계를 새롭게 결부 짓는다는 것이다. 우리는 여기서 오래된[낡은] 고유명을 유지하며 장을 바꾸는 '신화의 공적 사용'의 실례를 보게 된다.

이와 같이 상업화된 오래된[낡은] 신화를 재생하고 다음 세대로 계승하는 면에서 상상력은 매우 유익하다. 상상력은 테크놀로지의 산물이며, 그렇기 때문에 '가까움'과 '멈'의 배치는 단번에 바꿔쓸 수 있는 가능성을 지니고 있다. 반복하자면 문화적 표현의 '진화'는 결국 어떻게 이러한 새로운 상상력의 장(관찰대상)에 '의존'해가느냐에 따라 결정되는 것이다. 일부러 무방비하고 소박하게 바꿔 말하면 표현에서 가장 리얼리스틱한 것은 역시 테크놀로지다. 테크놀로지가 초래한 상상력의 리듬 없이 장르 횡단[越境]도 있을 수 없다. 물론 이 장르 횡단의 가능성은 여전히 가망성이 없다고는 말할 수 없다. 서브컬처가 시대의 상상력에 걸맞는 인물상이나 세계상을 그려낼 수 있는지 어떤지는 오로지 미래의 작가들 손에 달려 있다.

제3장 상징적인 것에 대해서

오늘날 대중사회는 '삶의 증대'(오르테가 이 가세트José Ortéga y Gassét)를 주요 목적으로 하는 '생명권력'이 넘쳐난다. 요즘 미디어적 현상에서 그런 증후를 찾는다면 사람들에게 생득적으로 구비된 감정자본의 향상을 지향하는 '브랜드 엔터테인먼트화'가 대표적일 것이다. 그에 대해 이번 장에서는 그러한 팽창하는 생명권력의 한복판에서 네트워크를 축약하고 자의성을 억누르는 '상징화'의 계기를 찾아낸다. 특히 구조주의는 지각 가능한 여러 요소의 결합패턴(상징질서)에 관련된 안목을 배양하며, 주목할 만하다.

다른 한편, 그것과는 별도로 여러 환경을 관통하여 전달되는 화폐나 법 같은 상징적 미디어를 생각할 수 있다. 그 미디어 속에서 '불확실성의 흡수'라는 중요한 역할을 맡아온 것은 전통적으로는 종교 시스템이었다. 그러나 불투명화된 사회에서는 예전의 종교기능은 아마도 다른 방식으로 단련되어야만 할 것이다. 이번 장 뒷부분에서는 야나기타 구니오의 민속학적 담론에서 가능성의 일면을 본다.

궁극의 중류국가

현대에는 이미 충분한 시간을 거쳐서 사회에 정착된 신화가 몇 가지 존재한다. 그렇다면 어느 정도 성숙된 서브컬처 신화가 어떻게 해서 새로운 상상력의 장에 다시 적응해가는가, 즉 '신화의 신화화'가 어떻게 성취되는가. 제2장에서는 그러한 주제로 몇 가지의 작품론을 제시했다.

헌데 이번 장은 서브컬처에서 좀 벗어나서 신화의 사회적 기능을 다뤄볼까 한다. 원래 신화는 일종의 도시 문예로서 발달한 과거를 지니고 있다.[1] 다시 말하면 신화는 불특정 다수의 인간에 의해 만들어졌고 불특정 다수의 인간을 향해 발화되는 가운데 질서를 갖추게 된 문예다. 그 익명성이 반드시 질의 저하를 의미하지는 않는다. 특히 통계 계산과 피드백에 기초한 하이퍼리얼한 신화가 나오면 소수의 고급품이 대량생산을 질적으로 능가한다고는 단정지을 수 없다. 오히려 우리가 일상적으로 접하는 사물 가운데도 사소한 이야기가 담겨져 있다. 그러한 축적이 문화의 여러 층을 이루는 사태가 대체로 일반화되고 있다고 생각할 수 있을 것이다. 무수한 대중적인 서브컬처 신화를 발달시켜온 일본은 대량생산이 막강한 힘을 행사한다는 점에서, 말하자면, '궁극의 중류국가'라고 부르는 게 적절하다. 우리에게 필요한 것은 그 조건에 따른 이론의 구축이다.

이번 장에서는 그 이론 구축을 할 때 하나의 힌트가 될 수 있다고 생각되는 문제를 다룬다. 한마디로 하면 그 문제는 '상징적인 것'을 어떻게

---

1. 예를 들면 고대 그리스 아테네에서 회자됐던 호메로스 신화는 그 이전에 존재했던 그리스 여러 도시의 신들을 재통합하고 거기에 또 다른 역할을 분담하는 기능을 갖추고 있었다. 혹은 곧이어 다루겠지만 근대 일본을 대표하는 신화소인 야나기타 구니오의 『도노 모노가타리』도 예전에 번화하고 흥청거렸던 도노(遠野)라는 지방도시의 문화적 축적을 양식으로 삼고 있다.

재설정하는가와 관련되어 있다. 상징은 인문학에서는 상당히 추상적이고 전통적인 문제이며 그러기에 그다지 유행하는 주제는 아니다. 그럼에도 여기서 그 주제를 다루는 것은 앞 장에서 논한 '상상적인 것'에 대해서 '상징적인 것'이 표리 관계에 놓여 있기 때문이다. 상상력은 자타 구별을 없애는 힘이나 리듬에 접근하는 힘을 의미한다. 전자가 풍부성의 힘에 의해 네트워크를 확대해가는 것이라고 하면, 후자는 오히려 네트워크를 단숨에 축약하여 자의성을 억제하는 것이라고 할 수 있다.

이번 장에서 다루는 문제의 순서를 정리하면, 우선 첫째 오늘날 사회의 역학은 대충 말해서 어떠한 것인가, 그리고 두 번째 그 역학 속에서 과연 어떠한 상징화의 프로세스가 가능한가를 묻는다. 또한 두 번째 문제에 대해서도 농밀한 공통전제가 존재하는 경우(제1절)와 존재하지 않는 경우(제2절) 두 가지 유형을 구분해서 생각한다. 그런 과정을 거쳐 상징적인 것의 위치가 어슴푸레하게 떠오를 것이다. 어쨌든 이번 장은 상상력을 다룬 앞 장의 보완에 해당한다고 생각해주길 바란다.

1 감정자본/ 자기조직화/ 구조주의

생명권력biopouvoir**의 전성**全盛

상징이란 간단하게 정리하자면 세계를 이해하는 기본적인 형식인데,[2] 그 성립의 양태에 관해서는 많은 이론가가 다양한 견해를 제시하고 있고, 그것을 정리하는 것만으로도 만만찮다. 다만 오늘날의 세계는 대체로 리버럴한 사회를 지향하며 움직이고 있고, 상징적인 것도 그 원리에 따라 생성되는 것이 바람직하다. 반복해서 서술했지만, 리버럴한 사회의 원칙은 사람들이 개개인의 방식으로 자유로이 자기를 완성=구체화시켜도 무방하다는 데 있다. 그러므로 여기서 문제는 자기를 규정지을 때 어떠한 '힘'의 메커니즘의 기능이 개입하고 있는가, 그리고 거기에 상징적인 것이 어떻게 결부되어 있는가로 귀착된다.

　교과서적으로 말하면 근대사회에서 '힘'의 메커니즘을 규정한 최대의 사건은 철학자 미셸 푸코가 말한 '생명권력bio-pouvoir' 또는 '생명정치bio-

---

2. 이 정의는 카시러Emst Cassirer, 『상징형식의 철학(シンボル形式の哲学)』第1卷, 生松敬三·木田元 訳, 岩波文庫, 1989, p.9. [*Symbol, Myth, and Culture essays and lectures*, 1979] 참조.

politique'의 확대다.[3] 푸코는 크게 두 가지 유형의 권력을 구분하고 있고, 생명권력(살게 만드는 권력)은 죽음을 통제하는 전통적인 권력과의 대립으로 파악된다.

우리의 일반적인 이미지에서는 죽음을 통제하는 힘, 즉 생살여탈生殺與奪의 권한이야말로 권력을 나타내는 기호[符牒]로서 이해된다. 예를 들면 내셔널리즘은 사람들의 생명을 몰아붙이고 때로는 죽음으로 내쫓는 한편, 자기 자신은 강력한 불사성不死性을 체현했다. 베네딕트 앤더슨은 '무명전사의 묘와 묘비'를 내셔널리즘의 대표적인 표상으로 간주하고 있는데, 실제로 민중의 죽음에 깊이 관여하고 개별의 죽음을 운명공동체의 죽음으로서 축복하는 것이 네이션의 원리의 근간에 내재되어 있는 것이다.[4] 네이션에 의해서 초래된 죽음은 평범한 삶을 빛나는 운명으로 바꾸고 타성에 젖은 생활에 하나의 확고한 이치를 제공한다. 다른 한편 네이션 그 자체는 마치 자기 자신이 영원의 존재인 것처럼 행동하는 것이다.

이러한 '죽게 만드는faire mouir 권력'(죽음과 죽음이 아닌 것을 배치하는 권력)에 대해서 푸코가 중시하는 것은 곧 그 반대 측에 있는 권력, 즉 '살게 내버려두는laisser vivre 권력'(삶과 삶이 아닌 것을 배치하는 권력)으로서의 생명권력이다. 생명권력이란 한마디로 말하면 생물을 최대화하는 여러 메커니즘, 직접적으로는 의료행위, 사회보장제도, 간접적으로는 공항이나 역의 감시 시스템 등을 통해서 가시화된 힘이라고 정리할 수 있다. 18세기 이후, '살게 내버려두는 권력'은 서서히 침투하여 복지정책이나 도시의 위생 상태 개선, 출산 제한, 혹은 여러 위험 보험자산 관리 등을 촉

---

*3. 푸코의 주요 용어 'bio-pouvoir'와 'bio-politique'는 일본어에서 '生権力', '生政治'로 옮겨졌다. 한국의 연구자/번역자마다 '생권력/삶권력/생체권력/생명권력', '생정치/삶정치/생체정치/생명정치' 등 조금씩 다르게 쓰고 있으나, 이 책에서는 '생명권력', '생명정치'로 옮긴다.

4. 베네딕트 앤더슨, 『증보 상상의 공동체』, p.32.

진행했다. 이 전략은 특히 20세기에 들어서고 나서부터 독일, 그리고 미국의 신자유주의로 발전적으로 이어지고, 세계를 구동하는 원리로서 등록된다. 또한 푸코에 따르면 생명정치하에서는 인간관에도 변화가 생기고, 인간 그 자체가 일종의 유용한 '기업가'로서 즉 자원의 생산자(인적자본)로 다뤄지는 동시에 개개인의 인간의 미시적인 창조행위를 집약하는 환경이 마련되게 되었다.[5] 이러한 역사의 전개 과정은 생명권력이 결코 일시적인 것이 아님을 의미한다. 생명권력은 오히려 근대라는 시대의 전개 과정 속에서 배양된 힘의 한 형태다.

실제로 글로벌한 시야로 조망한다면, 현대는 미증유의 도시 시대이며, 큰돈을 벌어들이는 지적 노동자부터 세계를 널리 돌아다니며 다른 지역에 가서 돈을 버는 노동자들까지 매우 다양한 인적자본이 도시에 모여 있다. 현대 도시의 번영은 인적자본이 어떻게 모이고 또 어떻게 적절히 관리되는지와 관련되어 있다는 식의 주장은 오늘날 그야말로 곳곳에서 반복된다. 도시의 권력은 반드시 죽음의 공포에 의해 사람을 움직이는 것은 아니다. 또한 시민의 일반적인 규격화를 강요하는 것도 아니다. 현대의 도시는 오히려 능력을 충분히 살리는 것, 또 그에 대한 보상이 있다는 것을 미끼로 많은 인적자본을 모으고 상호행위를 촉구하고 그것에 의해 전체 부를 늘리려고 시도한다. 미시적인 '기업가'의 미시적인 생산행위까지 탐욕으로 흡수하려고 하는 이 통치의 기술은 이미 선진국과 개발도상국을 가릴 것 없이 퍼지고 있다는 의미에서 오늘날 권력구조의 모습을 잘 보여주고 있다.

---

5. 미셸 푸코, 『생명정치의 탄생(生政治の誕生)』, 慎改康之 訳, 筑摩書房, 2008, p.278. [*Naissance de la biopolitique*, 1978~1979].

감정자본의 등장

그런데 여기서 '힘'이라는 말을 자주 사용하는 것은 힘이 영역 횡단적인 것이며 시대의 지식의 배치[布置]를 널리 규정해가는 것이기 때문이다. 예를 들면 '죽음'을 명령하는 것이 곧 권력이었던 시대에는 사상도 죽음을 중심으로 편성되었다. 실제로 20세기의 유력한 철학자는 종종 두 차례의 세계대전의 기억을 바탕으로 사유했다. 그러나 생명권력이 한층 더 강화된다면 죽음을 중심으로 하는 것은 결코 타당한 사고양식이 아니게 된다. 이제 죽음은 삶에 대한 초월적인 위상으로부터 전락하여 눈에 띄지 않게 될 뿐이다.

문화생산의 논리에서도 '삶'을 중요하게 여기는 경향은 분명히 강해지고 있다. 세계적으로 봐도 최근 10년 동안 소위 '리얼리티 TV 프로그램'(《survivor!》이나 〈아메리칸 아이돌〉, 혹은 중국의 〈초급여성(超級女聲, 차오지뉘셩)〉 등)[6]이 인기를 끌고, 기업 쪽도 '브랜드를 [……], 'lovemarks'로 전환시키고, 엔터테인먼트 콘텐츠와 브랜드 메시지의 경계를 흐리게 만드는' 듯한 감정경제를 육성해왔다(헨리 젠킨스). 오늘날의 브랜드 논리는 예전과 같은 고급지향이 아니라 오히려 엔터테인먼트 논리에 한없이 접근한다. 그리고 콘텐츠를 확장하는 원천이 되고 있는 것은 개개의 수신자가 지니고 있는 '무제한의 리소스'로서의 '감정자본(이모셔널 캐피

*6. 'survivor'는 미국을 비롯하여 세계 여러 텔레비전 프로그램에서 제작되어 방영되고 있는 시청자 참여형 프로그램으로, 2002~2003년 일본 TBS에서 미국판이 방영된 이후 유사 프로그램이 양산되었다. 주로 외딴 섬, 밀림, 황야 등 일상적인 삶을 유지하기 힘든 장소에 격리된 참여자들이 극한의 체험을 하고 나서 살아남는 자가 상품이나 경품을 타는 경쟁 프로그램으로 최종 승자는 '궁극의 서바이버'라는 칭호와 더불어 거액의 상금을 받는다. '초급여성(超級女聲, 차오지뉘셩)'은 중국 TV에서 2004년부터 방영한 신인가수 선발 프로그램으로 Super Girl contest다.

탈)'이다.[7]

리얼리티 TV 프로그램이 다루는 내용은 상투적인 현실보다는 오히려 우연성이 풍부한 현실이며, 또한 그것은 시청자와 등신대等身大의 사람들이 참여하고 있다는 의미에서 '민주적'이다. 화면상에서 화려하게 빛나는 주인공과 그 무대에 오르는 데 실패한 다른 참가자, 그리고 참가한 적도 없지만 진행 과정을 흥미를 갖고 지켜보는 시청자는 매끄럽게 연결된다. 이 연속성 때문에 수용자의 감정자본은 사소한 사건을 통해서 촉발되고 고양된다. 예를 들면 리얼리티 TV 프로그램에서는 가십gossip 같은 사건을 다루는데 그러한 무대 이면의 혼란도 포함하여 여기저기서 감정자본의 생성이 기대된다. 말하자면 **등신대의 우연성**을 고상한 브랜드로서 조장하기보다는 엔터테인먼트로서 조장하여 그것을 서서히 실물자본으로 변환해가는 것, 그것이 리얼리티 TV 프로그램의 노림수다.

현대의 생명권력은 노골적으로 권력의 얼굴을 드러내기는커녕 오히려 하찮은 리얼리티 TV 프로그램과 같은 시도에 파묻혀버린다. 감정자본은 거의 모든 개인이 잠재적으로 언제든지 생산자가 될 수 있다는 의미에서 매우 풍부하고 또한 가소성可塑性이 높은 자원이다. 또한 감정자본을 증식시키는 데는 별도의 원재료가 필요 없고(실제로 생성 비용이라는 면에서는 감정만큼 효율적인 '자본'은 없을 것이다), 아무런 강제력이 개입될 필요도 없다. 어설픈 강제는 오히려 본래 '무제한의 리소스'인 감정

----

7. Henry Jenkins, *Convergence Culture: Where Old and New Media Collide*, New York University Press, 2006, p.20. 또한, 러브마크(lovemarks)라는 것은 케빈 로버츠Kevin Roberts가 제창한 마케팅 용어. 열광적인 패드(fads, 일시적인 유행)에는 사랑은 있지만 존경은 없기 때문에 오래 지속되지 않는다. 반면, 브랜드(Brands)에는 존경(respect)은 있지만 사랑(love)이 없기 때문에 양쪽의 장점을 겸비한 러브마크에 의해 소비자를 끌어들이려고 하는 것이다. 별로 재미있는 아이디어도 아닌데 우연한 링크를 필연화하는 방향성이 마케팅의 영역에서 확실히 드러난다는 것에 주의하기 바란다.

자본의 전파를 저해하고 전체 이익을 줄일 뿐이다. 어쨌든 여기서 발견되는 것은 인간의 선천적 능력을 그대로 자본의 원천으로 삼는다는 발상이다. 이것은 바로 모든 인간을 '기업가'로 간주하는 생명권력의 유형이다.

또한 여기에는 미디어를 움직이는 '힘'의 전환이 확실히 드러나 있다. 지금까지는 미디어에 의해 제공된 재화를 사람들이 소비한다는 사고방식이 일반적이었다. 그러나 바야흐로 상황은 한층 진전되어 시청자 쪽 감정자본의 생성을 될 수 있는 한 손상하지 않고 그것을 적절하게 실제 자본으로 변환하는 방법이 나타난다. 예전의 미디어가 시청자의 반대편에 있었다고 한다면, 오늘날에는 **시청자 자체가 미디어로서 다뤄지기 시작했다**고 해도 지나친 말이 아니다.

네트워크의 움직임

생명권력은 리버럴한(혹은 네오리버럴한) 사회의 통치 원리로서 정착되고 있다. 거기에서는 글자 그대로 '생명의 최대화'라는 것에 더해서 지금까지 간과되어온 미시적인 진동을 희생시키지 않고 그 미시적인 삶을 하나하나 활용한다는 전략이 취해졌다. 감정자본의 상승은 그런 변화의 한 귀결이다. 이것은 근대 이후의 사회적 특성에 의해 도출된 것이며, 그렇게 간단하게 부정할 수 있는 것이 아니다. 도시도 미디어도 인적자본의 창조행위 없이는 더이상 잘 돌아가지 않을 것이다.

또한 일종의 '삶'의 질서화 의식과 관련하여 '머리말'에서 다뤘던 트위터든 채팅이든 현재 우리의 커뮤니케이션이 종종 수명이 짧은ephemeral 미디어를 선택하고 있다는 점도 주의할 필요가 있다. 그러한 미디어에서는 바로 정보 자체가 살아 있는 것이 되고, 또한 그 수명이 의도적으로 단축됨으로써 정보의 폭발적 증가가 자연적으로 억제된다.[8] 표현의 단서를 잇달아 제공하며 불필요한 정보를 점점 밀어내는 수명이 짧은 창발 시스템 덕분에 '네트워크화된 정보경제는 대중매체 모델의 왜곡을 재도입하지 않고서 정보 과부하나 담론의 단편화에 대한 우려를 해결한다'(벤클러Yochai Benkler).[9] 네트워크상 정보의 과적재는 초월적인 한 점으로의 귀의歸依(대중매체 모델)에 의해서가 아니라 네트워크의 움직임에 의해서 감축되는 것이 바람직하다. 아무튼 오늘날의 정보경제에서는 자원의 증폭 가능성(감정자본)이나 갱신 가능성(단명화)이 미디어론의 새로운 주제로 부상하고 있다.

삶의 모델에 의거한 이러한 엄청난 힘에, 다른 종류의 힘을 부딪쳐볼 수는 없을까. 여기서 우리는 네트워크의 확산을 **옭아매는** 힘, 자의성을 제약하는 힘에 대해서 고찰해볼 수 있을 것이다. 앞에서 언급했듯이, 이 힘은 '상징적인 것'(상징질서)이라고 불린다.

당연히 상징질서를 포맷하는 것(상징화)은 예전에는 단 하나의 중심에 사람들이 귀의하는 것과 같은 의미였다. 이 귀의는 정신분석 용어로는 '거세'라고 불리고 명백히 죽음이나 절단의 주제와 연결된다. 여기에서 '죽음을 명령하는 권력'의 유형을 발견하기는 쉬울 것이다. 그렇다면 생

---

8. 또한 정보량의 증가로 인해 사람들의 인지력이 망가진다는 우려가 종종 제기되는데, 그러한 전개가 오히려 비현실적이다. 왜냐하면 대부분의 인간은 정보의 오버로드에 빠지기 전에, 의식적이거나 무의식적인 필터링에 의해 과잉 부담을 제거할 수 있기 때문이다. 정보량의 증가로 괴로워하는 것은 약간 특수한 직업에 종사하는 사람뿐이다. 여기서 요점은 오히려 수명이 짧은 미디어를 구축함으로써 **개개인의 필터링이 발동하기 전**에 새로운 정보를 쑤셔 넣을 확률이 높아진다는 데 있다.

9. Yochai Benkler, *The Wealth of Networks:How Social Production Transforms Markets and Freedom*, Yale University Press, 2006, p.271. 또한 하마노 사토시濱野 智史「니꼬니꼬 동영상의 생성력」은 니찬네루나 니꼬니꼬 동영상 등의 아키텍처가 내부 콘텐츠를 고의로 단명화하도록 설계되어 있다는 것을 자세히 논한다. 그 아키텍처들에서는 단명화가 복수성의 감축 기능을 맡고 있다.

명권력이 미디어에 흡수되는 가운데 상징적인 것을 둘러싼 논의는 이미 한 시대 전의 것으로 비친다고 해도 이상하지 않다.

하지만 지금 바로 '죽음'의 이미지를 걷어내더라도, 다시 말하면 거세를 제외하더라도 네트워크의 축약은 실행될 여지가 있다. 특히 복잡계에서 말하는 '자기조직화'의 이론은 초기 상황의 약간의 흔들림을 통해서 닫힌 계系에서 마이크로적인 구조가 형성되어가는 것을 강조해왔다. 이것은 정해진 규격에 따라서 네트워크 전체를 상징화하는 것이 아니다. 오히려 이 관점에 따르면 네트워크는 **그것 자체에 내재하는 법칙 때문에** 항상 축약이나 질서화의 계기를 내포하고 있는 것이다.

이런 방면에서 발상의 선구자라고 할 만한 토마스 셸링Thomas C. Schelling, 1921~, 미국의 경제학자은 1978년 발표한 저서에서 인종차별 연구에 하나의 유익한 분석을 남겼다. 셸링의 시뮬레이션이 의미하는 것은 개개인이 아주 강한 차별의식을 지니고 있지 않다고 해도 집단적인 수준에서는 때로 연쇄 반응에 의해서 순식간에 세그먼트sigment(프로그램 실행 시에 주기억장치에 탑재하는 단위_옮긴이)가 자기형성될 수 있다는 것이다. 가령 두 그룹을 상정하여 하나의 그룹은 적어도 2분의 1의 옆 사람이, 또 하나의 그룹은 적어도 3분의 1의 옆 사람이 동족同族이어야 하고, 그 조건이 들어맞지 않으면 자리를 옮기기로 하자. 지금 이 두 그룹을 8×8 체스판을 모방한 필드에 놓는다. 어떤 시뮬레이션에서는 두 그룹이 완전히 뒤섞인 상태더라도 모든 구성원을 만족시킬 수 있다. 이 경우 두 그룹은 어디까지나 각각의 개성을 유지하면서도 융합된다. 하지만 그 아름다운 균형이 무질서한 요인으로(예를 들면 새로운 입거자入居者의 등장에 의해) 붕괴되었다고 하자. 그러면 그 사소한 흔들림에 의해서 두 그룹이 완전히 분단된 상태로 균형을 이루는 경우가 일어날 수 있다(그림3). 이 경우에도 그들의 희망은 충족되는데 완성된 도면은 조금 전과는 달라져서 마

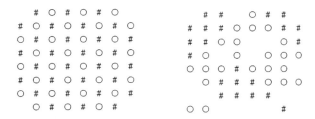

그림 3. 셸링의 시뮬레이션

(Micromotives and Macrobehavior, p.149, 151에서 인용)
단 오른쪽은 몇 가지 거론되는 모델의 한 예.

치 인종을 격리한 뒤의 상태와 비슷해져버린다.

물론 이 시뮬레이션은 체스판과 같은 추상적인 공간을 전제하고 있는 것이므로 반드시 현실적인 공간에 들어맞는 것은 아닐 수도 있다.[10] 그렇다고 해도 각자의 소소한 욕망(가까이에 자신과 비슷한 동료가 적당히 있으면 좋다는 정도)이 어떤 방식으로 모이면 개개인의 의식을 초월한 분석 상황이 생긴다는 관점은 매우 흥미롭다. 네트워크 법칙에 의해서 우리 사회는 때로 좋든 싫든 자연과 균형을 이룬다. 다시 말하면 사회의 자연 상태는 결코 단순한 혼돈이 아니라 어떤 법에 의해 규정되고 있다.

덧붙이면 이 점에서 카오스 이론에서 말하는 '나비효과'를 의장意匠으로서 수용한 SF란 어떤 중요한 사실을 부인하게 만드는 것처럼 보인다. 예를 들면 이런 SF에서 과거로 타임슬립한 주인공은 자신의 사소한 행동이 나비효과에 의해 미래를 극적으로 변화시키는 게 아닐까 하고 두려워한다. 그러나 이러한 능동성이 발휘되는 것은 이미 네트워크의 움직임이 확정된 과거가 무대이기 때문이고(즉 자신만이 변동요인일 수 있기 때문

10. Thomas C. Schelling, *Micromotives and Macrobehavior*, W.W.Norton & Company, 1978, p.151.

이고), 만일 셸링처럼 생각한다면 인간은 본래 자기조직화의 원리에 대해 완전히 무력한 존재라고 할 수밖에 없다. 개개인이 무엇을 의도했든 주위의 사소한 사건을 방아쇠로 하여 모르는 사이에 질서는 완성되어버리기 때문이다. 타임슬립은 그 결정적인 수동성을 잊어버리게 해줄 편리한 장치로서 기능하고 있다. 우리는 여기에서 사물이 '반대물로 바뀐다'는 전개를 좋아하는 '메르헨(동화)'의 상상력을 발견할 수 있을 것이다.[11] 현실에서 수동적이기 때문에 그 반대로 능동성을 강조하는 메르헨적 표현이 반복되는 것이다.

구조주의 재고

자기조직화는 개개의 미시적인 삶에 죽음을 명령하지 않고 질서나 균형을 만들어낸다. 이것은 단순하지만, 그렇기 때문에 강력한 메커니즘으로서 우리의 추상적인 삶의 윤곽을 결정짓는다. 우연을 필연으로 바꾸는 예전의 변증법(대화)은 이제 시스템의 오토포이에시스autopoiesis(자기생산성/자기창출성)에 의해, 즉 미시적micro 삶을 분해해서 거둬들이고 자기 기반을 확립해가는 사회의 대사代謝 운동에 의해 치환될 수 있다.

그렇긴 해도, 당연히 자기조직화만으로 사회에 필요한 원리가 조달될 리는 없다. 특히 이런 경우 자원의 증폭/갱신이라는 대사 사이클이 과도하게 진행된(=런웨이runway 발생) 시스템이 자기붕괴하는 사태는 어쨌든 피해야만 한다. 그럼 그런 사태를 피하려면 어떤 질서를 정하면 좋을까. 자기조직화의 원리와 함께 여기서 살펴보고 싶은 것은 미시적인 이야기의 집합으로 이루어진 '상징질서'다.

....
11. 막스 뤼티Max Lüthi, 『옛날이야기의 해석(昔話の解釋)』, 野村泫 訳, ちくま學芸文庫, 1997, p.96. [*So leben sie noch heute : Betrachtungen zum Volksmärchen*, 1989].

구조주의의 관점을 이 지점에서 환기해보자. 구조주의자가 생각하는 질서는 여러 요소의 결합 패턴이다. 특히 구조주의를 대표하는 레비스트로스는 남북 아메리카를 비롯해 각지의 오래된 신화를 섭렵하는 과정에서 신화가 어디까지나 지각 가능한 신화소에 기초하여 무수한 이항대립을 조성한다는 데 착안했다. 그때까지의 학자는 예를 들면 프로이트의 오이디푸스 콤플렉스 이론 등이 그러하듯이, 개개의 신화는 특정한 의미를 지니고 있고, 자신들은 그것을 해석하면 된다고 생각했다. 그러나 레비스트로스의 관점에 따르면 신화의 의미는 어디까지나 다른 신화와의 관계에서 파악해야 한다. 즉 이야기(서사)의 선적인 진행과는 별도로 이야기(서사)를 구성하는 신화소의 층이 있고, 그 층은 간間텍스트적으로 공유된다. 개개의 신화는 그 신화소의 층에서 말하자면 정보를 '다운로드'함으로써 자기 자신을 코드화한다. 다만 그 코드화된 형식은 일률적이지 않다. 코드된 형식은 각각의 신화에서 어떠한 이항대립(결합 패턴)이 채용되는지에 따라 달라진다.

이렇게 말하면 복잡하지만 요즘 식으로 말하면, 이것은 마치 JPEG와 같은 압축형식과 비슷하다. JPEG는 화소畵素 패턴을 검출하여 그것을 단서로 정보를 정리하고 전체 정보량을 줄인다. 따라서 압축이 해제된 JPEG 이미지는 오리지널 데이터와 완전히 일치하지는 않는다. 마찬가지로 신화가 다루는 지각 가능한 신화소는 오리지널(자연물) 정보량을 적절하게 줄여 압축해놓은 데이터다. 그리고 그때, 압축형식은 각각의 신화권(카테고리)에 따라 달라진다. 예를 들면 어떤 신화권에서는 달은 태양과 세트가 되기 때문에 태양과는 반대의 의미를 지닌다. 그러나 다른 신화권에서는 달은 유성과 융합돼버리고, 그 주기가 짧다는 점이 발견될 것이다(유성도 달도 단기적으로 순환하는 것으로서 간주된다). 현실의 달이 지닌 정보량은 신화권의 차이에 따라서, 즉 결합 패턴의 차이에 따라서 다른 방식으로 삭감된다.

이와 같은 방식으로 비유하자면, 한 편의 신화는 액면 그대로의 이야기에 더해서 자신이 속한 신화권의 정보처리 기법도 정리해서 보여주게 된다. 주위의 환경정보에서 무엇을 선택하고 무엇을 버리는가, 즉 어떠한 압축형식에 기초하고 있는가라는 문제가 개개의 신화의 비교 속에서 부각된다. 여기서 신화는 말하자면 두 가지 시간의 사이波間를 떠돌고 있다. 하나는 보통의 설화적이고 인과론적(연속적)인 시간진행이다. 또 하나는 신화가 몇 번이나 겹치는 동안 부각되는 이산적離散的(불연속적)인 시간진행이다. 실제로 레비스트로스는 신화의 이야기의 특수성을 강조했다.

> 신화적 언표의 기본요소는 언어의 그것처럼 기능하지만, 그 성질은 처음부터 좀 더 복잡하다. 그 복잡함 때문에 신화적 담론discourse은 언어의 통상적 쓰임새에서 말하자면 벗어난다. [……] 명령하고, 질문하고, 통보하는 언어적 언표, 맥락만 주어진다면 동일한 문화 또는 하위문화의 모든 구성원이 이해할 수 있는 언어적 언표와 달리, 신화는 결코 듣는 이에게 일정한 표의表意작용을 제시하지 않는다. 신화는 어떤 해독 격자格子를 발송하는 것이라서 이 격자는 그냥 그 구성법칙에 의해서만 정의된다.[12]

개개의 신화는 완결된 서사를 이야기하고 있는 것처럼 보이지만 실은 그것 이상의 것을 동시에 드러낸다. 즉 신화의 집합은 언어의 통상적 쓰임새에서 벗어나, 메타언어적 영역(해독 격자)을 지시하도록 기능한다. 다

---

12. 로만 야콥슨, 『소리와 의미에 대한 6장(音と意味についての6章)』, 花輪光 訳, みすず書房, 1977. 「*Six lecons sur le son et le sens*, 1942」에 실린 레비스트로스의 서문 (16쪽, 번역문 일부 수정).

소 시적인 말투를 쓴다면 신화는 '서사가 꾸는 꿈'의 영역을 끌어안고 있는 것이다.[13]

신화의 설화적 진행이 완전히 동시에 메타언어적인 정보처리를 실행하고 또 모르는 사이에 텍스트의 이산화離散化=양자화를 행하고 있는 것, 여기에서 신화의 화자는 말하자면 '이중언어'를 다루고 있다. 물론 이러한 이산화=양자화가 성립하려면 한정된 소재가 몇 번이나 반복되고 버전을 변경하면서 사용되는 듯한 농밀한 환경이 전제가 된다(실제로, 레비스트로스의 분석도 서로 관련성이 깊은 남북 아메리카의 신화에 준거했다). 동시에 그 소재도 '달'처럼 다양한 조합 패턴을 포함한 것이 바람직하다. 패턴이 고갈되면 신화의 프로그램은 정지되어버리기 때문이다. 다만 무엇이든 여러 요소를 결합하는 패턴(메타언어=압축형식)이 축적되어가는 과정에서 텍스트의 해석 가능성이 축약되어간다는 것이 여기서 가장 중요한 요점이다. 조금 전의 자기조직화와 마찬가지로 죽음을 명령하는 권력에서 일탈한 유연한 질서 형성을 여기서도 발견할 수 있을 것이다.

작가성의 재규정

반복하자면, 상상의 힘은 네트워크를 확장하고 상징의 힘은 네트워크를 축약한다. 상징의 힘은 지금까지 죽음 혹은 절단의 메타포와 함께 이야기되어 왔다. 그러나 레비스트로스의 신화론은 초월적인 죽음을 명령하지 않더라도 일종의 패턴 축적에 의해 상징질서가 증폭되어가는 경우가

---

13. 구조주의는 이미 20세기의 고전적 이론으로 불리며, 그 현대적 의의는 흐릿해진 것이 아닐까 하는 인상을 갖고 있는 독자도 있을 것이다. 그렇긴 해도, 구조주의 사상의 근간에 있는 것이 기본적으로 요소(신화소)끼리 결부 짓는 메커니즘 분석인 이상, 그렇게 간단하게 일축할 수 있는 것도 아니다. 특히 대상을 보다 세밀한 요소로 분할해가는 기술이 육성되면 그 요소를 결합시키기 위한 새로운 신화론이 요구된다.

있음을 잘 보여준다.

또한 지금 말한 신화의 '이중언어' 응용편이라고 할 수 있는 '작가'의 문제를 덧붙이고 싶다. 예를 들면 일찍이 문예평론가 롤랑 바르트는 1960년대에 '작가의 죽음'을 정식화한 적이 있다. 이 테제는 텍스트가 기존 기호의 조합으로 쓰이게 되었고, 그 결과 과거와 같은 강한 작가가 필요하지 않게 되었음을 의미했다. 구체적으로는 샘플링이나 리믹스가 활발한 현상 등이 '작가의 죽음'을 현저하게 드러내는 예라고 할 수 있겠다.

다만 현재의 네트워크 사회에서는 작가가 '죽기'는커녕, 유례없이 증식해가는 점도 명백할 것이다. 그것은 많은 사건이 기호로 쓰이게 되었기 때문에, 창작의 문턱이 극적으로 내려갔고, 더구나 그 모든 것이 인터넷에서 가시화되었기 때문이다. 하지만 또 하나의 요점이 있다. 그것은 작가들이 **우연성을 건져 올리는 미디어**로서 인식된 것이다.

작가들은 블로그나 게시판에 편재遍在하고 어떠한 경험을 이야기한다. 설령 각각의 '작품'이 대략의 약속을 바탕으로 줄거리를 만들었다고 해도 그 출발점이 매번 달라지면 거기에는 다른 인상이 숨어 있을 것이다. 오히려 대부분의 사건이 약속 다발이 되어버렸기 때문에 여러 약속을 적절하게 사용하는 계기가 그때마다 공급되어야만 하는 것이다. 그 점에서 네트워크에 살고 있는 작은 작가들은 **코드의 발동**發動[작동] **기회**를 늘리는 데 한몫하고 있다. 바르트로 대변되는 프랑스 문예비평은 약속과 그 발화의 차이를 '언표'와 '언어행위'로서 정식화했는데 그 말에 따르면 작가는 바로 언어행위를, 즉 언표의 현실화를 주관한다고 할 수 있다.

이와 같은 구조는 실은 최근 게임 작가에 의해서도 언급되었다. 예를 들면 엄청난 게임 공간을 설정하고 거기에 AI를 탑재한 어마어마한 캐릭터들을 등장시키고, 무수한 탐색의 가능성을 장착한 〈*The Elder Scrolls*

IV:Oblivion⟩(2006)의 디자이너인 켄 롤스톤Ken Rolston, 컴퓨터 게임 디자이너은 작품이 너무 대작이기 때문에 캐릭터의 대화나 플롯은 아무래도 상투적이기 십상이라고 말한다. 그럼에도 그는 그것을 본질적인 약점이라고는 간주하지 않는다. 그의 견해를 참조하면 진행되는 방향성이나 대화를 할 수 있는 캐릭터가 대량으로 제공됨으로써 '진짜 서스펜스'를 발생시킬 수 있다. 롤스톤의 경험에 따르면 '어디로 가는가, 무엇을 하는가 하는 탐색 중의 선택에서는 그 (회화나 플롯의) 한계에서 오는 조바심이나 욕구불만frustration은 적어졌다'.[14]

요컨대 코드는 흔하다 해도 그것이 **적절한 국면에 플롯**plot**화되면** 얼마간의 서스펜스나 고유성이 충분히 주어지는 것이다. 현대 작가는 바로 이 '지점'(출발점)을 탐사하는 데 최적인 에이전트다. 이것은 코드나 패턴의 **종상**種床, seed bed으로서 작가를 활용한다고 바꿔 말할 수 있다. 네트워크나 게임에서 바람직한 것은 사소한 기회나 국면도 이용하고 구체화해주는 명민한 '작가'(플레이어)인 것이다. 거기에서는 출발점(우연)을 찾는 것과 그것을 코드(필연)에 의해 이야기하는 것은 전혀 다른 계층의 문제로서 분리할 수 있다.

물론 작가성에 대해서는 전혀 다른 방식으로 규정할 수도 있다. 푸코가 말하는 '교환의 약호'로서의 작가가 가장 두드러진 규정 방식일 것이다.[15] 예를 들면 푸리에Jean Baptiste Joseph Fourier, 1768~1830, 프랑스의 물리학자/수학자에 대해서 아무것도 모르더라도 우리는 '푸리에 교환'을 실행하고 정보를 처리할 수 있다. 푸코의 입장에서 작가성은 이 '푸리에'에 가

....
14. Noah Wardrip-Fruin, *Expressive Processing: Digital Fictions, Computer Games, and Software Studies*, MIT Press, 2009, p.413.

15. 「생물학에서 큐비에의 위치」, 『미셸 푸코 사고집성(ミシェル·フーコー思考集成)』 第3巻, 金森修 訳, 筑摩書房, 1999, p.373.

깝다. 그것은 작가를 말하자면 '특정한 방식으로 정보를 처리하는 소프트웨어'로서 파악하는 것이다. 그러한 소프트웨어 또는 방정식과 같은 작가가 끼어들게 됨으로써 사회에서 무엇이 인식 가능하고 무엇이 인식 불가능한가 하는 배분도 종종 달라지는 것이다.

　단지 우연을 건져 올리는 미디어로서 간주하든 혹은 변환의 약호로서 간주하든 작가는 바야흐로 일종의 노드(결절점)임에 분명하다. 정보나 이야기의 흐름에, 그때마다 우연의 이음매나 악센트를 넣어주는(이산화=양자화하는) 오늘날의 작가들은 바로 문화의 이중언어성을 잘 보여주는 것으로 받아들여진다. 바르트의 지적은 맞는 말이지만, 그것은 '작가의 죽음'이라기보다도 '작가의 변질'을, 즉 작가(언표행위의 주체)가 우연성을 탐사하는 에이전트로 변질되는 것을 의미하는 것이다.

2 의사 종교

지금까지 살펴보았듯이, '삶'을 활용하는 상징화도 결코 한결같지 않다는 것을 알 수 있다. 네트워크의 자연스런 질서화는 끊임없이 우리에게 일정한 압력을 가한다-개개인이 그다지 차별의식을 갖지 않더라도 네트워크가 인종을 격리하도록 작동하듯이. 혹은 서사(이야기)의 축적에 의해 부상한 '꿈'(패턴)이 네트워크를 차례차례로 구조화해간다. 또한 소수의 작가들이 네트워크에 우연성을 제공하고 코드의 작동[발동] 기회를 담보한다. 대충 이런 식이다.

다만 그중에서도 구조주의가 말하는 신화는 어느 정도 조밀화稠蜜化된 네트워크를 전제로 하고 있다. 확실히 어떠한 긴밀한 환경이 설정되어 있으면 거기에서 상징질서가 생성될 수 있을 것이다. 하지만 그렇지 않은, 즉 공통전제 그 자체가 그다지 없는 상황이라면 상징적인 것은 어떻게 담보될 수 있을까.

상징 이론

예를 들면 아사다 아키라浅田彰, 1957~, 비평가는 『구조와 힘構造と力』(1983)

에서 '기능적인 의미를 맡는 쪽을 시그널(기호), 상징적인 의미를 맡는 쪽을 심볼(상징)'로 분류한, 기본정석 구도를 계승하고 있다.[16] 여기에서 시그널은 위험이 임박할 때 동물이 내는 피난신호와 같은 것이다. 반면 심볼은 그러한 직선적인 관계성을 갖지 않는다. 아사다가 말했듯이, 심볼이 시그널로서 정립되려면 그 현실적인 유래가 한 번 망각되어야만 한다. '상징적인 재인再認의 구조 전체가 현실적인 생산관계의 상상적인 무시=오인誤認을 동반한다'.[17] 마찬가지로 사회 시스템론의 시조인 미국 사회학자 탤컷 파슨스Talcott Parsons, 1902~1979는 '어떤 의미에서 객체의 심볼로서의 지위는 그 의미가 객체 자체의 속성에 기초한 고유한 의미에서 분리되는가 어떤가와 관련되어 있다'고 말한다.[18] 즉 파슨스의 사유를 빌리자면 경제적으로 획득된 속성이 한 번 분리됨(망각됨)으로써 심볼은 심볼로서 확실히 자리 잡는다.

이런 종류의 심볼에 해당하는 것은 우리 주변에도 많이 존재한다. 예를 들면 악기를 두드린다거나 작곡을 한다거나 하는 사람은 1옥타브를 12등분한 평균율의 유래를 의심할 필요는 (보통은) 없다. 그것은 일종의 초역사적인 존재로서-즉 온갖 역사를 관통해서 자신의 눈앞까지 닿게 된 것으로서- 간주된다. 평균율은 '언제', '어디서', '누가'라는 조건을 뛰어넘고 어디까지나 '똑같은 것'으로서 유통될 수 있다. 이 심볼적인 구조는 원칙적으로 경험적인 차원에 의해 고쳐 쓰인 적이 없다. 예를 들면 재즈에서 즉흥연주가 가능한 것도 소리의 무대가 미리 조밀하게 코드화되었다면 그 위에서 다소 격렬한 유희를 하더라도 결정적으로 음악을 손상하는

---

16. 아사다 아키라浅田彰, 『구조와 힘(構造と力)』, p.40.

17. 앞의 책, p.159.

18. 탤컷 파슨스, 『문화 시스템론(文化システム論)』, 丸山哲央 編訳, ミネルヴァ書房, 1991, p.54. [*Culture and the social system*, 1961].

(그냥 노이즈가 되는) 경우는 적기 때문이다.

마찬가지로 기하학도 이와 같이 말할 수 있다. 기하학의 공리가 시대나 장소마다 달라지면 다른 사람은 제대로 계산할 수 없다. 그런 걱정을 할 필요 없이 언제 어디서든지 똑같이 산술이 작동한다는 전제를 부여하는 것이 기하학의 공리가 지니고 있는 힘이다. 약간의 사회적 변동이 있었다고 해도 기하학의 공리는 어디까지나 인류사를 관통해서 전달될 것이다.

이러한 심볼적인 시스템은 법에서 명확하게 발휘된다. 법은 '합법/위법'에 의해 코드화된다. 입력(죄)이 역치閾値를 넘으면 법 시스템은 반응(흥분)한다(=위법이라고 판단한다). 그러나 역치에 도달하지 않는 것이라면 입력치가 무엇이든 무반응이라는 결과는 달라지지 않는다. 이러한 반응(흥분)과 무반응의 경계는 어디까지나 교정 가능한 것이어야만 하는데, 그렇다고 해서 너무 안이하게 여론의 감정에 맡겨서 변경되도록 해도 곤란하다. 법을 주관한다는 것은 결국 이 경계선이 적절하게 그어져 있는지 수시로 점검하는 기능을 작동하게 하는 것이며, 매번 구체적인 판결을 내리는 작업은 심볼적인 시스템의 운용을 점검하는 역할에 비하면 어디까지나 부수적인 것에 불과하다.

그렇지만 가장 대표적인 예는 역시 화폐일 것이다. 화폐를 사용한 커뮤니케이션은 그 참가자의 속성(신분이나 국적)을 따지지 않는다. '왜 그렇게 처리하는가', '언제부터 그렇게 처리하는가', '앞으로도 똑같이 처리하는가' 등과 같은 성가신 질문을 일체 생략하고 그냥 지불/지불하지 않음이라는 코드에 종속하게 만드는 화폐는 평등주의적인 미디어로서 우리의 커뮤니케이션을 지탱하고 있다. 이러한 폭력적인 단순화=평준화에 의해 사람과 사람 사이의 교환(커뮤니케이션)은 원활해진다. 조금 전에도 말했듯이 심볼은 현실적인 시간을 망각시킨다. 그러한 망각 없이 상징화된 미디어는 발동되지 않는다.

의사 종교의 필요성

이와 같이 공통전제가 존재하지 않은 영역을 관통하는 상징, 시스템론의 용어로 말하면 '상징적으로 일반화된 커뮤니케이션 미디어'를 생성하는 것은 사회 시스템의 원활한 동작을 위해서도 반드시 필요하다. 그러나 지금 언급한 여러 시스템으로 다 다룰 수 없는 문제도 존재한다. 그 특수한 부분을 다루는 사회 시스템은 일반적으로 종교라고 부를 수 있다.

시스템론의 논의에 따르면 종교 시스템은 '불확실성의 흡수'를 실현하는 것으로 간주된다.[19] 그것을 실현하려면 우선 거대한 부정을 지양하고 약간의 에러로는 흔들리지 않는 체질을 만드는 것이 중요하다. 가령 기독교는 '처녀수태'나 '삼위일체'와 같이 보통의 이론적인 단계를 파괴함으로써, 즉 해결 불가능한 패러독스에 의해 외부로부터의 부정을 미리 말살하는 방법을 선택해왔다. 이것은 일종의 면역계의 형성으로 간주할 수 있다. 종교의 주위에도 끊임없이 시스템의 완결성을 위협하는 인자因子가 끼어들어 뒤섞이고 있지만, 그것에 대한 감염이 어떤 경우에나 문제가 되는 것은 아니다. 오히려 한 번 발병[發症](=비정상적인 사건)을 체험하고 나서 그 이후의 감염을 잘 넘기게 된 상황도 많이 있을 수 있다. 기독교는 일상경험으로부터의 위반을 교리 요소에 집어넣어 자신의 면역계를 형성하고 있다.

그렇다 한들, 이런 종류의 단 한 번의 패러독스=기적의 접종에 의해 그 이후의 감염을 모두 예방한다는 것은 오늘날에는 비현실적인 사고방

19. 노르베르트 볼츠, 『세계 커뮤니케이션』, p.219.

식일 것이다. 고도로 복잡화된 사회는 말하자면 무수한 병원체로 가득
차 있으며, 한 번의 접종으로 모든 감염을 예방할 수 없다.[20] 실제로, '불
확실성의 흡수'를 의미하는 종교는 이미 시대의 물결에 시달려서 예전과
비교하면 그 효력이 줄어들고 있다. 따라서 만일 현대에 종교 기능을 대
체하려고 한다면 **오히려 몇 번이나 접종을 받을 수 있는 듯한 자세를 취하는 것**
이 중요할 것이다(앞 장에서도 다뤘던 '상기'와 '반복'의 차이를 떠올려주시길).
어쨌든 종교가 소용없다면 그 기능적인 등가물인 의사 종교를, 볼츠의
용어로 말하자면 '의미론적 디자인'을 도입하는 것이 필요하다.[21]

그런 의미에서도 아사다나 파슨스 등이 제시한 고전적인 상징 이론을
복습해두는 것은 나쁘지 않다. 특히 지금처럼 매우 단기적인 유행에 근
거하여 소비행동이 결정되는 상황 아래에서는 시간을 관통해서 전승된

---

20. 다른 관점에서 이렇게 말할 수 있다. 가령, 말하자면 거대서사가 붕괴할 때 당연히
자기참조의 문제가 나온다. 발화(發話)의 진위에 대해 최종적으로 결재를 해주는 심
급이 상실되어버리면 자신이 자신일 근거는 자신 안에서 찾을 수밖에 없다. 그러나 그
시도는 '모든 크레타인은 거짓말쟁이다 라고 크레타인이 말했다'라는 패러독스처럼 항
상 해체의 위기를 안고 있다. 예를 들어, 오사와 마사치大沢真幸『불가능성의 시대(不
可能性の時代)』(岩波新書, 2008년)는 시스템이 성숙해서 단일한 거대서사가 불필요해지
고 누구나 제각각인 세계를 살아가게 된 나머지, 근거의 부재에서 오는 해결 불가능
한 패러독스를 떠안고, 단적으로 '불가능'한 영역을 향해서 결단해가는 사람이 늘고
있다는 논지로 구성되어 있다. 확실히 만일 사람들이 자기참조의 패러독스(자기 자신
밖에 근거가 없다는 것)를 단숨에 해결하려고 한다면 불가능성(근거가 없다는 근거)
을 향해서 잠수할 수밖에 없을 것이다.
그렇긴 해도 현실 사회 시스템은 그 위태로움을 그때마다 진화를 통한 코드화에 의해
적당히 받아넘기고 있다. '근거의 부재'를 해소할 수 없더라도 그때마다 관찰을 통해
서 문제를 다른 맥락, 다른 지평으로 옮길 수 있다는 것이다. 이 책은 그러한 치환을
실천하는 작가나 문화 시스템을 평가하는 것을 하나의 목적으로 삼고 있다. 덧붙이면
루만, 『사회의 사회』에서는 '패러독스에 의해 곤란해진 것은 오토포이에틱한 작동이
아니라 관찰뿐이다'라는 문장이 인용되어 있다(p.90).

21. 예를 들면 앞에서 언급한 볼츠의 책에는 이렇게 기술되어 있다. '한편으로는 고도
로 복잡한 세계, 다른 한편으로는 점점 산만해지는 주의력, 이 양자는 의미를 인위적
으로 구성함으로써 매개된다'(p.225).

의사 종교적인 심볼의 형성이 한층 더 중요한 과제로서 부각된다.

신화로서의 『도노 모노가타리遠野物語』

그렇다면 의사 종교=의미론적 디자인을 시작하려면 과연 어떠한 방법이 있을까. 그것은 어떻게 모델화할 수 있을까.

물론 이 물음에 답하는 것은 어렵다. 다만, 문제의식을 좁은 영역에 가두지 않도록 여기서는 일부러 과거 일본의 고전적 작품을 참조하여 거기에서 형성된 의사 종교적인 커뮤니케이션 미디어를 아주 간단하게 점검해보기로 하겠다. 실제로 사회의 구舊체제가 위기에 노출되고 불확실성이 증대한다는 것은 일본 근대의 시작 시점에서 이미 일어났다. 그 시점에서는 사람들의 공통전제가 흔들리고 새로운 제도를 구축하는 것이 요구되었다. 이것은 '상징적인 커뮤니케이션 미디어'를 불확실성이 가득찬 세계로 메워버리려는 요구와 연결된다.

특히 문예비평적인 관심에서는 언어라는 커뮤니케이션 미디어의 쇄신이 영향을 크게 미친다. 메이지 이후 근대 일본어의 문체가 외국어의 번역을 통해서 구문의 아주 기본적인 규칙에서부터 재창조되었던 사실은 흔히 지적된다. 예를 들면 어미가 'る'나 'た'[22]로 끝난다는 규칙마저 후바타테이 시메이二葉亭四迷, 1864~1909, 소설가/번역가나 나쓰메 소세키夏目漱石, 1867~1916, 소설가가 쓴 실제 작품을 통해서 시행착오를 거쳐 서서히 사회적으로 정착됐다.[23] 이 새로운 문체의 성립 과정은 많은 우연한 일로 가득차 있으며, 결코 이미 만들어진 절차를 거친 것이 아니다. 만약 다시

----

*22. '이다', '하다'라는 종결어미에 해당하는 일본어 종지형 어조사.

23. 야나부 아키라柳父章, 『근대일본어의 사상(近代日本語の思想)』, 法政大學出版局, 2004.

한 번 메이지 시대를 반복한다면 아마도 지금과는 다른 일본어가 창출될 것이다. 그리고 그 성립 과정에 깊숙이 얽혀 있던 것이 문학이었다.

그런데 언어와 문학의 상호침투 과정에서 크게 두 가지 응답이 있었다는 점에 주목할 수 있다. 하나는 다야마 가타이田山花袋, 1871~1930, 소설가로 대표되는 자연주의에서 사소설로 이어지는 흐름이며 또 하나는 야나기타 구니오柳田國男, 1875~1962, 민속학자로 대표되는 민속학의 흐름이다.[24] 전자는 일본의 순문학에서 유력한 조류이며, 후자는 어느 쪽이냐 하면 대중적인 상상력 속에 살아남게 되었다.

전자의 사소설은 한 마디로 말하면 외부세계의 모든 정보를 '나'라는 프리즘에 의해 굴절시킨 유형의 소설이다. 그것은 일본의 근대문학에서 오래도록 사랑받아온 양식이고 왜 이런 기묘한 양식이 퍼졌는가 하는 문제는 때때로 비평의 소재가 되어왔다. 다만 여기서는 사소설은 잠시 접어두고 어디까지나 후자의 야나기타 구니오가 제시한 문학성에 착안해보겠다. 야나기타 구니오는 원래 '신체시新體詩', 즉 문어적인 약속들에 의해 시를 생성한다는 기법을 통해 자신의 문학을 시작했던 사람이다. 말년의 어떤 대담에서 '자기 생각과 다른 것을 말하고 있는' 신체시 기법에 대해서 '나 스스로도 정말로 불유쾌한 일이었다'고 술회하고 있는 점을 봐도 알 수 있듯이,[25] 야나기타는 신체시 운동에서 젊었을 때 탈퇴했다. 다만 신체시의 영향으로 시마자키 도손島崎藤村, 1872~1943, 시인/소설가을 비롯한 유력한 문단의 일파가 생겨나고 나중에 자연주의로 이어진다. 즉 신체시는 문학 혁신운동의 가능성이 전조를 보이던 장이었다.

24. 이 분야는 오쓰카 에이지大塚英志의 논지에 기초한다. 특히『괴담전후(怪談前後)』, 角川書店, 2007, p.225 참조.

25. 미야타 노보루宮田登 편찬,『야나기타 구니오 대담집(柳田國男対談集)』, ちくま学芸文庫, 1992, p.20.

그러나 여기서 중요한 것은 야나기타의 관심이 신체시도 아니고 자연주의도 아닌, 말하자면 다른 종류의 의미론적 디자인의 구축을 지향한 점이다. 그 구축의 방향성이 응축된 것이 1910년에 처음에는 겨우 350부만 인쇄되어, 야나기타의 친구들을 중심으로 읽혔던 『도노 모노가타리』다. 자비출판용 『도노 모노가타리』에는 본격적인 민속학에 착수하기 이전의 야나기타의 문학적 상상력이 농밀하게 담겨 있기도 하고(예를 들면 오쓰카 에이지는 이 책을 '아직은 민속학이 아닌 책'으로 평가하고 있다),[26] 학문적인 제어를 일탈한 교묘한 레토릭이 종횡으로 펼쳐져 있다.

주의해야 할 것은 야나기타가 무대로 삼아 고른 도노遠野라는 곳이 단순한 두메산골이 아니라는 것이다. 야나기타 연구자인 이시이 마사미石井正己, 1958~, 일본문학 연구자가 지적한 바에 따르면 도노는 난부 가문南部家, 무사 집안이 다스리는 문화적인 성곽도시城下町, 조카마치[27]로서 여러 지역과의 교역으로 번창했다. 특히 에도江戸와의 교류에 의해 도노에 많은 귀중한 문물이 유입되었고 번영의 증거가 되었다. '도노의 성곽 주변城下은 화려하고 소란스러운 거리다'(『도노 모노가타리』 서문)라는 한 구절은 과거의 여운이 야나기타가 살았던 메이지 시대에도 여전히 남아 있었다- 적어도 그와 같은 이미지를 야나기타가 강하게 감지하고 있었다-는 점을 시사한다.[28]

따라서 『도노 모노가타리』를 단순하게 낡고 낡은 전승의 집적으로 읽을 수는 없다. 오히려 그 안에는 각 지역의 문물의 왕래 속에서 뒤섞인

---

26. 오쓰카 에이지, 앞의 책.

*27. 일본 센고쿠 시대 이후 쇼군과 다이묘의 거점인 성을 중심으로 형성된 계획도시로 성의 방위시설, 행정도시, 상업도시 역할을 했다. 조카마치(城下町)는 '성 아래에 있는 마을'이라는 뜻이며 성곽 주위에 발전한 마을을 뜻한다.

28. 이시이 마사미石井正己, 『도노 모노가타리를 독해한다(遠野物語を読み解く)』, 平凡社新書, 2009, p.19.

정보가 일종의 '데이터베이스'로서 기록되어 있다. 『도노 모노가타리』에는 자시키와라시, 오시라사마, 오쿠나시사마, 곤게사마, 카구라사마 등 바로 이 작품에 의해 유명해진 신(정령) 외에 에도 시대에 도시에서 유행했던 갓파河童[29]나 텐구天狗[30]마저도 등장한다.[31] 즉 그 안에는 야나기타 시대의 도쿄 문화인에게 이미 친숙한 요괴의 데이터베이스와 완전히 미지인 변경의 세계에 보존된 데이터베이스가 혼재되어 있는 것이다. 『도노 모노가타리』에서 에피소드의 병치는 결과적으로 마치 멀리 떨어진 공간적인 차이를 압축한 것 같은 효과를 냈다.

또한 훗날의 『도노 모노가타리슈이遠野物語拾遺』[32]에서는 그 데이터베이스가 한층 더 양적으로 확장되어, 시공간의 거리를 무효화하는 듯한 시도가 보다 강화되어 있다. 『도노 모노가타리슈이』에는 가장 새로운 에피소드로 1928년(쇼와 3년)의 것이 첨가되어, 도노에서 일어난 인간과 동물, 신령의 교류가 오래된 데이터와 새로운 데이터가 서로 뒤섞인 채 기술되어 있다. 실제로 『도노 모노가타리』의 서문에 '이것은 눈앞에서 일어난 일이다', '요컨대 이 책의 내용은 현재 일어난 사실이다' 등이 반복되고

---

*29. 일본의 전설 속에 나오는 요괴이며 강, 호수, 바다에 사는 것으로 전해지는 상상의 동물. 바가지 머리형의 어린아이 모습에 머리 꼭대기가 움푹 패여 있고 그곳에 물이 고여 있는데 물이 마르면 죽는다고 한다.

*30. 일본 민간신앙에서 전승되어 온 요괴의 일종으로 얼굴은 붉고 코가 높으며, 높은 게타를 신고 큰 칼을 차고 손에는 깃털부채를 든 모습을 하고 있다고 전해진다.

31. 앞의 책, p.82.

*32. 1935년(쇼와 10년)에 재판된 『도노 모노가타리』의 증보 형태로 간행된 판이다. 『도노 모노가타리』의 속편을 출판하려고 준비하던 야나기타 구니오가 사사키 기센佐々木喜善으로부터 자료를 모았지만 원고량이 엄청났기 때문에 이야기를 선택하는 데 시간이 걸렸고 그 사이에 사사키 기센이 타계했기 때문에 한 권의 책이 아닌 『도노 모노가타리』 제2부 형태가 되었다.

있는 것처럼,[33] 이 작품은 바로 '지금'도 살아 있는 전승의 청취기록으로서 독자에게 제공되고 있다. 하지만 그것도 별로 과장은 아니다. 왜냐하면 당시 도노에서는 연중행사의 형태로 『도노 모노가타리』의 '옛날' 전승을 '지금' 재현하는 행사가 거행되었기 때문이다.[34] 말할 것도 없이 연중행사는 보통 시간적인 원근감을 없애는 데 유익하다.

에도와 도노, 먼 과거와 현재, 『도노 모노가타리』는 경험적인 시공을 잊게 만들고, 마치 상징적인 시공에 참여하는 듯한 착각-관통해서 전승해 온 듯한 착각=망각-을 그 레토릭이나 구성에 의해서 교묘하게 길들인다. 이러한 작품이 일본 문예의 역사에서 가장 영향력을 지닌 신화 중 하나였다는 것-더구나 그 에피소드는 종종 『도노 모노가타리』라는 출전=경험적인 유래를 빼더라도 유통될 수 있다는 것-은 매우 흥미로운 일이라고 할 수 있다.

수동성의 강조

『도노 모노가타리』는 시간적·공간적으로 떨어진 것들을 교묘하게 연결한다. 헌데 여기서 또 하나 주의해야 할 것은 거기에서 제시된 모든 정보는 야나기타가 타자로부터 청취한 얘기로 다뤄진다는 점이다. 『도노 모노가타리』는 상징화된 미디어로서의 성질을 띠고 있으며, 그러나 동시에 그 모든 것이 매우 좁은 범위의 커뮤니케이션의 산물이라는 것을 자기지시하고 있다. 예를 들면 서문의 머리말에는 다음과 같이 명시되어 있었다.

이 이야기는 모두 도노遠野 출신인 사사키 코세키佐々木鏡石 씨에게서 들었다.
지난 메이지 42년(1909) 2월 무렵부터 사사키 씨가 밤에 때때로 찾아와서 이

33. 『야나기타 구니오 전집 4』, ちくま文庫, 1989, p.11.
34. 이시이 마사미, 앞의 책. p.138.

얘기를 들려주고 내용을 필기하게 했다. 사사키 씨는 얘기를 썩 잘하는 편은 아니었으나 성실한 사람이다. 나도 한 구절도 가감하지 않고 듣고서 느낀 대로 쓴다. 생각건대 도노 지역遠野鄕에는 이런 이야기가 몇 백 건이나 있다. 우리는 보다 많은 이야기를 듣기를 간절히 원한다. 국내의 산촌으로 도노보다 훨씬 깊은 곳에는 또 무수한 산신산인의 전설이 있을 것이다. 원하건대 이것을 이야기로 전해서 평지 사람들을 전율케 하자. 이와 같은 책은 이것이 처음이다.[35]

오쓰카 에이지가 강조했듯이, 여기에 기록되어 있는 내용은 당시 야나기타 구니오 주변의 '괴담' 붐과 밀접한 연관이 있다. "아마도 '외국의 어떤 사람'에게 보낸다는 문헌은 『도노 모노가타리』의 공적인 의도를 시사하고 있지만 장정이나 서문을 편집한 취향은 이것이 작은 문학 서클에서 어떻게 읽히는가, 그 맥락을 집요할 정도로 시사하고 있다".[36] 즉 아주 친밀한 서클 안에서만 통할 사적인 문학이 어느샌가 널리 퍼져서 수용되었던 것, 거기에 『도노 모노가타리』의 특이성이 있다.

이 점을 감안하면, 『도노 모노가타리』라는 작품 전체가 일종의 세션의 기록처럼 보인다. 실제로 사사키 쿄세키와 야나기타 구니오의 만남에서 시작된 이 서장은 야나기타가 어디까지나 수동적인 필기자였음을 강조한다. 이 서장의 기술을 믿는다면 모든 오리지널 정보는 사사키의 수중에 있고, 야나기타는 그것을 아주 충실하게 복제한 것에 불과하다. 물론 필기할 때 어떠한 재구성이 있었던 것은 자명할 것이다. 다만, 여기서 강

---

35. 『야나기타 구니오 전집 4』, p.9.

36. 오쓰카 에이지, 앞의 책, p.49. 또한 당시의 괴담 붐에 관해서는 이시이 마사미 『도노 모노가타리의 탄생(遠野物語の誕生)』, ちくま学芸文庫, 1989, p.12에 자세히 나와 있다.

조해야 할 점은 야나기타가 『도노 모노가타리』를 어디까지나 '듣고 쓰기'로서, 즉 타자로부터 정보를 가져올 수 있었던 텍스트로서 구축하려고 했다는 것이다. 이러한 수동성의 감각은 일본 문학에서 종종 드러난다. 예를 들면 다음 장에서 논할 무라카미 하루키村上春樹, 1949~, 소설가 또한 '듣고 쓰기' 스타일을 매우 좋아하고 괴담 텍스트에도 강한 관심을 보였다. 이런 유형의 이야기의 억제, 즉 한 번 순수하게 '수신자'가 됨으로써 오히려 풍부한 신화를 말하게 한다는 역설은 주목할 만하다.

비교하기 위해, 미국 문학에서 신화의 사례를 살펴보겠다. '문학적 인류학'을 내걸고, 특이한 문학연구를 남긴 미국 학자 레슬리 피들러Leslie A. Fiedler, 1917~2003는 일찍이 '방위학적 연구'라는 관점으로, '미국에서 지리는 신화적인 의미를 지닌다'고 해석하며, '원래 처음부터 미국 작가들은 자신들의 나라를 네 가지 기본적인 직사각형-신화화된 북부, 남부, 동부, 서부-으로 말하자면 방위학적으로 정의하는 경향이 있었다. 따라서 거기에서 태어난 미국 문학도 그와 같은 구별을 지니게 되었다'라고 주장했다.[37] 피들러에 따르면 서부의 경우에는 와스프Wasp, 앵글로색슨계 백인 신교도와 원주민의 대립, 남부의 경우에는 고딕적인 것, 북부는 황량한 환경, 동부의 경우에는 유럽(구세계)으로의 귀환이라는 식으로, 미국 문학에서 동서남북은 각각 명확한 역사성을 담고 있다. 미국 문학은 이 지리 감각을 발판으로 고딕 소설이나 낭만주의 혹은 교양 있는 지식인 Highbrow 문학이나, 대중소설이라는 식으로 다양한 선분이 그어지는 풍부한 문학 공간을 창조했다. 미국인의 역사적 경험을 문학적으로 조형할 때 방위를 단서로 한다는 것은 매우 효과적인 기법이었던 것이다.

미국 문학에서는 사람들의 기본적인 신체 감각과 결부된 방위를 연장

---

37. 레슬리 피들러, 『사라져가는 미국인의 귀환(消えゆくアメリカ人の帰還)』, 渥美昭夫・酒本雅之 訳, 新潮社, 1989, p.15. [*The Return of the Vanishing American*, 1968].

하면 저절로 역사적인 지층이 부각된다. 적어도 피들러의 주장에서 도출된 것은 그러한 신화세계다. 개인의 일상에서 성숙된 방위 감각이 그대로 사회성을 지닌 문학으로 승화되어가는 것은 분명히 장점이라고 할 수 있다(실제로 지금도 미국 문학에는 로드무비적 소설이 뿌리 깊다). 하지만 그에 비해서 근대 일본 문학은 동서남북을 의식해도 거기에서 환기력이 있는 신화가 시작된 적은 없다. 우리가 지니고 있는 신체적인 감각을 어느 정도 총동원해도 그것을 타자와 공유 가능한 문학으로 승화시키기는 어려울 것이다. 강조하자면 일본 문화에서 성숙된 것은 '하늘'과의 종적 관계이지 수평적인 방위가 아니다.[38]

이렇게 보면, 야나기타 구니오의 '수동성'에는 왠지 모르게 본질적인 의미가 있다는 것을 발견할 수 있다. 예를 들면 야나기타는 만년의 『해상의 길海上の道』(1961)에서 확실히 남쪽 섬을 중심으로 한 방위학적인 신화(일본인의 남방기원설)를 말하고 있는데 그때조차 그의 필치는 유명한 〈야자나무 열매〉의 삽화에, 즉 바다 건너편에서 흘러온 야자열매에 이끌리지 않을 수 없었다. 우리 안의 감각을 총동원하더라도 그것은 아마도 어떠한 창작상의 근거에는 결부되지 않을 것이다. 가령 창작의 출발점이 있다면 그것은 어디까지나 **건너편에서 온 것**에 응답하는 데 있다. 적어도 『도노 모노가타리』에서 『해상의 길』에 이르는 야나기타의 문학성에는 그

---

38. 가령 평론가 나카마타 아키오仲俣暁生는 최근 『극서문학론(極西文學論): *West way to the world*』, 晶文社, 2004이라는 타이틀의 일본 문학론을 간행했다. 나카마타의 관심은 미국의 극서(극동이 아닌 극서)에 편입된 일본 문학의 과거와 미래를 질문하는 것이다. 그럼에도 이 저서는 오히려 미국에서 본 '서쪽'이라는 방위가 일본인 작가들에게 공유되는 신화를 **완전히 대체하지 못한다**는 것을 잘 보여준다. 나카마타의 논의를 되짚어보면, '서쪽'에 집착하는 것은 역시 미국인 쪽이고, 오히려 일본인 작가는 하늘에서 본 시점과의 관계에서 문학을 조직하는 것으로 보인다. 실제로 나카마타가 요시모토 다카아키吉本隆明의 「하이 이미지론(ハイ・イメージ論)」을 참조했을 때 거기에는 하늘에서 보는 것과 지상에서 보이는 것이라는 종적 관계가 그야말로 강조되어 있었다.

와 같은 수동성이 각인되어 있다.

　반복하지만 『도노 모노가타리』는 (혹은 『해상의 길』도) 일반적인 시공간의 원근감을 파괴한다. 그러나 시공을 관통하는 그 상징적인 신화는 야나기타의 내적인 감각에서 생겨난 것이 아니라, 어디까지나 외부세계로부터 데이터의 축적을 통해서 받아들여야 했다. 여기서 의사擬似 종교＝의미론적 디자인이 '불확실성의 흡수'를 지향한다는 점을 상기한다면, 야나기타의 신화는 자못 시사적이다. 우리는 좋든 싫든 개인과 사회를 유기적으로 연결할 수 없다. 따라서 한 번 외부의 불확실한 목소리를 '듣는다'는 자세를 취하고서야 비로소 타자와 공유 가능한 이야기를 지어낼 수 있다. 이러한 거듭된 '접종接種'에 의해 디자인된 야나기타의 작품은 과거의 종교가 무너진 뒤 의사 종교적인 작품의 한 모델을 제시하게된 것 같다.

＊

숨 가쁘게 논지를 내달려 왔는데 이번 장의 논지를 명확히 정리하기 위해 다시 요점을 요약해보겠다. 네트워크를 확장하는 상상의 힘에 대해서 네트워크를 응축하는 상징의 힘을 평가하는 것, 그것이 이번 장의 과제였다. 그때, 사회에서 힘의 유형으로서 초월적으로 군림하는, 죽게 만드는 권력 대신에 살게 내버려두는 권력의 편재를 간과할 수 없다. 그 생명권력에 기댄 형태로 네트워크의 힘도 움직인다. 자기조직화나 구조화가 각각의 역할을 맡는 한편, 여러 영역을 관통하는 상징적으로 일반화된 커뮤니케이션 미디어가 점차 사회에 뿌리내린다.

　특히 문화에 관련된 지점에서는 의사 종교의 문제가 중요하다. 예전의 종교적＝신화적 시스템은 역설을 자양분으로 삼았다. 그런데 나날이 복잡해지는 오늘날의 사회에서는 의사 종교를 형성하는 데도 딱 한 번의 역설의 접종接種으로는 충분하지 않다. 그런 점에서 본다면 어디까지나 타자의 목소리를 '듣는' 자세를 취하고, 실제 속편까지도 간행하게 된 『도노 모노가타리』는 의사 종교적인 디자인이 가능한 방향성을 보여준다. 이 작품이 근대 일본 문예의 중요한 거점 중 하나가 된 데는 그럴 만한 이유가 있다.

'머리말'에서 언급했듯이 우리는 자칫하면 작은 정보 루프에 말려들기 쉬운 존재다. 특히 일본처럼 '인간이란 무엇인가', '문화란 무엇인가' 하는 식의 커뮤니케이션이 성장하기 어려운 나라에서는 그 루프의 규모가 한층 작아진다. 따라서 우리는 어디까지나 네트워크화나 서브컬처화를 전제로 하면서도 그 전체에 간섭할 수 있는 힘, 즉 상상과 상징, 네트워크의 확대와 축약의 가능성을 앞으로도 모색해야 할 것이다. 이러한 문제의식을 이어가면서 다음 장과 그 다음 장에서는 논지의 각도를 약간 바꿔보기로 한다. 구체적으로는 커뮤니케이션의 개념을 검토하면서 문화의 '생태학'과 '미학'의 문제를 오로지 문학을 단서로 탐구하는 것이 다음 과제다.

제4장 네트워크 시대의 문학 - 무라카미 하루키 전후

이번 장의 주제는 문학인데 우선 커뮤니케이션을 '반복성[중복성]의 확대'라고 규정하는 지점에서 출발한다. 인간끼리의 커뮤니케이션의 밑바탕에는 리얼리티의 단위가 되는 패턴(=반복성)을 분자 상태로 구분해가는 엄청난 커뮤니케이션 회로가 흐르고 있고, 그것이 우리에게 '유의미'한 세계를 구성한다. 이번 장에서는 그와 같은 미시적인 커뮤니케이션의 세계를, 가장 무방비하게 전개하고 있는 문학 장르로서 라이트노벨과 휴대폰소설을 다룬다. 그리고 그것들보다 먼저 무라카미 하루키를, 리얼리티가 얼룩으로 구성된 세계를 추출한 신화 작가로서 위치시킨다.

또한 무라카미의 '전사前史'에는 미국 하드보일드 작가 레이먼드 챈들러가 있다. 챈들러는 '풍요로운 사회affluent society'(갈브레이드J.K. Galbraith)에서 살아가는 새로운 유형의 주체성을 묘사해냈고, 그것이 무라카미에게 격세유전적으로 전승되었다. 무엇보다 역사란 직선적인 진화의 산물이 아니라 단속적인 변환의 누적임에 틀림없다. 무라카미 전후前後의 문학사는 그러한 누적적인 역사의 이미지像를 잘 말해준다.

이번 장의 주제는 문학의 신화론적 분석이다. 여기서 문학을 다루는 것은 첫째로 문학이 다른 장르에 비해 독특한 역사를 거쳐왔다는 데 기인한다. 특히 근대 이후의 문학은 '세속화'의 영향을 집중적으로 받았다. 그 결과, 현재의 문학은 대체로 저렴하고 판매망도 확립되어 있으며, 또한 공공시설(도서관)에서의 보존도 약속된 풍요로운 재화로서 사람들에게 제시된다. 문학의 최대 무기는, 높은 접근성에 있다고 해도 지나친 말이 아니다. 그와 동시에 이 유물론적인 조건은 문학에서 신비성이나 아우라aura를 상당 부분 벗겨내고 있다. 퇴색한 아우라를 무리하게 회복하는 것은 이미 문학가의 앞으로 할 일에 포함되기 어려울 것이다.

대부분의 비평가는 이러한 세속화의 진전에 대해 강한 심리적 혐오감을 느낀다. 그 심정은 이해할 수 있지만, 아마도 그 과정은 불가역적이며, 일부 비평가의 혐오 정도로 해결될 문제가 아니다. 그래서 나는 오히려 **철저한** 세속화로 인해 드러나는 것에 주의를 환기하려고 한다. 이번 장에서는 문학의 세속화가 점차 진행되면 거기에는 오히려 새로운 사회성이 보충되는 것이 아닐까 하는 물음을 밀고 나아간다.

물론 그 문제의식을 충분히 전개하려면 그것만 해도 책 한 권이 필요하다. 그런 점에서 이번 장의 논지는 결코 그 내용을 망라할 수는 없지만 분석의 실마리를 제공하는 정도라면 충분히 가능할 것이다. 구체적으로는 라이트노벨이나 휴대폰소설로 대표되는 새로운 펄프픽션(제2절) 및 그것과도 관련이 깊은 무라카미 하루키의 문학(제3절), 그리고 그 무라카미의 전사에 해당하는 하드보일드 소설(제4절)에 주목하고, 신화화된 문학의 위상을 탐색해간다(내용이 약간 길게 서술되는 장이니까 독자는 자신의 관심에 맞게 적절하게 건너뛰면서 읽어도 괜찮다). 다만, 그 전에 문학에 대해 생각하기 위한 전제조건을 대충 복습해둬야 한다(제1절).

1 커뮤니케이션의 지평

커뮤니케이션의 재규정

문학의 세속화 혹은 상업화가 진전되는 것은 '커뮤니케이션'이라는 주제가 급부상한 것과 관련이 있다. 실제로 요즘 하루도 빠짐없이 커뮤니케이션이라는 말을 듣는다. 헌데, 커뮤니케이션이란 도대체 뭘까.

그 물음에 대한 답변은 커뮤니케이션을 어떠한 좌표에서 관찰하느냐에 따라 달라진다. 예를 들면 당사자(송신자 혹은 수신자)의 좌표에서 보면 커뮤니케이션이란 한쪽에서 다른 한쪽으로 정보를 전달하는 것이다. 그러나 그 활동을 한층 상위에서 관찰해보자. 그러면 거기에는 송신자와 수신자가 말하자면 '협동'하여, 예측 가능한 패턴을 늘리고 있는 세계가 떠오른다. 예를 들면 A의 송신용지에 쓰인 정보가 B의 수신용지에 재현된다는 것, 이것은 하나의 패턴 형성이다. A와 B의 대화가 오고가는 것이 지속되면 이 패턴은 모두 정착되어 정보를 이해할 때 중요한 단서로 작용할 것이다. 물론 그 패턴이 그들의 커뮤니케이션을 벗어나서 C, D, E……로 이어질지 어떨지는 알 수 없다. 그러나 이렇게 하고 있는 지금도 세계는 서로 연락을 주고받고 있는 무수한 커뮤니케이션에서 무수한 패턴이 살아남아 다음 세대로 건네진다는 사실은 분명하다. 정보공학의 어휘를 끌어오면 생태학적 혹은 시스템론적인 관점에서, 무작위 이상의 확률로 추량할 수 있는 이런 종류의 패턴은 '반복성'이라고 불리며, 커뮤니케이션은 '반복성의 확대'로서 파악된다.[1]

이런 유형의 반복성의 효용은 한 마디로 말하면 자기복원 능력의 획득에 있다. 실제로 반복성=패턴이 축적되지 않으면 이 세계에 대한 문제해결의 단서(예측 가능성)가 망실되어버릴 것이라는 사실은 쉽게 상상할 수 있다. 특히 불확정성이나 복잡성이 증가한 오늘날의 사회에서는 더더욱 에러나 노이즈의 침입으로도 파괴되지 않는, 말하자면 '탄성'을 구비한 패턴을 채워넣는 것이 급선무다.

가령 th(×)라는 한 문자가 빠진 문자배열도 그것이 영어라고 이해한다면 아마 the일 거라는 높은 개연성에 의해 빠진 문자를 알아맞힐 수 있다. 마찬가지로 암호해독에서의 빈도분석(영어라면 e,t,a……의 순서로 출현빈도가 높다)도 수많은 커뮤니케이션을 통해 영어에 갖춰져 있는 반복성을 이용하고 있다. 또한 다른 발전적인 사례로 앞 장에서 다룬 미국 문학의 특질을 여기서 상기해도 좋을 것이다. 개개인에게 축적된 아주 기본적인 방위 감각을 연장해서 동서남북을 주제로 삼은 소설을 쓴다, 이것 또한 개인과 문학사에 걸쳐서 농축된 패턴을 활용하는 것이다. 생태학적 혹은 시스템론적 관점에서 보면, 인간이 주역으로 나오지 않는 정보처리 프로세스도-예를 들면 지금 말한 문학의 역사적 경향성 같은 것에서부

---

1. 베이트슨은 『정신의 생태학』에서 이렇게 서술한다. "실제로 커뮤니케이트하는 것은 반복성과 패턴을 낳는 것과 같은 뜻이 아닐까?", "A의 행위와 B의 행위가 함께 행해짐으로써, 관찰자에게 우주를, 보다 예측 가능한, 보다 질서 있는, 보다 '반복'된 것으로 만든다. 혹은 이렇게 말할 수 있다. 'A라는 종이에 쓰인 것과 B라는 종이에 쓰인 것이 일치한다는 것은 관찰자에게는 기이하고 확률적으로 거의 일어날 수 없는 일인데 A와 B가 연기하는 〈게임〉의 규칙에 의해서 그것이 설명된다'라고"(p.542).

터 생체의 신경생리학적인 시스템까지- 폭넓게 커뮤니케이션, 즉 노이즈에 대한 자기복원기능 획득 프로세스에 포함시킬 수 있다.

말할 것도 없이, 그와 같은 패턴은 우리의 합의에 의해 획득된 것이 아니다. 패턴(반복성)은 어디까지나 커뮤니케이션을 통해서 어느샌가 획득되고, 어느샌가 사회에 만연해진다. 그리고 그 반복성이 막대한 정보를 잘 감축해준다. 그것이 없으면 우리는 불확정성의 바다에서 익사해버릴 것이다.

어쨌든 어떤 주제가 개인의 범위 내에서 농축되고, 또 그것이 다른 사람의 범위 내에서 복제copy되어 하나의 통합=단위로서 사회적으로 성립되었다가 시간이 지나면 모두 흩어져버리는, 그것이야말로 커뮤니케이션의 역사다. 사회의 여러 제도는 그 통합=단위를 인위적으로 유지하거나 혹은 확대하거나 하는 것에 기여한다.

공동주관에서 커뮤니케이션으로

이와 같이 생태학 혹은 시스템론에 의해 파악된 세계는 패턴(반복성)의 직물이다. 우리는 패턴으로서 결정화된 것은 인식할 수 있으나 그렇지 않은 것은 처음부터 인식할 수 없다. 이러한 **얼룩무늬의 리얼리티**가 마침내 선명해진다는 것이 아마 최근의 상황일 것이다. 매우 단순화해서 말하자면 앞으로 주체에 대한 객체의 우위라는 문제가 대두하게 된다.

지금까지 많은 인문계 이론들은 어떻게 해서 주체에 공통의 인식구조가 포맷되는가 하는 문제를 자주 다뤄왔다. 예를 들면 무지개의 색깔이나 개가 짖는 소리가 각 문화권마다 다르다는 누구나 다 알고 있는 이야기가 그에 해당한다. 구체적으로는 일본어로는 개가 왕왕 짖고 영어로는 바우와우라고 짖는다는 사례를 상기하면 된다. 여기서 말하는 문화는 이른바 '공동주관'이라고 불리며 여러 사람의 인식방법을 어떤 일정한 방향으로 정리하는 것을 의미한다. 이런 사고방식으로 볼 때, 문화적 차이는 인식구조framework의 차이로서 이해된다. 반대로 그 공동주관의 포맷에 실패한 사람은 '분열병'(스키조프레니)이 된다.

반면 생태학적 혹은 시스템론적인 패러다임은 **우리가 어떠한 인식능력을 지녔다고 해도**(분열병이든 아니든), 그 인식의 범위는 결국 패턴화된 세계에만 영향을 미친다는 것이다. 다시 말하면 커뮤니케이션을 통해서 발생한 덩어리=단위가 인식할 수 있는 세계의 한계를 결정하는 것이다(또 그것은 인간에게만 한정되는 것이 아니라 동물도 마찬가지다). 그렇기 때문에 그 점에서는 과잉의 자리매김도 달라진다. 예전의 과잉=분열병에 해당하는 것은 새로운 패러다임에서는 아마도 객관적인 덩어리=단위(반복성)를 양성하는 데 실패해버리는 것, 혹은 거기에 무언가가 강력하게 간섭하는 것이다. 특히 제5장에서 다루는 루이스 캐럴은 바로 그 실패를 숙명적으로 떠맡은 캐릭터, 즉 시간을 '살육'했기 때문에 의미의 단위를 구축할 수 없는 3월 토끼나 모자장수에 '광기'의 이름을 부여했다. 패러다임이 변하면 광기의 문학적 증후도 달라진다.

어쨌든 우선 세계에 어느 정도 살을 붙이지 않으면 인식할 수 없다. 이렇게 해서 커뮤니케이션이 공동주관보다 훨씬 우세하게 된다.[2] 즉 인식구조(주관적 레벨)를 운운하기 이전에 어떤 인식의 단위(객관적 레벨)가 어떻게 시작되는지에 대한 관찰이 우선적인 과제가 된 것이다. 여기저기 결함이 생기고 거의 벌레 먹은 상태가 된 문자배열도 반복성을 단서로 하

----

2. 예를 들면, 루만은 '간주관성이 커뮤니케이션인가'라는 물음을 던지며, '사회 시스템의 자기참조에 입각하여 전개된 자립적인 커뮤니케이션 이론에서는 간주관성이라는 단서는 전혀 필요 없다'고 단정한다. 『포스트휴먼의 인간론(ポストヒューマンの人間論)』, 村上淳一 訳, 東京大学出版会, 2007, p.184. [*Wiesbaden : VS Verlag für Sozialwissenschaften*, 2005].

면 복원하여 읽어낼 수 있다. 불확실성이나 위험으로 가득 찬 우리 세계는 그 구멍투성이 세계에 어떠한 패턴=반복성을 채워넣게 된 것이다. 이것은 20세기 이후의 표현을 보면 쉽게 이해할 수 있다.[3]

다시 말하면 사고의 기준이 주체에서 객체로 이동한다는 것은 비평적 기준 또한 그에 따라서 변화한다는 것을 의미한다. 비평적인 작가는 첫째 벌레 먹은 것투성이인 세계를 전제로 하고 둘째 그 벌레 먹은 상태에 패턴을 다시 덮어씌워가는 신화를 제시해야만 한다. 이 두 가지 측면을 동시에 나타내는 신화소-즉, 무너지기 쉽고 또한 재결합하기 쉬운 기호-와 같은 이중성을 갖춘 무언가를 발견하는 것이 생태학적=시스템론적인 세계에서의 비평행위가 된다.

굴절효과

그리고 여기서 주의할 점은 그 패턴 형성이 종종 '집단적'으로 이뤄지기 쉽다는 것이다. 예를 들면 앞에서 서술했듯이, 오늘날의 사회에서는 종종 집단 소비가 그대로 창조행위로 피드백되는데 이러한 순환은 '세계'에 살을 붙이고 패턴화하는 데 유익하다. 한 사람의 힘보다도 복수의 욕망의 힘을 정리해가는 쪽이 리얼리티를 확립하는 데는 종종 더 적합한

---

3. 특히 이것은 회화에서 매우 뚜렷이 드러난다. 가령 20세기의 화가(샤갈, 피카소 등)는 똑같은 모티프를 몇 번이고 반복해서 다뤘다. 이것은 종교화의 보완이라고 생각하면 이해하기 쉽다. 종교화는 성서의 에피소드를 제재로 숭상하면서 르네상스 시대 전후에 전개된 회화적 실험을 용이하게 해주었다. 성서란 하나하나의 장면이 드라마틱으로 농축된, 환기력이 강한 패턴의 집적이다. 그 안에서는 만든 자와 수용하는 자가 공유할 수 있는 장이 만들어진다. 반대로 성서의 모티프에서 해방된 근대 화가는 말하자면 자기가 직접 반복성을 조달해야만 하고, 그것을 위해 똑같은 모티프를 일관되게 그리고 그것을 조금씩 변화시키는 기법이 출현하게 된다. 큰 변이를 일으키려면 우선 반복성을 획득해야 한다.

것이다.

실제로 개인 능력에만 의지하면 아무래도 '직관'에 의한 편향이 생긴
다. 어떤 물리학자에 따르면 '직관이라는 흐름에 저항해서 헤엄치는 것
은 곤란한 일이다. [……] 인간의 머리는 사건 하나에 대해서 하나의 명
확한 원인을 특정하도록 만들어졌기 때문에 관련 없는, 혹은 무질서한
요소의 영향을 받아들이는 것은 쉽지 않다'(레오나르드 플로디노프Leonard
Mlodinow).[4] 물론 집단이라고 해도, 이런 종류의 인지 편견에서 벗어나는
것은 아니다. 단지 모종의 집합적인 신화는 제2장에서 언급한 '똑같으면
똑같을수록 많이 변하는' 유형의 작품이 그러하듯이, 외부세계의 에러를
포착하는 것(변화)과 패턴을 형성하는 것(동일성)을 종종 절묘하게 양립
시킨다. 우리 사회는 타자와의 통신상의 장해나 트러블 가능성을 없애
지 않는다. 따라서 우리는 그 노이즈=불확실성을 수신하고 또한 플러스
로 바꾸는 '의미론적 디자인'을 탐사해야 할 것이다.

(※) 여기서 그 디자인의 원리를 위치 짓기 위해 약간 원칙적인 논지를
삽입해두겠다(거추장스럽게 느끼는 독자는 이 내용은 그냥 넘겨도 괜찮다).
예를 들면 앞 장에서 예로 들었던 기하학, 음악, 화폐, 법은 상징적인
면역계를 구성하고 있어서 외부세계의 침입에 의해서도 쉽게 흔들리지
않는다. 사회를 뒤흔드는 큰 사건이 일어났다고 해도, 그것에 의해 법
이나 음악 시스템 자체가 무너져서는 안 된다. 이것은 사회의 기능분
화가 진전되다 보면 도달하게 되는 하나의 귀결이다.
그렇긴 해도, 외부세계가 전혀 아무런 작용도 미치지 않는다는 뜻은

---

4. 레오나르드 플로디노프, 『이따금-일상에 숨은 '우연'을 과학한다(たまたま-日常に
潜む「偶然」を科学する)』, 田中三彦 訳, ダイヤモンド社, 2009, p.6. [*The drunkard's
walk: How randomness rules our lives*, 2008].

아니다. 프랑스 사회학자 부르디외의 말을 빌리면, 거기에는 '굴절효과'가 작용하기 때문이다.[5]

예를 들면 지금 당신이 맨션에 살고 있고 천장에서 어떤 진동을 느낀다고 하자. 그것은 윗집 주인이 무의미하게 뛰어다니는 것일지도 모르고, 혹은 강도와 격투하고 있는 것일지도 모른다. 또는 친구와 야단법석을 떨고 있을지도 모른다. 그 입력이 실제로 무엇이든, 모든 것은 '천장의 진동'이라는 정보로 교환=굴절되어 당신에게 전달된다. 당신은 그것 때문에 위층으로 화를 내러 갈지도 모르고, 체념하고 자려 할지도 모르고, 혹은 경찰에 전화할지도 모른다. 어쨌든, 당신의 행동은 가능한 범위 안에서 달라진다.

이 단순한 사례를 통해 세 가지 요점을 끌어낼 수 있을 것이다. 우선 천장은 어지간히 튼튼해야 한다. 발로 차서 무너지면 한순간에 모두 무질서(카오스)한 상태가 되고 시스템은 단순히 기능불능에 빠질 뿐이다. 다음으로 천장은 진동을 전달할 수 있을 정도로 얇아야 한다. 외부세계의 정보가 전혀 전달되지 않으면 시스템(행동)은 정지된 상태 그대로일 뿐이다. 마지막으로 당신은 복수의 행동패턴을 확보해야만 한다. 예를 들어 만일 당신이 의자에 묶여 있다면 천장이 어떻게 되든 시스템은 역시 정지된 상태 그대로다. 이런 경우, 천장의 강도나 재질, 즉 '디자인'이 외부세계의 '굴절률'을 결정하고 당신의 가능 범위에 간섭한다.

개개의 시스템은 기능분화하며, 각각 폐쇄되어 있는 것인데, 그럼에도 외부세계로부터의 진동이나 리듬을 감지하고, 그것을 굴절시키고, 내적인 조정 메커니즘을 작동하게 한다. 따라서 기능분화가 진전된 사

5. 피에르 부르디외, 『실천이성(実践理性)』, 加藤晴久 他訳, 藤原書店, 2007, p.83. [*Raisons pratiques:sur la théorie de l'action*, 1994].

회에서는 문화나 예술이 만드는 신화가 자연히 '우화寓話'에 가까워질 것이다. 외부세계의 정보는 시스템 내부에 굴절되어 쌓인다. 현실의 사건을 있는 그대로 받아들인다는 것은 어차피 불가능하다. 어디까지나 굴절률의 정도에 따라서 우화의 형태가 변화할 뿐이다. 구체적으로는 작품 주제, 독서 관습, 출판상의 규약, 법적 규제, 장르의 사회적 질서 부여, 유통 기반 등의 여러 코드가 이른바 '프리즘'을 끊임없이 재구성하고, 환경정보를 굴절시킨다. 이것은 우리의 해독행위나 평가행위가 점점 피드백에 끌려들어가는 정보론적 세계-이 책에서 말하는 방식에 따르자면 '하이퍼리얼한 신화'로 가득 찬 세계-의 등장을 의미한다.

덧붙인다면 그렇기 때문에 이른바 '계몽'의 뜻도 크게 달라질 것이다. 지금까지의 사고방식으로 말하자면 계몽이란 종교의 몽매를 초월하는 것을 지향하는 이성의 프로젝트였다. 그러나 오늘날의 계몽은 어떠한 확실성에 도달하기보다도 오히려 사회의 불확실성을 처리할 동기부여의 배양을 중요시한다. 다시 말하면 사회에 대해서 어떻게 가르치는가 이상으로 **사회에서 어떻게 배우는가** 하는 문제의식을 높이는 것이 오히려 계몽의 일이 된다.[6]

'체인질링'서사

그렇다면 사회의 불확실성을 수신하고 재再처리하는 집단적인 디자인(집단언어)으로서 도대체 어떠한 것을 거론할 수 있을까. 즉, 이 벌레 먹은

---

6. 이 점에서 계몽은 말하자면 '시'와 비슷한 것이라고 할 수 있다. 시란 일반적인 언어 사용의 논리에서 벗어나는 다른 종류의 이론을 추출하는 장르다. 마찬가지로 계몽도 말하자면 전(前)논리적인 논리를 사회에서 검출하는 것을 목표로 한다. 아트, 비평이라는 '제도'는 바로 그 검출 비용을 절감하는 데 유익하다.

상태의 세계에서 어떻게 리얼리티를 구성하면 좋을까.

우선 문학에 대해서는 크게 두 가지 관점에서, 즉 작품의 '주제'라는 관점과 작품의 '글쓰기 방식書式'이라는 관점에서 그 물음에 접근할 수 있다. 이번 장에서는 그중에서도 '글쓰기 방식' 쪽에 지면을 할애할 터인데 우선 '주제'에 대해서 조금만 다뤄볼까 한다. 불확실성을 강하게 수신하기 마련인 주제라고 하면 역시 '친밀권'(농밀한 사적관계의 영역)을 빼놓을 수 없다. 실은 친밀권의 질적 변화에 대해서는 이미 다양한 각도에서 다양한 지적이 행해졌다.

예를 들면 사회학자 앤소니 기든스Anthony Giddens, 1938~가 말했듯이, 근대사회는 공적 영역의 민주화(누구든 자유롭게 의견을 발신하고 생존의 여러 권리를 보증받는다는 것)와 더불어 **사적 영역의 민주화**를 추진했다. 충분히 리버럴화된 사회는 원칙적으로 개개인의 인간끼리의 관계성에는 참견할 수 없다. 신체적/정신적 학대와 같은 특수한 상황을 발생시키지 않는 한도에서 인간관계의 다원성이 존중된다.[7] 그러나 반대로 생각해보면 관계성 그 자체는 확고한 발판을 갖지 못하고, 약간 추상적인-기든스의 견해를 빌리면, '순수한'- 것이 되어간다고 할 수밖에 없기도 하다.

그 점에서 보면 사적인 관계성이 미디어의 영향을 받기 마련이라는 점도 당연하다. 추상적인 관계성에 살을 붙여갈 때에는 우선 그 시대마다 미디어화된 환상을 단서로 출발하는 것이 가장 수월하기 때문이다. 관계의 매칭 확률을 높이려면 서로 공통적으로 갖고 있다고 생각되는 미디

---

7. 앤소니 기든스, 『친밀성의 변용(親密性の変容)』, 松尾精文·松川昭子 訳, 而立書房, 1995. [The Transformation of Intimacy: Sexuality, Love, and Eroticism in Modern Societies, 2005]에서는 이렇게 말한다. '감정에 의한 학대의 회피는 관계성에서 권력의 평등화라는 아마도 실현하기 가장 어려운 측면일 것이다'(p.279). 실제로 최근 문학에서는 '학대'를 주제로 하는 작품이 때로 등장한다. 다만 이런 작품은 관계성 그 자체가 상당히 자유롭고 학대만 금기가 된다는 약간 소박한 표출에 그친다.

어 체험이 의지가 된다. 혹은 앞 장에서 기록한 수명이 짧은 미디어처럼 서서히 정보를 쏟아내는 가운데 이따금 매칭이 발생하면 좋다는 정도의 '느슨한' 방식이 사적인 관계성의 바탕으로 널리 받아들여지게 된다.

여기서 요점은 그 미디어적 환상이 **시간적인 매개변수**와 깊은 관련을 맺기 시작한다는 점이다. 실제로 네트워크 사회에서는 시간적 일치(just in time, 適時)='마침 그 자리에 있는 것'의 원칙이 친밀한 공동성을 맺는 데 하나의 열쇠가 된다. 그중에서도 가장 간략하고 확실한 미디어 체험은 '리듬감[리듬타기](ノリ)'을 바탕으로 한 유대감일 것이다. 리듬감[리듬타기] 은 맞다, 맞지 않는다를 순식간에 판단할 수 있기 때문이다.

이상의 내용은 좀 더 파고 들어간다면 단순한 순간적인 일치가 아니라 보다 지속적인 시간의 점유가 친밀권의 형성에서 중요하다는 사실도 함의하고 있을 것이다. 그 점에서 가장 기초적인 친밀권인 '가족'의 문제에 새로운 빛을 비춰줄 수 있다. 가족은 임의화任意化되는 사적 영역의 커뮤니케이션에서 거의 유일하게 오랜 기간에 걸쳐서 지속되는 관계다. 여기서 문학가가 가족을 다룬 사례를 하나만 살펴본다.

문명을 냉소적인 필치로 묘사하는 것으로 정평이 나 있는 여성 작가 도리스 레싱Doris Lessing, 1919~2013은 1988년 간행된 『파괴자 벤의 탄생』 (원제 『다섯째 아이』)에서 평범한 가정에 고블린goblin 같은 돌연변이 기형아가 태어나서, 그때까지 평온했던 가족을 철저하게 붕괴시키는 얘기를 그렸다. 화기애애하게 살아가던 아버지와 네 명의 형제자매는 새로 태어난 이 어린애에게 혐오감을 드러내고, 결국 집안사람들은 모두 그를 멀리한다. 한편 어머니 해리엇은 그 기분 나쁜 아이를 일단 시설에 맡기지만(그것은 사실상 유기와 다름없다), 결정적인 파멸을 자초하는 것이 불을 보듯 뻔한데도 다시 한 번 그 아이를 집으로 데려오기로 결정한다. 그리고 당연한 결과로 가족은 뿔뿔이 흩어지게 되고 예전의 정과 사랑이 넘치는 가정은 흔적도 없이 사라져버린다. 그 결말에는 아무런 구원도 없다. 많은 독자에게 이 소설은 매우 뒤끝이 안 좋은 나쁜 작품으로 비춰질 것이다.

그러나 그것은 오로지 레싱이 유아의 출생을 무언가 형이상학적인 사건으로 파악하고 있는 데서 유래한다. '그녀(해리엇)의 생활의 긴장이 마치 그녀에게서 육체를 한 겹 벗겨내는 것 같았다―그것은 현실의 육체가 아니라, 아마도 형이상학적인 것이며 그것이 사라져버리기 전에는 눈에 보이지 않고, 그 존재도 알아차릴 수 없는 것이었다.'[8] 해리엇이 수난의 길을 선택하는 그 과정은 어쩔 수 없이 그렇게 할 수밖에 없는 부조리한 충동으로 일관되고 있다. 분명 그대로 시설에 맡긴다 해도, 그녀는 어린애를 버린 죄책감을 평생 잊을 수 없을 것이다. 해리엇과 같은 선량한 어머니로서는 어린애를 유기한다는 선택은 사실상 있을 수 없는 일이다.

거기에는 출생이라는 사실이 지닌 일종의 강제력이 우의적으로 제시된다. 즉, 이 작품에 제시되어 있는 것은 삶이 지닌 일종의 그로테스크함과 동시에 타자의 삶(태어나 버려진 것)의 **불가피성**이다. 새로운 생명은 종종 놀라울 정도로 오랜 기간에 걸쳐서 집안(친척)의 시간을 계속 점유한다. 더구나 해리엇과 같은 중산층에게는 가족(어린애)의 삶의 방향 자체가 상당한 정도로 임의화되어 있다. 가업을 잇게 한다거나 가족이 살아가는 데 귀중한 노동력으로서 제 몫을 할 것이라는 기대 없이, 어떻게든 자랄 거라는 추상적이고 계산이 서지 않는 존재. 레싱이 묘사하는 벤에는 그 정체모를 어린애의 리얼이 응축되어 있다.

이와 같이 생각한다면 레싱 소설의 배경에 있는 '뒤바뀐 아이(체인질링 Changeling)'(요정에 의해 뒤바뀐 보기 흉한 아이)와 같은 오래된 민속folklore

---

8. 도리스 레싱, 『파괴자 벤의 탄생(破壊者ベンの誕生)』, 上田和夫 訳, 新潮文庫, 1994, p.192. [*The Fifth Child*, 1988].

주제가 최근 오에 겐자부로大江健三郎, 1935~나 클린트 이스트우드Clint Eastwood, 1930~의 손에 의해 가족 신화로서 다시 재생된 것도 그다지 기이한 현상은 아니다. 이 세계에 출생하는 것은 타자(집안/친척)의 시간을 크든 적든 '점유'한다. '체인질링'의 우화는 그 사실성을 강하게 감지한다. 즉 출생한 존재에 의해 자신의 인생을 '선택'받는 강제력이나 불안을 나타내는 데에 최적의 서사적 장치로 체인질링이 시행된 것이다(덧붙이자면, 많은 정형적인 서사가 어린애의 시점에서 쓰이고 있는데 체인질링은 그것을 반전시키고 있다는 점에서도 매우 흥미롭다). 그런 의미에서 레싱이 체인질링의 우화에서 '형이상학적'인 차원을 발견한 것은 혜안이라고 할 수 있다.

2 라이트노벨과 휴대폰소설

생태학적 관점에서 말하자면, 오늘의 '현실'은 에러와 패턴(반복성), 불확실성과 신화의 구성으로 이루어져 있다. 우리는 이 양자를 어디까지나 동시에 파악할 수밖에 없다. 리버럴화=임의화된 사적 영역에 살을 붙이고, 거기서 발생하는 구속성에 대한 불안을 농축하는 주제(체인질링)는 그 '현실'의 양면성을 부각시키는 후보로서 유력하다.

다만 조금 전에 말한 '집단언어'라는 관점에서 보면, 역시 주제 이상으로 '글쓰기 방식'의 변화에, 조금 넓게 말하면 작품을 구축하는 스타일의 변화에 착안해야 할 것이다. 앞으로 살펴보겠지만, 어떤 집단언어는 글로벌화가 진전되는 과정에서 때로는 국경을 초월하여 널리 유포된다. 이를 보면 문화적인 커뮤니케이션의 정의도 크게 변하고 있다고 생각된다. 커뮤니케이션이 반복성을 만연시킨다면, 그 '만연'을 저지하는 스타일이 무엇인지를 찾을 필요가 있을 것이다.

신종 펄프픽션

문학의 글로벌화는 지금 시작된 얘기가 아니다. 원래 20세기 소설사를

거시적으로 훑어보면, 그것은 영어권의 서브컬처가 점차 글로벌화해가는 역사이기도 했다. 미스터리, SF, 호러 등과 같은 장르는 종종 이른바 펄프픽션, 즉 한 번 읽고 버리는 시간 때우기용 가벼운 문학 양식으로서 대량으로 유포되었다. 그러나 펄프픽션이 20세기를 통해서 탈지역적으로 지지를 얻고,[9] 레이먼드 챈들러Raymond Chandler나 스티븐 킹Stephen King, 필립 K 딕Philip K. Dick과 같은 작가를 배출한 것과 비교하면, 일본에서 그러한 '하레ハレ' 아닌 '케ケ'[10]의 영역에 깊이 파고든 문학이 영향력을 지닌 경우는 드물었다. 펄프픽션의 기능을 대신해온 출판물은 동아시아 전체에서 보면 무협소설이며, 일본에서는 아마도 만화다.

하지만 일본에서 최근 10여 년 동안 등장한 라이트노벨이나 휴대폰소설은 바로 그 만화, 애니메이션, 게임에 지대한 영향을 받아서 쓰인 소설이다. 그러한 장르는 심심풀이 시간 때우기나 친구와 대화할 때 화제로 삼기에 좋은 문학이며 일반적으로 높은 예술성을 추구하지 않는 문학이

9. 저명한 SF 작가 아서 C. 클라크Sir Arthur Charles Clarke가 자서전 『낙원의 나날(樂園の日々)』, 山高昭 訳, ハヤカワ文庫, 2008. [*ASTOUNDING DAYS A Science Fictional Autobiography*, 1989]에서 다루는 에피소드를 소개한다. 영국인 소년 클라크는 대공황 전후의 미국 SF 펄프 잡지의 활기에서 직접 영향을 받았다. '〈양키 펄프 잡지〉는 되돌아온 화물선의 밸러스트(추)로 대영제국에 침입했다'(p.30). 펄프 잡지에 열광한 클라크에게 '상자 같은 잡지가 (각각 몇 페니로) 지방 우편국에 도착한 날은 신나서 야단법석이었다'(p.31). 그는 막 도착한 그 잡지를 한쪽 끝부터 모조리 읽어치운다. 한편 영국에서 간행된 소설의 독서체험은 허버트 조지 웰스Herbert George Wells나 스태플든 Olaf Stapledon 등 SF 작가들의 이름이 언급되는 데 그친다. 뿐만 아니라 '얄궂게도 스태플든은 그가 '근미래 및 원미래의 소설'이라고 칭하는 것을 쓸 때 '사이언스 픽션'이라는 말을 들은 적도 없고 SF 잡지를 본 적조차 없었다! [……] 이 문학적 장르가 잘 나간다는 것을 안 스태플든은 당연히 은근히 놀라움을 드러냈다'(p.51). 이 스태플든의 반응에서조차도 미국에서 펄프 잡지의 독자적인 진화 양상이 엿보인다.

*10. 하레(ハレ)와 케(ケ)는 야나기타 구니오가 제시한 시간론이 수반된 일본인의 전통적인 세계관이다. 민속학이나 문화인류학에서 하레(晴れ, 霽れ)는 의례, 마쓰리, 연중행사 등 경사스러운 날을 의미하는 '비일상'성을 나타내고, 케(褻)는 보통의 생활인의 '일상'을 나타낸다.

다. 라이트노벨이나 휴대폰소설은 '문학의 세속화'가 극단적으로 진행되고 있는 양식이고, '좋은 문학'을 정하는 게임에서 거의 밀려난 채 독자적 진화를 하는 기묘한 세계이기도 하다(부르디외의 말을 빌리자면, 다른 것에 대한 질적 우위를 주장하려고 하는 탁월성[구별짓기]Distinction을 둘러싼 투쟁에서 한 발 내려왔다고 할 수 있다). 아무튼, 젊은이의 생활권에 밀착된 문학으로서, 그러한 것들은 일본에 정착되어온 신종 펄프픽션이라고 이해하는 것이 타당할 것이다.

그런데 일반적으로 말해서 펄프픽션의 내용은 대개 간단하게 패턴화될 수 있다. 그렇지 않으면 시간 때우기용으로 읽기에는 부담이 너무 크기 때문이다. 따라서 동시대 사람들에게 이해 가능한 것, 지각 가능한 것의 에센스가 펄프픽션에 농축되어 담겨 있는 경우가 많다. 그 에센스는 예전에 스티븐 킹이 시사했듯이, 이른바 '주류(메인스트림)' 소설-요즘은 『해리포터』나 『다빈치 코드』 등-을 구동하는 요소와도 다르다.[11] 실제로, 두세 작품이 사회적인 인기를 끈다고 해도 라이트노벨이나 휴대폰소설은 지금도 신문이나 잡지에서 잘 다뤄지지 않는 대상이다. 대중매체가 다루는 공식적 언어와 펄프픽션의 언어는 여전히 뜻이 맞지 않는 것이다.

그런 의미에서는 이러한 새로운 펄프픽션은 시장 원리와 분명히 관련은 있지만, 우선은 **대중문학 속의 비주류(마이너) 문학**이라고 부르는 것이 적절한 듯하다. 주류 미디어에서 널리 승인되는 듯한 상상력에서 미묘하게 일탈하고 있지만, 농축된 무언가를 집단적으로 복제=모방해가는 것, 거기에 현대의 라이트노벨이나 휴대폰소설의 문학성의 핵심이 있는 것 아닐까. 이 물음을 바탕으로 그러한 문학의 양상을 제시하고자 한다.

----

11. 스티븐 킹, 『죽음의 춤(死の舞踏)』, 安野玲 訳, 福武書店 1993, p.549. [*Dance Macabre*, 1981].

복종과 창조의 이중성

먼저 라이트노벨의 특성에 대해 서술해보겠다. 아즈마 히로키가 말했듯이, 라이트노벨은 오타쿠가 구축한 캐릭터의 데이터베이스(인공 환경)를 배경으로 삼은 소설이다.[12] 때로는 10권 이상 이어지는 라이트노벨 시리즈에서 독자는 오로지 캐릭터끼리의 대화나 싸움을 즐기는 한편, 캐릭터나 서사에 대해서 커뮤니케이션을 나누고 그 속에서 약속물(데이터베이스)을 갱신해간다. 그들의 커뮤니케이션은 오로지 인터넷이나 코믹 마켓 등의 미디어를 매개로 해서 가시화=증폭되고, 글쓴이 또한 그 환경정보를 읽어들이면서 작품을 만들어간다. 오타쿠적 데이터베이스란 말하자면 특수한 집단언어다. 한편, 캐릭터는 언어를 매개하는 데 적합한 미디어로 규정된다. 데이터베이스나 캐릭터는 바로 '반복성'을 효율적으로 만연시키는 데 적합하다고 말할 수 있다.

이 집단언어가 지닌 중요성은 그것이 어디까지나 '취미'에 기초하고 있다는 데 있다. 데이터베이스는 한마디로 말하면, 오타쿠들의 **취미 목록**과 같은 것이므로 그것은 유행에 따라 얼마든지 교체된다. 오타쿠들이 자신의 취미를 충족하기 위해 커뮤니케이션을 행하거나 혹은 데이터를 조사하고 공개하는 일은 결과적으로 이타적인 행위(데이터베이스의 충실)가 되어서 전체를 풍부하게 만들어준다.

앞에서 기든스의 견해에 입각해서 살펴보았듯이, 사적 영역의 민주화가 진전된다면, 특정 유형의 관계성을 타인에게 강요하는 것은 어려워진다. 그러나 이것은 각자가 따로따로 관계를 맺는 것을 의미하므로, 그 관계에서 오는 부富를 집약하기가 어려워진다. 또한 자칫하면 적대

---

12. 아즈마 히로키, 『게임적 리얼리즘의 탄생』, p.26.

감을 띤 반향이 발생해서 전체 이익을 손상하는 경우도 생각할 수 있다. 따라서 때로는 먹잇감이 되는 위험을 알고도 굳이 '관용'을 발휘하거나, 혹은 이쪽의 의도하지 않은 배신이 상대의 보복을 초래했을 때 거기에 반격하지 않고 '잘못을 뉘우친다'거나 하는 전략을 선택함으로써 적대감이 메아리 반응처럼 증폭되는 것을 피할 수 있다.[13] 다른 한편, 오타쿠들이 하고 있는 이타성의 조달은 그러한 직접적인 커뮤니케이션 전략이 아니라, 일단 취미라는 쿠션cushion을 사이에 두고 있기 때문에 심리적 저항이 옅어진다는 점이 큰 특징이다. 그렇게 보면 그들의 행동은 사실 사회운영상의 문제로 보아도 매우 흥미롭다. 살아 있는 인간끼리의 관계성에 대해 직접 간섭할 수 없는 한, 취미를 사이에 두고 **간접적으로** 이타성을 발휘하게 한다는 것은 공동성을 구축하는 데 매우 능률적인 방법이다.

이 '간접성'은 얕잡아 볼 수 없다. 가령, 제2장에서 언급한 스탠리 밀그램Stanley Milgram은 복종의 심리가 발동하기 쉬운 상황으로, 사람을 관료 조직과 같은 메커니즘의 파트(부분)에 짜 맞춰 넣는 경우를 거론했다.[14] 밀그램은 행위를 간접화함으로써 인간이 죄의식을 상실하고 손쉽게 악에 감염되어버리는 위험성을 경고하지만, 오타쿠는 오히려 그 간접성을 이타적 행위의 계기로 바꾼다. 실제로 그들은 앞에서 언급한 저항을 그다지 느끼지 않은 채, 집단언어=데이터베이스에 **기꺼이** 복종하고, 그 풍요화에 기여할 것이다. 물론 철저한 개인주의의 입장에서 보면 복종/창조가 뒤얽힌 이런 종류의 오타쿠적 공동성은 혐오해야 할 것일 뿐이다.

---

13. 로버트 액셀로드Robert M. Axelrod, 『대립과 협조의 과학(対立と協調の科学)』, 寺野隆雄 訳, ダイヤモンド社, 2003, p.45이하. [*The Complexity of Cooperation*, 1997].

14. 스탠리 밀그램, 『복종의 심리(服従の心理)』, 山形浩生 訳, 河出書房新社, 2008. [*Obedience to Authority: an Experimental View*, 1974].

하지만 공적 영역뿐만 아니라 사적 영역도 철저히 민주화되어가는 가운데, 사람들을 자연과 이타적인 행위로 유도하는 메커니즘에는 역시 적절한 평가가 내려져야 할 것이다.

중국어권의 라이트노벨

어쨌든 라이트노벨은 민중적인 집단언어로 만들어진 신화다. 그리고 커뮤니케이션이 반복성을 확대해가는 것이라면 오타쿠들은 바로 그런 의미에서 '커뮤니케이션' 기술을 높여간다.

또한 여기서 주의할 것은, 라이트노벨은 보급될 때 지금까지는 없었던 매우 흥미로운 문제들을 다양하게 파생시킨다는 점이다. 라이트노벨은 최근에는 한국이나 타이완, 중국까지 진출해서 각각 미묘하게 다른 진화를 했다. 특히 중국에서는 일본인 작가뿐만 아니라 한국인 라이트노벨 작가도 인기가 있다(예를 들면 한국산 라이트노벨은 귀여니-중국명 커아이타오可愛淘-라는, 이모티콘 문자를 많이 사용하는 여성 작가가 인기를 끌고 있다). 지금 라이트노벨은 '동아시아의 소설 문화'라고 부르기에 딱 좋은 양상을 드러낸다. 앞으로의 서브컬처 평론은 아마도 이러한 지역적 확산을 무시할 수 없을 것이다.

여기서는 중국어 문화권의 문제를 살펴보겠다. 중국대륙이나 타이완에서 2000년대 이후, 일본의 라이트노벨에 대응하는 '경소설輕小說'이라고 불리는 장르가 발흥하여 많은 젊은 인기 작가들을 배출했다는 점은 잘 알려져 있다. 특히 글로벌한 소비문화와 인터넷의 혜택을 받고 성장한 모든 '바링허우八零後 세대'(1980년대 이후 태생의 세대를 지칭함)의 작가 및 독자에게 '만화·애니메이션적 리얼리즘'을 바탕으로 한 경소설=라이트노벨은 가장 공명하기 쉬운 미디어이며, 출판상의 다양한 새로운 시도를 낳는 모체가 된다. 특히 이 세대의 대표격인 1983년생 궈징밍郭敬明, 1983~은 지금 중국 문학계에서 최고의 판매부수를 자랑하는 작가로서 정점에 도달한 동시에, 2008년부터 2009년에 걸쳐서 신인 작가 발굴 프로젝트를 대대적으로 개최하고 후진 육성에도 주력하는 등, 이미 미디어 인으로서의 지위를 확립했다.[15] 중국 출판시장의 역사를 뒤돌아보더라도 젊은 작가들이 이렇게 대량으로 생겨나고 문학의 풍경을 계속 바꿔나간 시대는 드물다.

궈징밍은 소비자 자체를 미디어로 바꾸고 감정자본의 증폭을 시도하는 전략을 공격적으로 실행하고 있다. 출판 디자인이나 레이아웃도 소비자의 감각에 적합하도록 매우 세련되게 마무리하고 잇달아 진행된 이벤트는 사람들의 참여의식을 부추기고 있다. 이러한 특징을 근거로 살펴보면 궈징밍은 단순한 문학가라기보다는 잘나가는 신진 기업가로서 파악하는 쪽이 실정에 맞을 것 같다. 실제로 문학의 세속화가 진전되면 사람들을 끌어들이는 전략이 필수적으로 요구되며, 그렇게 되면 그런 일이 '기업'의 그것과 유사해지는 것도 아주 자연스러운 일이다. 서브컬처화는 문학가의 체질도 크게 바꾼 것이다.

코퍼스의 차이

물론 궈징밍을 비롯한 1980년대생 작가들이 아무런 역사적 맥락도 없이 갑자기 등장한 것은 아니다. 그들의 등장에 앞서 어느 연구자가 '긴

15. 구체적으로는 궈징밍이 발행하는 잡지 〈쥐이-샤오-슈어(最小說)〉는 2009년까지 공식 집계로 매달 50만 부 가량(경우에 따라서는 70만 부 이상) 꾸준히 판매실적을 올리고 있다. 그 자신도 2008년 작가로서의 연수입이 1300만 위엔(약 22억원)으로 중국 작가들 중 최고다.

1990년대'라고 부른 포스트사회주의 시대가 있었고,[16] 중국에서 탈정치적인 문화의 수위는 이미 서서히 상승하고 있었다. 그렇기는 해도 2000년대의 중국은 전혀 상상할 수 없는 규모로 서브컬처가 폭발했다는 인상이 강하다.

그 급격한 변용은 역시 소설이라는 장르가 지닌 강한 전파력에 기인하는 바가 클 것이다. 그것은 다른 장르의 보급 방식과 비교하면 쉽게 이해할 수 있다. 잘 알려져 있듯이, 일본 만화는 오랫동안 해적판으로서 동아시아 각지에 유입되었다. 그러나 중국에서 국산 만화는 지금도 매우 부실한 편이고, 일본처럼 대작을 팔아 매상을 올리는 만화 잡지도 존재하지 않는다(한편, 인터넷에는 주로 2차 창작물을 생산하는 어마어마한 아마추어 만화가, 일러스트레이터가 존재하고 출판계와는 전혀 다른 이질적인 풍경을 이루고 있다). 또한 애니메이션 산업도 예전에는 세계적으로 매우 높은 수준의 기술을 지녔었지만 오랜 기간 공산당 정권하에 있으면서 그 힘을 잃어버렸다. 최근에는 국가정책으로 애니메이션 진흥을 도모하고 있지만, 별다른 성과를 올리지 못하고 있다.

그에 비해서 문학은 무협소설 혹은 애정소설[言情小說, 연애소설]을 비롯하여, 출판계에 상당히 폭넓게 대중문화를 조직해온 과거가 있다. 현재 중국에서 팔리고 있는 경소설 중에는 과거의 카테고리에 따르면 무협소설이나 애정소설로 분류되는 작품도 적지 않다. 반대로 말하면, 무협소설이나 애정소설이나 본래부터 라이트노벨적 요소를 다분히 가지고 있었고, 그 요소가 일본의 서브컬처나 헐리웃과의 교잡交雜 속에서 보다 두드러지게 되었다고 보는 것이 정확할 것이다.

경소설=라이트노벨은 이러한 과거 출판의 실제적 성과를 발판으로 이

16. Xudong Zhang, *Postsocialism and Cultural Politics: China in the Last Decade of the Twentieth Century*, Duke University Press, 2008.

미 중국에 뿌리내리고 있던 문화자원을 강력하게 표면화시켰다. 결과적으로 그때까지는 수동적인 소비자였던 사람들이 능동적인 작가나 출판인으로 등장했다. 그런 의미에서 경소설=라이트노벨이라는 '발명'은 서브컬처의 표현이 중국의 상업 수준으로 현실화되는 데에 의외로 매우 큰 역할을 맡았다.

어떤 장르의 탄생에 의해 시장이 갑자기 폭발적으로 확대되는 이런 사례는 문화전파의 경향을 생각하는 데 유익할 것이다. 문화의 접촉을 다루는 인문계열의 사상은 오랫동안 다른 문화의 '번역'에서 생기는 피할 수 없는 어긋남, 즉 **번역 불가능**한 것의 처리를 문제로 삼았다. 그러나 캐릭터를 단위로 하는 최근의 서브컬처는 그 번역의 어긋남이 별로 중대한 문제가 되지 않는다(그것은 마치 수식 같은 형식 언어는 번역이 문제가 되지 않는 것과 비슷하다). 거기서 문제가 되는 것은 오히려 문화 전체의 '코퍼스(자료체)'의 배치나 성격이다. 코퍼스의 질에 따라서 만화의 경우 출판상 유포가 금지당하지만 소설의 경우 갑자기 봇물이 터지는 듯한 현상이 생기기 때문이다.

물론 문학이 번역 가능성/불가능성의 틈새에서 어떤 풍요로움을 획득해온 것은 누구도 부정할 수 없을 것이다. 그렇게 쉽사리 자국어의 체계에 굴복하지 않는 다른 나라의 언어를 강인하게 번역하려고 시도할 때 문화의 배치가 바뀌고, 일종의 '잡종화'가 생긴다. 그러한 원리를 존중한다면 지금 말한 것 같은 전파의 현상은 한심스럽다. 그렇다고 해도 글로벌화가 철저히 진행되면 완전히 동떨어진 두 문화의 충돌에서 사고를 시작하는 것이 반드시 최선이라고는 할 수 없다. 그보다는 오히려 공통성을 지닌 문화끼리 왜 미묘하게 다른 진화의 역사를 걷는가, 그 행보에는 어떤 코퍼스가 개입하고 어떤 굴절이 나타나는가를 묻는 것이 새로운 과제로 부각된다. 동아시아의 현상은 그 물음을 길러내는 적절한 모델 케이스다.

타이완의 인터넷소설

이 코퍼스의 질적 차이라는 문제는 다른 지역으로도 확장 가능하다. 유사한 주제로서 나는 이전에 타이완의 경소설에 관해서 자세히 다룬 적이 있다.[17] 여기서는 그 요점만을 간단하게 기술해두기로 한다.

타이완에서는 원래 IT가 빨리 유포되었기 때문에 경소설은 우선 인터넷과 강력하게 연결되었다. 예를 들면 타이완을 대표하는 젊은 인터넷소설 작가인 지우바다오九把刀, Badao Jiu Giddens Ko. aka, 1978~는 타이완의 인터넷소설이 원래 BBS(게시판)에서 대화를 주고받다가 발생했기 때문에, 독자와의 거리가 매우 가까운, 쌍방향interactive 세계로 형성되어 있다는 점을 강조한다. 작가가 BBS에 드문드문 작품을 발표하고 그 작품을 읽은 독자가 직접 반응하는 집단적인 창작=독서체험에서는 중후한 서사보다도 단순화된 플롯이나 캐릭터 쪽이 반응하기 쉽기 때문에 선호된다.[18] 지우바다오의 생각에 따르면 거기에는 '타인에게 보이기를 원하는' 작가들의 강한 욕망이 매우 강력하게 기능하고 있는 것이다.[19]

그러므로 인터넷소설은 대체로 필연적으로 젊은이에게 인기 있는 힐리웃 영화나 일본 만화와 매우 가까운 논리로 쓰이게 되었다. 지우바다오는 이렇게 단언한다.

17. 졸고 「이야기를 꿈꾸는 꿈(物語の見る夢)」, 東浩紀·北田曉大 編『思想地図』vol.1, NHK出版, 2008. 수록.

18. 지우바다오九把刀, 『여전히 지우바다오(依然 九把刀)』, 蓋亞出版[台北], 2007, p.76, p.52.

19. 앞의 책, p.54.

문학의 중요한 목적이 커뮤니케이션에 있고, 커뮤니케이션의 양적인 확대로 경
소설보다 나은 것이 없는 이상, 인터넷소설과 그 실체서實體書(상업출판된 인터
넷소설을 의미한다-인용자)는 바로 문학의 필두가 된다.[20]

여기서 지우바다오는 문학의 '목적'을 변경하면 중요하다고 간주되는
작품도 달라진다고 말한다. 확실히 문학의 목적이 커뮤니케이션이라면
실제로 널리 유포되어 있는 서브컬처에 의지하는 것이 자연스러울 것이
다. 거기에서는 저자에게의 접근성이 모든 것에 앞서고 문학적인 완성도
는 부차적인 것이 된다.

이러한 상황은 라이트노벨의 진화 통로에도 차이를 가져온다. 일본의
라이트노벨은 개성이 두드러진 캐릭터를 농축하고 복제하는 데 뛰어나
다. 그러나 타이완의 라이트노벨은 거기에 더해서 온라인상의 저자 본인
과 소설의 유대관계가 매우 강하다. 그 작가들의 입장에서는 집단적인
창작이 정체되고 자신이 인터넷 공간에서 잊히는 것이야말로 가장 꺼리
는 일이다.

이렇게 해서 작가는 이미 순수한 소설가라기보다도 일종의 포털 사이
트와 같은 존재에 가까워진다. 팬들은 저자의 '개인 게시판'에서 직접 교
류하고 또한 그 팬 중에서 저자가 창작한 캐릭터를 사용한 2차 창작('惡
稿'라고 불린다)을 자발적으로 투고하는 사람이 등장한다. 뿐만 아니라
문학과는 직접 관계없는 정보 교환도 BBS상의 팬 사이에서는 활발하게
전개되고, 그들 사이에서 감정자본을 쌓아갈 것이다.[21] 타이완의 문화적
인 코퍼스에서 경소설은 **작가라는 플랫폼에 밀착해서** 유통된다. 반대로 그

20. 앞의 책, pp.300~301.
21. 앞의 책, p.206 이후.

들과 비교하면 일본의 라이트노벨 작가는 확실히 좀 더 얼굴이 보이지 않는 장소에 있다.

이와 같이 타이완의 경소설 주변의 커뮤니케이션 양식은 일본의 라이트노벨 주변의 그것과는 상당히 다른 전개를 드러낸다. 코퍼스의 차이가 이른바 **동상이몽의 문화**를 길러내고 있다고 할 수 있다. 똑같은 소재를 공유하고 있는데 거기서 반복되는 패턴은 달라진다는 것, 글로벌화의 발전 속에서 이런 사례는 지금도 다양한 국면에서 발생한다.

휴대폰소설의 문체적 특징

반복하면 펄프픽션은 전달 가능한 것의 에센스를 농축한다. 그것이 파열[裂開]이나 벌레 먹은 것으로 가득 찬 세계에 약간 기묘한 방식으로 안정성과 리얼리티를 부여한다. 지금까지 라이트노벨이 이미 동아시아에 확산되었고, 각각의 지역의 코퍼스에 따라서 리얼리티와 반복성을 갖춘 표현=제도를 육성하기 시작했다는 것을 훑어보았다. 그럼 휴대폰소설은 어떨까. 거기에서도 리얼리티의 독자적인 농축 과정이 발견된다.

흔히 얘기하듯이, 휴대폰소설에서는 '옛날이야기' 양식에 가까운 작품들이 여기저기 눈에 띄게 된다. '옛날 옛적에(시간적 애매함), 어떤 곳에 (공간적 애매함) 할아버지와 할머니가(인격적인 애매함)……'식으로 구체적인 정보를 거의 밝히지 않는-그보다는 필요로 하지 않는- 휴대폰소설이 적지 않다. 혼다 토오루本田透, 1969~, 소설가/각본가는 그 옛날이야기 같은 스타일로 주목을 끌었고 휴대폰소설이 민간설화와 가깝다고 지적한다.[22] 또한 하야미즈 겐로速水健朗, 1973~에 따르면 휴대폰소설의 서사적 패턴

....
22. 혼다 도오루本田透, 『왜 휴대폰소설은 팔리는가(なぜケータイ小説は売れるのか)』, ソフトバンク新書, 2008.

은 양키 잡지의 투고란 양식과 잘 들어맞는다.[23] 그들의 의견에 따른다면, 휴대폰소설은 정통적 글쓰기의 세계보다 오히려 문화의 본류에서 벗어난-그러나 영향력은 상당히 큰- 주변적인 세계에서 길러진 문체에 의해 깊이 규정되어 있다. 조금 전에 라이트노벨을 '민중적인 집단언어'에 의해 쓰인 텍스트로 지칭했는데, 휴대폰소설에도 똑같은 점이 적용될 것이다.[24]

다만 휴대폰소설은 내용뿐만 아니라 그 문체가 종종 관심의 표적이 된다는 데 주의해야 할 것이다. 예를 들면 휴대폰소설 중에는 짧은 메일의 나열처럼 1행에 10글자도 채 안 되는 극단적으로 짧은 문장으로 쓰인 것들이 있다. 그러나 그것은 아무런 장치도 아니고 소박한 문장도 아니다. 그 문체는 현실의 미디어 조작을 **굴절시키고** 편성하는 것이라고 이해할 수도 있다.

예를 들면, 하마노 사토시는 가장 유명한 휴대폰소설인 〈연공戀空, 고이조라(안녕 사랑하는 모든 것)〉(2006)를 분석하며 거기에 '조작 로그적 리얼리즘'이라 부르는 리얼리즘이 보인다는 데 관심을 갖는다. 하마노가 주목하는 것은 〈연공〉의 문체가 다름 아닌 휴대폰의 사용과 깊이 관련되어 있다는 점이다. 하마노에 따르면 〈연공〉이라는 소설은 휴대폰의

23. 하야미즈 겐로速水健朗, 『휴대폰소설적(ケータイ小説的)』, 原書房, 2008.

24. 또한 서사론적인 특징으로 보면 휴대폰소설이 종종 '실화'라고 자기지시하고 있다는 점을 덧붙여둔다. 물론 하야미즈도 말했듯이, 그 실화적인 '리얼'이란 잡지에 투고하는 방식의 리얼이며, 따져보면 허구적인 '불행 떠벌리기' 같은 것에 지나지 않는다. 다만 '진짜 얘기를 쓴다'는 짓, 즉 의사(擬似) 고백 자체가 이렇게 널리 사랑받는 것은 그 나름대로 중요하다. 이런 의사 고백체는 일종의 '귓속말'에 가깝고 바로 이 정보를 다름 아닌 당신에게 전하려는 연극적인 문체다. 혹은 인터넷 게시판에서 종종 '실화'임을 강조하는 글쓰기가 보이는데 사람들은 그것이 '낚시'임을 대충 알아차리면서도 속아 넘어가는 척 눈감아주기도 한다. 휴대폰소설의 장치도 아마 그와 비슷할 것이다. 중요한 비밀을 일부러 밝히는 짓은 타자와 나의 거리를 좁혀주는 평범한 커뮤니케이션의 일환이다.

착신이나 메일에 대한 반응들처럼 읽을 수 있다. "〈연공〉이라는 작품은 그때 휴대폰을 어떠한 '판단'이나 '선택'에 기초하여 사용했느냐에 관한 '조작 로그'의 집적으로서 간주할 수 있는 것이 아닐까. 그리고 독자들은 그러한 '조작 로그'를 추적함으로써 그때그때의 등장인물들의 심리나 행동을 '리얼'하다고 느낄 수 있는 것이 아닐까."[25] 등장인물과 우리는 별로 비슷하지 않다. 그러나 등장인물과 휴대폰의 관계와 우리와 휴대폰의 관계는 비슷하다. 실제로 지금 이 메일에 답신할지 말지, 지금 이 착신에 답할지 말지라는 사소한 선택이 우리 현실의 인간관계를 바꾸는 것은 별로 드문 일이 아니다. 그런 의미에서는 우리의 일상도 말하자면 '조작 로그'의 축적처럼 파악하는 것이 반드시 불가능하지는 않을 것이다. 하마노의 '리얼리즘'이라는 표현은 그러한 현상과도 서로 통한다.

하마노의 논의에 좀 더 덧붙인다면 휴대폰소설의 문체 자체가 일종의 툴 혹은 자원처럼 되어 있다는 사실도 여기서 지적할 수 있을 것이다. 휴대폰소설의 문체 의식은 독특하고 종종 모방의 대상이 된다. 예를 들면 과거의 문학 작품을 휴대폰소설 같은 문체로 바꾸는 유희는 인터넷은 물론이고 출판에서도 이따금 보인다. 확실히 역사상의 **어떠한 텍스트든** 원리적으로는 휴대폰소설적인 문체로 치환하는 것이 가능할 것이다. 휴대폰소설에서는 말하자면 기존의 서사를 패치(patch, 짜깁기)해서 손쉽게 변환하는 툴로서 문체가 사용된다. 그 정도로 휴대폰소설의 문체는 범용성이 높은 것이라고 간주할 수 있다. 따라서 휴대폰소설의 경우, '문학의 세속화'에는 단순히 독자의 대중화만이 아니라 문체 그 자체가 이른바 '오픈 소스'로 되어 있는 것까지 포함되어야 한다.

....
25. 하마노 사토시, 『아키텍처의 생태계』, p.284.

이런 식으로, 휴대폰소설의 문체는 본디 주어진 것이라기보다도 어떤 가공처리를 한 문체인 것으로도 받아들여진다. 하지만 왜 그러한 텍스트가 생겨난 것일까. 그 이유를 하나만 든다면 역시 만화의 표현기법의 영향을 간과할 수 없다.

가령 예전의 소녀 만화 작가는 독자와 은밀하게 메시지를 몰래 나누는 한편, 등장인물에 대해서도 그 자세한 내면성을 효과적으로 그려내는 기법을 확립했다. 즉, 독자와의 관계에 대해서도, 작품 그 자체에 대해서도 소녀 만화는 내적인 세분화를 거쳐서 복잡한 감정을 충족하는 미디어가 된 것이다. 이러한 소녀 만화의 표현기법이 요시모토 바나나吉本ばなな, 1964~ 등 문학에도 강한 영향을 미쳤다는 점은 자주 지적된다. 실제로 휴대폰소설에 등장하는 짧은 문장의 나열도 소녀 만화의 내면 독백을 쓴 것으로 파악하면 실은 별로 기괴한 것도 아닐 것이다.

한편, 소녀 만화와 비교하면 투박하게 여겨지는 소년 만화 쪽도 특히 1990년대 이후로는 컷 나누기나 대사 치는 리듬에 독특한 느낌을 살려서, 서사 자체는 단순하더라도 독자가 질리지 않고 따라 읽게 하는 장치를 갖추기 시작했다. 결과적으로, 서사의 객관적인 시간은 거의 흘러가지 않는데도 각 장면이 섬세하게 미분화되어, 사소한 부분에 복잡한 연출을 가미하는 것이 가능해진 것이다. 불과 몇 개월의 사건이 몇십 권에 달하고 이상하게 부풀려져 전개되는 그런 작품도 지금은 드물지 않다. 달리 말하면 이것은 사소한 부분의 연출 리듬을 하나하나 빈틈없이 양식화해야 한다는 뜻이기도 하다. 실제로 최근 인기 있는 소년 만화 몇 편이 내용 면에서 일종의 '시대극'과 유사해진 현상은 조금만 주의를 기울여 잡지를 살펴보면 금방 이해할 수 있을 것이다. 일반적으로 말하자면 오늘날의 만화는 장르 전체가 미분화의 기술을 축적해가며 일종의 양식화=형식화를 향해 끊임없이 달리도록 되어 있는 것 같다.

서사를 본디 그대로 머물게 하는 것이 아니라 리듬이나 기분에 따라 점점 변형해가는 것. 이러한 기술의 축적은 어떤 수위를 넘어가면 결국 다른 영역으로 불똥이 튈 것이다. 그렇게 생각하면 만화의 흐름을 흡수한 휴대폰소설이 본디 그대로의 텍스트가 아니라 어떠한 프로세싱(가공 처리)을 거친 텍스트로서, 즉 **조작을 마친 텍스트**로서 드러나는-적어도 그렇게 보이는- 것도 당연하다고 하면 당연하다. 휴대폰소설을 일시적인 풍속으로 치부하지 못하는 것은 문화를 종합적으로 볼 때의 텍스트 감각의 변용이 거기에 알기 쉽게 표시되어 있기 때문이다.

촉매의 리얼리즘

물론 휴대폰소설은 여전히 불확정한 부분이 남아 있는 양식이다. 라이트 노벨의 기원은 1970년대의 다카치오 하루카高千穂遥, 1951~, 소설가나 아라이 모토코新井素子, 1960~, 소설가로까지 거슬러 올라갈 수 있다. 반면 휴대폰소설은 다양한 전사前史가 있다 해도, 일단 2000년대 이후에야 본격적으로 나왔을 뿐이다. 따라서 휴대폰소설이 앞으로 어떻게 진화해갈지는 미지수다. 또한 잇달아 출판된 휴대폰소설에서 모든 작품의 일관된 경향을 찾아내기도 어렵다. 서사 패턴도 상당히 다양화되어 있기 때문이다.

그렇긴 해도 하마노의 논지 등을 전제로 하여, 휴대폰소설의 하나의 특성을 추출해보는 것도 좋을 것이다. 2006년에 나온 〈저주 놀이呪い遊び〉라는 호러풍의 휴대폰소설을 예로 들어보겠다. 이 작품은 평범한 고등학교 생활을 하던 주인공에게 저주 편지가 날아드는 데서 시작된다. 저주 편지를 건네받은 사람은 편지를 건넨 사람에 의해 살해당하는 것이 '실행 엄수'의 룰로 정해져 있다. 하지만 그것으로 끝나는 것이 아니고 저주 편지에 의해 살해당한 사람은 싫든 좋든 다음 순간 좀비로 부

활하여 원한을 가진 상대에게 편지를 건네주러 가는 것이다. 이렇게 해서 학교 주변을 둘러싼 배틀 로얄의 사슬이 시작된다.[26]

이 소설은 이상의 아주 단순한 룰만으로 움직인다. 따라서 흔히 말하는 깊이는 전혀 없다. 그럼에도 이 소설에서는 **오히려 모든 것이 인과응보만으로 구성되어 있다는 점**에서 독특한 과잉을 찾을 수 있다. 편지 그 자체에는 아무런 내용도 없다. 그러나 그 내용 없는 편지가 일종의 '촉매'가 되어서 내용을 앞으로 계속 진행시킨다. 편지를 받은(=빚을 진) 자는 반드시 되갚아야만 한다(보상해야만 한다). 이 사이클이 서사의 모든 것을 지배한다.

실제로 〈저주 놀이〉 이외에도 휴대폰소설 중에는 사건의 '청구서'를 지불해야 한다는 모티프를 다루고 있는 것이 적지 않다. 예를 들면 〈인 더 클로셋インザクローゼット〉(2008)은 용모에 콤플렉스를 안고 있던 주인공이 유흥업소에서 돈을 벌기 위해서 성형수술을 반복하면서 블로그에서는 자신의 이상인격을 연기하는 얘기인데, 그러는 동안 다양한 불일치나 자기모순이 쌓여가고 마지막에는 인간관계가 파탄 나서 비참한 최후를 맞이한다. 이 작품에서는 부채와 그 보상이라는 사이클이 블로그라는 미디어를 축으로 해서 전개되어가는데, 부채(=톱니바퀴)가 너무 커져서 다 갚을 수 없게 된 그녀는 말하자면 '자기파산'으로서의 죽음을 맞이할 수밖에 없었다.

혹은 앞에서 언급한 〈연공〉의 경우, 죽음을 앞둔 남자가 쓴 '일기'가 중요한 역할을 한다. 그 일기는 그가 죽은 뒤 연인이었던 주인공(미카美嘉)에게 보내지고 그녀는 그 일기를 읽고 나서 비로소 모든 진실을 알게 된다. 이것은 〈저주 놀이〉처럼 누군가에게 즉시 편지가 닿고 또 다른 누

---

26. 또한 이 배틀 로얄의 사슬은 편지를 받은 남매가 자살, 즉 자기 몸으로 부채를 갚는 것으로 끝난다.

군가에게 즉시 전송되는 사이클이 역전된 것이라고 할 수 있다. 〈연공〉의 일기는 말하자면 '지효성遲效性의 촉매', 즉 효력이나 효과가 좀처럼 빨리 나타나지 않는, 혹은 계속 효과가 나지 않을 수도 있는 촉매다. 반대로 〈저주 놀이〉의 편지는 '즉효성卽效性의 촉매'라서 그것을 받은 사람은 곧바로 다음 사람에게 전송해야만 한다. 〈연공〉은 슬픈 사랑을, 〈저주 놀이〉는 호러를, 각각 주제로 다루고 있지만, 양쪽 다 '도대체 어떤 타이밍에서 부채가 완전히 보상되는가'라는 방식으로 서사의 원환을 닫는 구조로 결말을 맺고 있다.

하야미즈 겐로의 지적에 따르면, '반드시 상대에게 도착하는 것을 전제로 하지 않는 전달수단', 구체적으로는 죽은 자가 남긴 노트, 게시판과 같은 역할을 하는 칠판, 타임캡슐에 맡긴 편지, 신사神社, 진쟈의 에마繪馬(나무판에 소원을 비는 내용을 그린 그림_옮긴이) 등이 휴대폰소설에서 중요한 소도구가 된다.[27] 휴대폰소설의 텍스트(메시지)는 이러한 촉매 기능의 하나로 너무 빨리 돌아다니거나 너무 늦게 돌아다닐 것이다. 텍스트의 리얼리티는 그 시간적인 조율 속에서 양성되어간다.

의미의 의미

이와 같이 세속화가 극단적으로 진행되어가기 때문에 현대의 펄프픽션에는 '공동주관에서 커뮤니케이션으로'라는 도식이 매우 알기 쉽게 나타난다. 우리는 커뮤니케이션을 통해서 패턴화된 것이 아니라면 예측도 인식도 할 수 없다. 휴대폰소설은 문체를 완전히 패턴화해버리는 한편, 문장의 사이클이나 속도도 종종 촉매를 통해 조정한다. 즉 작품의 어디에

27. 하야미즈, 앞의 책, p.212.

리얼리티가 생기게 만들지를 자기 자신이 명시적으로 조절하고 있는 듯한 소설이다.

이상의 상황을 좀 더 이론적으로 다시 설명한다면 여기서 문제가 되는 것은 **의미의 의미**라고 정리할 수 있다. 원래 의미란 무엇인가. 시스템론적인 함의로 말하자면 의미란 복잡성을 감축하는 메커니즘을 의미한다. '의미적 체험처리는 **복잡성의 감축과 보존**을 행한다'(루만).[28] '의미'는 복잡성을 받아들이는 일종의 게이트와 같은 것이다. 사람은 그 게이트에서 한 번 몸을 진정시키고 그 다음에 어느 방향으로 움직일지를 생각한다.

그 게이트=의미를 어떻게 정하는지는 시대마다 다르다. 예를 들면 미야다이 신지宮台真司, 1959~, 사회학자는 1992년 공저『서브컬처 신화 해체』에서 만화, TV 드라마, 소설 등 엄청난 서브컬처 작품을 섭렵하고 그 '의미론의 변천'을 다뤘는데,[29] 그 책에서는 오로지 서브컬처에 반영된 '인격 유형'만이 분석되었다. 즉 세계의 복잡성을 순치馴致하는 '의미'가 인격적인 코드에 고정된 것이다.

그에 비해서, 오늘날의 펄프픽션은 또 다른 처리를 실행하고 있다. 반복해서 말했듯이, 라이트노벨이나 휴대폰소설은 '민중적인 집단언어'로 쓰인 텍스트로서 간주된다. 그리고 그 대중성 때문에 그런 소설에서는 종종 정보가 너무 제멋대로 팽창해버린다. 그래서 팽창된 정보를 감축하는 데 동아시아의 라이트노벨의 경우에는 기업가나 포털 사이트에 친숙

28. 니클라스 루만, 「사회학의 기초개념으로서의 의미(社会学の基礎概念としての意味)」, 하버마스+루만, 『비판 이론과 사회 시스템 이론(批判理論と社会システム理論)』, 佐藤嘉一 他訳, 木鐸社, 1987, p.42. [*Critical Theory or Theory of Social System : A Debate Between J. Habermas and N. Luhmann*, 1971].

29. 미야다이 신지宮台真司+이시하라 히데키石原英樹+오쓰카 메이코大塚明子, 『증보 서브컬처 신화해체 소녀·음악·만화·성의 변용과 현재(増補サブカルチャー神話解体 少女·音楽·マンガ·性の変容と現在)』, ちくま文庫, 2007, p.9.

한 작가가, 휴대폰소설의 경우에는 조작성이 높은 문체가, 각각 동원된 것이다. 물론 인격이라는 '의미'가 지워지는 것은 아니다. 다만 거기에 집단언어의 정보조작이라는 새로운 문제가 추가됨으로써 서브컬처 신화의 평가축이 달라진다.

다시 한 번 맨 처음의 문제설정을 환기하자면 사회의 불확정성을 수신하면서 그것을 다시 한 번 묶는 신화가 지금으로서는 바람직한 것이다. 여기까지 살펴본 신종新種 펄프픽션은 새로운 미디어나 집단언어의 힘을 수신하면서 그 힘을 지금까지의 문학에는 없는 방식의 '의미'로 바꾸고 있다. 작품의 리듬이나 스피드의 조작이라는 상당히 추상적인 양식도 오늘날의 펄프픽션은 비교적 손쉽게 끌어들이는 것이다. 우리의 문화는 앞으로 이런 종류의 새로운 '의미'를 창발하고 새로운 리얼리티의 단위를 생성하며, 그것에 의해서 유지될 것이다. 그러한 정보처리의 변화는 앞으로도 추적해가야만 한다.

3 무라카미 하루키

문학이란 무엇인가

하지만 지금까지 살펴본 내용은 문학에서 진지한 내용이 상실되고 있는 것은 아닐까 하는 우려를 낳을 수 있다. 우리의 문화는 확실히 벌레 먹은 상태의 세계를 엮어가는 양식=형식을 발달시키고 있다. 서브컬처의 집단언어는 그 양식을 때로는 상당히 기묘한 방식으로 실현해버린다는 점에서 우리의 신화분석에서 아주 적절한 소재가 될 것이다. 그러나 문학의 역할은 과연 그것으로 끝나는 것일까.

서브컬처적인 대량생산의 힘이 강해지는 오늘날일수록 우리는 다시 한 번 '문학이란 무엇인가', '문학은 무엇을 하는 것인가'라는 아주 소박한 질문을 할 필요가 있다. 가령, 로티식으로 말하자면 리버럴한 민주주의 하의 '공적'인 문학은 우연으로 가득찬 세계가 어떻게 쉽게 '악'을 실현할 수 있는지를 시뮬레이트한 것이었다. 지금 이 정의를 조정하여 문학을 이른바 **글로벌한 자본주의 하의 리버럴한 사회의 시뮬레이터**로서 기능하게 하는 것을 생각해보면 어떨까. 즉 불확정성과 패턴(반복성) 형성이 쌍이 된 이 얼룩무늬의[뒤죽박죽 복잡한] 현실에서 과연 우리 인간은 어떻게 처신하고 어떻게 느끼는지를 나타내는 것. 아주 간단하게 말하면 이것은 세계와 인간의 관계를 그리는 것이다. 그러나 가장 소박한 이 주제가 지금 가장 실현이 곤란하고 사실은 드물게밖에 존재하지 않는 것이 아닐까.

내 생각에는 이 곤란한 주제에 천착한 작가로서 무라카미 하루키의 이름을 거론할 수 있다. 무라카미라고 하면 탈정치적이고 상업주의에 바짝 붙어 있는 글쟁이로서 종종 비평가들로부터 비판을 받아왔다. 그러나 무라카미는 정치적 투쟁이 아무런 의미도 지니지 않게 된 시대에, 즉 리버럴한 자본주의 사회에서 살아가는 것 이외의 선택지가 없어진 시대에, 과연 문학이란 무엇을 하고 있는지를 탐색한 작가라고 생각하는 쪽이 좋다. 이렇게 생각하면 무라카미에 대한 평가도 달라질 것이다.

순문학의 신화

문학사를 조금 되짚어보자. 전후 일본의 순문학의 역사에서 이제까지 높이 평가되어온 사람은 오에 겐자부로나 미시마 유키오三島由紀夫, 1925~1970, 나카가미 겐지中上健次, 1946~1992 등의 작가다. 간단하게 정리한다면 그들은 고전적인 문예로 거슬러 올라가서 그 자원을 현실세계에 이중 투사함으로써−즉 자기 자신의 육성을 한 번 차단하고 오래된 집단언어를 다시 이용함으로써− 신화를 구축해온 작가들이다. 오에의 경우엔 윌리엄 브레이크나 에드거 앨런 포, 나카가미의 경우엔 우에다 아키나리上田秋成, 1734~1809나 고대 설화집 등 항상 소설의 밑바탕이 된 허구 작품이 있었고, 또한 미시마의 경우에도 만년의 〈풍요의 바다豊饒の海〉(1969~1971) 시리즈가 신화적 색채가 매우 강했다는 점은 잘 알려져 있다. 그들에 비해서 조금 아래 세대에 해당하는 무라카미 하루키는 집단언어를 조성할 때 고전으로 거슬러 올라가는 것이 아니라 오히려 시장의 재화의 도움을 빌렸다. 이 차이를 어떻게 평가할지에 대해 문예비평에서는 여전히 명확한 답은 나오지 않고 있다.

아무튼 전후 일본 순문학의 주류가 어떤 시기부터 어떠한 집단언어에, 즉 신화에 깊숙이 의존하기 시작했다는 사실은 그 자체로 매우 흥미롭다. 순문학이니까, 당연히 어떠한 형태로든 '세계'를 묘사해야만 한다. 그러나 여러 번 반복해서 말했듯이, 오늘날의 세계는 고도로 복잡하고 또 예측 불가능한 우연한 사건으로 가득차 있다. 따라서 그 세계 전체를 그대로 재현하려고 하면 대개는 실패해버린다. 다만, 여기저기에 우연의 구멍이 뚫린 세계의 **모형**을 만드는 것-원래 치수라고는 말하지 못해도 세계와 마찬가지로 구멍으로 가득 찬 의사擬似 세계를 준비하는 것-은 반드시 불가능한 일은 아닐 것이다. 그때 지금 언급한 작가들은 각각 다른 집단언어를 참조함으로써 의사 세계를 조형한 것이다.

그렇다면 다음 초점은 어떠한 신화가 세계의 모형으로서 적절한 것인가 하는 '선택'의 문제가 된다. 반복하면 무라카미 류村上龍, 1952~, 소설가/영화감독나 무라카미 하루키는 글로벌화한 시장에서 표현의 소재를 빌리는 것을 선택했다. 다만 대부분의 비평가가 보기에는 그 선택이 잘못된 것처럼 느껴졌던 것도 사실이다. 특히 그 비판의 창끝은 무라카미 하루키에게 향해졌다. 가령 가라타니 고진이 했던 비판은 신랄하다.

> 오에(겐자부로)가 말하자면 '의미'의 붕괴에 괴로워하며 그것을 알레고리적으로 재건하려고 하는 데 비해서 무라카미는 태평하다. 그는 이 작품 『노르웨이의 숲』에서는 아이러니의 외견조차 버렸다. 로맨틱/아이러니에서 아이러니를 빼면 로맨틱이 남는다. 즉 그는 단순히 로맨스(사랑과 죽음을 응시하며)를 쓴 것이다.[30]

여기서 가라타니가 '의미'라고 한 것을 이 책에서는 '신화'나 '의미론적 디자인'이라는 말로 부른다. 즉 가라타니는 오에 겐자부로가 '거대서사'가 없는 세계에서 객관성을 갖춘 신화를 열심히 재건하려고 하고 있는 데 비해서 무라카미 하루키는 단순히 진부하고 대중 취향인 로맨스를 쓴 데 불과하다고 말하고 있는 것이다.

그러나 가라타니의 주장하는 반대로 무라카미 하루키는 글로벌 자본주의 하에서 바로 '알레고리적'으로 신화를 재건하려고 한 작가라고 파악하는 것이 오히려 타당할 것이다. 반복하면 세계 전체를 그리기는 매우 어렵다. 그러나 세계에 파열이 생기듯이 신화에 파열을 만들어내는 것은 가능한 일이므로 뛰어난 신화 작가는 그 유비관계를 실마리로 삼는다. 무라카미에게서는 그와 같은 유비가 즉 '알레고리'가 빈번하게 보인다.

무라카미 하루키의 '세계'

무라카미 하루키의 소설세계는 우리 생활에 깊숙이 침전된 우화성이 강한 신화소와 글로벌하게 유포된 대량생산(상품)의 조합에 의해서 생겨난다. 일반적으로 말해서 초기 무라카미는 표층적인 소비사회를 그린 일종의 풍속작가[대중작가]로서 이해되는 경우가 많다. 그러다가 1990년대에 들어서면 서서히 전자의 우의성寓意性이 강한 신화소가 겉으로 드러나게 된다. 특히 1994~1995년에 쓰인 장편소설『태엽 감는 새 연대기ねじまき鳥クロニクル』는 우물이나 **반점** 같은 신화소를 교묘하게 활용하고 있고, 2009년에 발표된『1Q84』에서도 달이나 콩 등과 같은 신화소가 몇 번이나 등장하여 장면을 전환하는 역할을 맡았다. 무라카미 하루키는 우리가 평소 익숙한 사물의 세계를 전제하고 있다. 하지만 서사가 진행되면 점차 그 익숙한 신화소를 지렛대로 해서 전혀 다른 기억이 흘러들 것이다.

특히 여기서는 『태엽 감는 새 연대기』에 대해서 살펴보기로 한다. 이 소설은 도쿄에 사는 실직한 주인공에게 정체를 알 수 없는 여성으로부터 전화가 걸려오는 데서 시작된다. 전혀 이해할 수 없는 이 전화를 계기로 주인공 주위에는 서서히 이상한 사건이 축적되어간다. 가령 고양이가 행방불명되고 고양이를 찾다가 골목 안쪽에 있는 오래된 집안으로 들어간 그는 정체를 알 수 없는 소녀(메이)에게 이끌려 그 집의 우물로 안내된다. 또한 그는 가노 마루타라는 여성의 '부탁'을 받고서 노몬한Nomonhan 전쟁(1939년 만주국과 몽고 사이에 벌어진 전쟁_옮긴이)의 기억을 갖고 있는 노인과 만나 그곳에서 벌어진 잔인한 처형에 대해 알게 된다. 이러한 상황에서 정체를 알 수 없는 사람들로부터 수수께끼 같은 메시지를 끊임없이 받게 된 끝에 결국은 예고 없이 아내(쿠미코)가 실종되어버린다. 『태엽 감는 새 연대기』의 서사는 그 실종된 아내를 찾는 것, 그리고 주인공 주변에 모여든 여성들을 매개로 다른 세계에 발을 들여놓게 되는 것, 이 두 가지 측면으로 이루어져 있다.

그리고 그 다른 세계로 가는 길은 항상 신화소를 매개로 해서 열린다. 예를 들면 가사하라 메이가 안내한 도쿄의 우물이 어느샌가 노몬한 전쟁의 기억과 교차하고 지리적/시대적인 원근감이 무너진다. 혹은 주인공의 얼굴에 있는 반점이 어느샌가 다른 사람의 얼굴에 난 반점과 합치되고 저지르지도 않은 살인의 기억을 공유하게 되어버린다. 말하자면 주인공이 갖고 있는 카드(신화소)는 아무것도 바뀌지 않았는데도 그 카드가 이질적인 문맥에서 셔플shuffle되기 때문에 가만히 있는 채 카드의 의미가 바뀌어버린 것이다.

특히 아내인 쿠미코의 갑작스런 실종은 결정적으로 그 결락부缺落部에 폭력이나 성의 역사가 서서히 흘러들어온다. 애초에 주인공과 쿠미코를 맺어주는 것은 오데코롱이나 원피스 지퍼 같은 단편적인 이미지뿐이고 그 단편을 연결고리로 해서 무수한 기억이 서로 겹치게 되는 것이다. 그러므로 주인공의 '꿈'에서는 쿠미코의 결핍 부분에 다른 여성이 대입되고 거기서 성적인 행위가 이뤄진다. 다음 내용에는 그 지점에서 착종된 감각이 잘 드러나 있다.

> 최근 두 달 동안 나는 꿈속에서-혹은 내 어휘의 범위에서는 꿈이라고 표현할 수밖에 없는 세계에서- 몇 번인가 여자와 몸을 섞었다. 거기서 가노 쿠레타와 몸을 섞고 그리고 전화를 건 여자와 몸을 섞었다. 그러나 현실세계에서 현실의 여자를 안았던 것은 생각해보니 2개월 전이었다.[31]

앞 장에서 나는 구조주의 사고에 따르면 신화는 '이중언어'를 다루게 된다고 서술했다. 일반적인 서사의 시간이 신화소의 네트워크의 시간에 의해 침식된 『태엽 감는 새 연대기』는 바로 이 이중언어성을 구현하고 있다. 서사는 서사이고 일단 선적으로 진행된다. 하지만 우물이나 반점, 그리고 쿠미코가 몸에 걸친 액세서리가 항상 다른 시공에서도 공유되기 때문에 서사의 선적인 진행은 자칫하면 그 시공의 기억에 의해서 겹쳐 쓰여버린다. 무라카미의 본령은 신화소로 말하자면 조금씩 글자깨짐(文字化け, 컴퓨터 화면에서 글자가 깨져 보이는 현상_옮긴이)을 거듭 반복하다가 어느샌가 그 외관을 통째로 바꿔버리는 식의 연출에 있다.

또한 이와 같은 기법은 당연히 독자 측에도 작용한다. 독자는 독자이며, 시장의 재화에 대한 기억을 갖고 있다. 무라카미는 그 카드의 공유를 실마리로 해서 독자의 인상조작을 실행한다. 즉 무라카미의 소설은

---

31. 무라카미 하루키, 『태엽 감는 새 연대기』 第2部, 新潮文庫, 1997, p.198.

독자가 갖고 있는 카드에 이질적인 기억을 주입하고 가만히 있는 채 어느샌가 그 카드의 기능을 바꿔버리는 것이다. 무라카미의 소설은 어마어마한 '수수께끼 책'을 유발하는 것으로 알려져 있는데 그 사실은 개개의 독자의 카드가 얼마나 자주 셔플되는지를 통해 입증할 수 있을 것이다. 쉽게 말하면 무라카미는 **독자 쪽에서** 작업을 하는 것이다.

시장에서 반 발짝 벗어나는 것

이와 같이 무라카미 하루키의 텍스트는 그것 자체가 일종의 연산장치처럼 기능한다. 이러한 '연산'이 기능하려면 똑같은 카드(신화소)를 어느 정도 사람들이 공유하고 있다는 것이 전제가 되어야 함은 말할 것도 없다. 여기서 무라카미는 일반적으로 '균질화'를 초래한다고 이야기되는 글로벌 자본주의를 교묘하게 이용한다. 똑같은 '상품'(규격품)이 대량으로 유포되고, 더구나 그것이 장에 따라서 미묘하게 다른 의미를 불러들이는 것, 무라카미 하루키는 이 상품의 편재성과 차이성을 단초로 주인공이나 독자를 가만히 있는 채로 다른 역장力場으로 유도해버린다.[32] 이렇게 말하자면 이 책에서 말하는 '장을 바꾸는 신화'가 여기서도 연출되고 있다는 것을 이해할 수 있을 것이다. 또한 앞에서 언급한 '동상이몽'의 라이트노벨 문화를 떠올릴 수도 있을 것이다. 아무튼, 무라카미의 집단언어는 어디까지나 시장의 재화나 흔해 빠진 신화소**여야만 했다**. 그것은 상업주의에

32. 가령 레비스트로스는 『신화이론(神話理論)』[*Mythologiques*, 1964~1971]에서 남북 아메리카의 800여 편의 신화를 섭렵하고 그 사이의 변환 규칙을 상세히 논했다. 그러나 그와 같은 분석이 가능했던 것은, 첫째 그러한 신화에 의해 이용되는 사물이 지역마다 완전히 구분되어 있는 것이 아니라, 오히려 그만그만한 공통성을 갖고 있었기 때문이라고 할 수 있다. 마찬가지로 글로벌 자본주의는 그러한 지각 차원에서 공통성을 높인 신화체계를 준비하고 있는 것이 아닐까. 상품이 어느 정도 조밀하게 모이는 장에서 스스로 패턴화=상징화가 발생하는 것은 이미 앞 장에서도 시사한 바다.

의 굴복이라기보다는 오히려 작가로서의 적극적인 선택이다.

하지만 그것만이 아니다. 무라카미의 작품에서 특징적인 것은 신화적 세계에 내재된 인간을 그리고 있는 것이다. 예를 들면 『1973년의 핀볼』(1980)에서 다음 한 구절을 보도록 하자. 이것은 예전에 잘 나갔던 핀볼 머신이 지금은 어떤 창고에 내팽개쳐져 있는 광경을 묘사한 장면이다.

> 문을 닫아버린 뒤에는 벌레소리조차도 들리지 않았다. 완벽한 침묵이 무거운 안개처럼 땅 위에 고여 있었다. 78대의 핀볼머신은 312개의 다리를 단단히 바닥에 박고 그 막막한 무게를 묵묵히 참고 있었다. 애처로운 광경이었다.[33]

이와 같이 무의미한 숫자가 그대로 '애처로움'의 원천이 되고 있다. 제1장에서도 칼 슈미트를 인용해서 말했듯이, 근대사회의 특성을 생각할 때 감정(갈채)과 숫자(시장의 산술)는 오로지 대립적으로 보인다. 그러나 무라카미 하루키에게서는 이 양자가 대립되지 않는다. 물론 무라카미의 주인공의 감정은 '갈채'처럼 폭발적인 것이 아니라, 일종의 미약한 '센티 멘트sentiment'였는데 그것에 의해 숫자의 세계와의 조화가 이뤄진다.

또한 『양을 둘러싼 모험』(1982)의 후반에는 모험의 '흑막'과 주인공 사이에 다음과 같은 대화가 오고간다.

> 요령을 알게 되면 모두 단순하지요. 프로그램을 짜는 것은 힘들죠. 컴퓨터는 인간의 감정의 **떨림**까지 계산해주지 않으니까요. 뭐 수작업이죠. 그러나 애써서 짠 프로그램이 뜻대로 작동하면 이것만큼 즐거운 일이 없죠.

---

33. 무라카미 하루키, 『1973년의 핀볼(1973年のピンボール)』, 講談社文庫, 1985, p.151.

나는 어깨를 움츠렸다.

'헌데'라고 남자는 말을 이었다. '양을 둘러싼 모험은 결말을 향하고 있다. 내 계산과 너의 순진함 덕분에. 나는 그를 손에 넣은 것이다. 그렇다.'[34]

『양을 둘러싼 모험』의 모든 것은 프로그램=계산의 소산이다. 주인공은 그것에 '순진하게' 따를 뿐이다. 그러나 그런 모험에서는 『1973년의 핀볼』과 마찬가지로 '죽어버린 시간의 냄새'가 묻어난다.[35] 즉 계산만으로 완성된 세계에 일종의 멜랑콜릭한 감정이 일관되게 흐르고 있는 것이다. 이러한 감정은 무라카미의 초기 작품에서 현저하게 드러나는데 기본적으로 오늘날까지 줄곧 일관되게 이어지고 있다. 이런 식으로 무라카미 하루키는 신화(소)에 의해 독자의 인상을 조작하는 것만이 아니라 **신화에 그려 넣어진 인간**도 조명한다. 이런 점에서 무라카미의 작품을 신화사회의 인간을 주제로 한 '메타신화'라고 평가해도 반드시 착오라고는 할 수 없을 것이다.

또한 여기서 주의를 기울일 만한 것은 무라카미가 세계=시장으로부터 탈락된 상품을 즐겨 이용한다는 점이다. 지금 언급한 『1973년의 핀볼』도 이미 과거의 유물이 되어가고 있는 핀볼머신에 대한 '사랑'이 건조한 감정으로 이야기된다. 무대를 동시대에서 조금 벗어나 과거에 고정시키는 것은 무라카미가 즐겨 사용하는 스타일이며 최근에도 '근과거 소설'이라고 자칭한 『1Q84』에서 반복되었다. 현재진행형의 존재보다도 현세에서 탈락된 상품이 더 조작하기 쉽고 감정을 투영하기도 쉽다. 무라카미는 정보를 잇달아 쏟아내는 생성의 시간성의, 이른바 **가장자리**에 위치

---

34. 무라카미 하루키, 『양을 둘러싼 모험(羊をめぐる冒険)』 下卷, 講談社文庫, 1985, pp.216~217.

35. 앞의 책, p.132.

해 있는 존재를 기점으로 신화를 구축한다. 무라카미 소설의 특징은 시장에서 반 발짝만 벗어나 있는 데 있다고 바꿔 말할 수 있다.

세계의 규모

핀볼머신처럼 반쯤 낡고 반쯤 무의미화된 대상에 대한 관심은 무라카미의 문학에서 본질적인 것이다. 즉 유동하는 세계 속에서 아주 작은 장을 차지하는 데 불과한 것, 그 존재감이 '작은 것'에 관한 애착이 무라카미의 소설에서 종종 강력하게 나타난다. 조금 더 나아가서 얘기하자면 이 것은 무라카미가 '작은 것'의 움직임을 자신의 문학의 주요한 원천으로 삼고 있다는 의미도 포함할 것이다. 시험 삼아 1985년에 나온 장편소설 『세계의 끝과 하드보일드 원더랜드』에서 임의로 문장을 인용해보겠다.

> 기복이 심한 대나무 숲을 물소리에 이끌린 듯 10분쯤 들어가자 갑자기 전망이 훤히 트였다. 긴 대나무 숲은 거기서 끝나고 평탄한 초원이 강을 따라 우리 앞에 펼쳐졌다. 오른쪽에는 강이 깎아낸 깊은 계곡이 보였다. 계곡을 빠져나온 강은 점점 폭이 넓어지면서 대나무 숲을 빠져나와 우리가 서 있던 초원에 다다랐다. 초원 입구 근처에 있는 마지막 커브를 도는 지점에서 강은 갑자기 고이기 시작하여 그 물빛이 불길한 느낌이 드는 짙푸른 색으로 변하며 천천히 흐르다가 앞쪽이 마치 작은 동물을 집어삼키는 뱀처럼 부풀어서 거기에 거대한 웅덩이를 만들었다. 나는 강을 따라 그 웅덩이 쪽으로 걸어갔다.[36]

이 부분은 '세계의 끝'이라고 불리는 뇌 내 세계의 묘사다. 그곳은 '온

------

36. 무라카미 하루키, 『세계의 끝과 하드보일드 원더랜드(世界の終りとハードボイルド・ワンダーランド)』上卷, 新潮文庫, 1988, p.204.

갖 가능성을 제시하면서 끊임없이 그 형태를 바꾸고, 그 완전성을 유지하고 있는' 세계, 즉 '움직이면서 자기완결하고 있는 세계'라고 평가된다.[37] 그곳에서는 모든 것이 유동적이며 일탈을 낳는 경우가 없다. 그것은 순전히 환상의 세계인데, 그러기에 그야말로 얼마든지 정밀하게 형상화하는 것이 허용된다.

무라카미 하루키의 등장인물은 사건을 매우 미시적으로 관찰함으로써 관리 가능=계산 가능한 것을 늘려간다. 예를 들면 데뷔작 『바람의 노래를 들어라』에서는 앞으로 전개될 텍스트가 소설이 아니라 '리스트'라고 얘기하고 있고, 『1973년의 핀볼』에서도 어떤 여성에 대해서 '확실히 그녀는 그녀 나름의 작은 세계에서 일종의 완벽함을 추구하려고 노력하고 있는 것처럼 보였다'고 쓰고 있다.[38] 그러나 그런 한편으로, 모든 일을 미시적으로 관찰하는 것은 과거와는 이질적인 시간을 갖는 일이기도 하다.

그건 어떠한 것일까. 일반적으로 말해서, 작업단위가 작아지면 작아질수록 목적이 뚜렷해지니까 그만큼 계산하기 쉬워지고, 관리가 용이해진다. 기업 내의 큰 프로젝트를 생각하면 좋은데, 전체를 어느 정도 작은 단위로 분할하고 각각 역할을 분담하지 않으면, 조직은 돌아가지 않는다. 동시에 모두가 전체에 관여해봤자, 혼란만 불러일으킬 뿐이다. 모든 일을 분해하거나 계층화하는 것은 계산 가능성이나 관리 가능성을 향상시킨다는 의미이며 질적인 전환을 포함하고 있다.[39]

---

37. 같은 책, 하권, p.320.

38. 『1973년의 핀볼』, p.69.

39. 허버트 사이먼Herbert Simon의 용어로는 '준準분해 가능성'이라고 한다. 『시스템의 과학(システムの科学)』 p.235. [*The Scienes of the Artificial*, 1996]를 참조. 보다 엄밀하게는 사이먼의 이론에서는 단순히 계층 분화의 필요만이 아니라 계층과 계층의 '관계'가 중시된다.

그러나 다른 한편으로 모든 일을 아주 작은 차원으로 조작하면 거기에 '의도치 않은 감염'이나 '예기치 않은 상호작용'이 생기기 쉽다는 점도 분명하다. 일례로, 게놈과 같은 매우 작은 대상을 상대로 할 때, 그 복잡한 상호작용의 모든 것을 관리하기는 어려워진다. 예를 들면 개개의 게놈의 역할은 해독할 수 있더라도, 3만 유전자의 조합과, 거기에서 오는 조직화의 변화는 현재 상태의 인류의 이해를 뛰어넘는다(따라서, 일부 학자는 게놈에 간섭하는 '유전자 증강'에는 간과할 수 없는 위험이 있다고 주장한다).[40] 유전자에 대한 개입의 위험성은 생물을 복제할 수 있다는 윤리적인 좋고 나쁨 이전에 원래 유전자끼리의 예기치 않은 상호작용을 완벽하게 조절할 수 있는 기술을 인류가 아직도 획득할 수 없다는 데서 유래한다.

작은 것은 한편으로, 모든 일의 관리 가능성을 높인다. 그러나 다른 한편으로 작은 것끼리의 상호작용은 완전하게 관리 가능하다고 할 수 없다. 무라카미의 소설에는 이 두 가지 측면이 교묘하게 직조되어 있다. 무라카미가 그리는 등장인물은 생활을 미세하게 나누고 담담하게 기계적인 삶을 보낸다. 이것은 그 혹은 그녀를 침략하려고 하는 외부의 시간으로부터 몸을 보호하는 것을 의미한다. 그러나 바로 그 작은 것(신화소)의 집적에서 복잡한 상호작용이 발생하고, 평온한 생활에 무수한 에러가 숨겨져 있다. 『태엽 감는 새 연대기』에서 인용한다.

---

40. 게리 마커스Gary Marcus, 『마음을 낳는 유전자(心を生みだす遺伝子)』, 大隅典子 訳, 岩波書店, 2005, p.224. [*The Birth of the Mind*, 2004]. 또한 마커스에 따르면 '유전자의 변화는 아마도 점진적인' 데 비해서 유전자의 사소한 변화는 큰 폭포를 일으키는 경우가 있으므로, '표현형 변화가 점진적이라고 한정하지 않는다'(p.181). 단체(單體)에서의 진화는 추측 가능하더라도 유전자가 구성하는 표현형은 예측 불가능한 움직임이 생기는 경우를 고려할 수 있다.

그러고 나서 야구 방망이 문제가 있었다. 시나몬은 내가 우물 바닥에 야구 방망이를 놓아둔 것을 알고 있다. 그래서 그 야구 방망이 이미지가 마치 '태엽 감는 새'라는 말처럼 그의 이야기를 나중에 '침식했을' 가능성이 있다. 만일 그렇다 하더라도 야구 방망이에 관해서는 그렇게 단순하게 설명하지 못하는 부분이 있었다. 그 폐쇄된 아파트 현관에서 나를 야구 방망이로 두들겨 팼던 기타 가방을 든 남자…… 그는 삿포로의 술집에서 손바닥을 촛불에 지진 자국을 보여준 다음에 나를 야구 방망이로 때리고 내게 야구 방망이로 때리도록 시켰다. 그리고 내 손에 그 야구 방망이를 건네줬다.[41]

이와 같이 무라카미가 묘사하는 폭력의 이미지는 신화소를 통해서 서사가 '침식'되는 것과 평행을 이룬다. 즉 세계가 폭력에 의해 침범당하는 것은 서사가 그 꿈(신화)에 의해 침범당하는 것과 유비적인 것이다. 세계와 서사는 직접적으로는 유사하지 않다. 그러나 세계와 서사는 그 구멍 투성이라는 성질 면에서 유사하다. 그리고 그와 같은 구멍은 바로 '작은 것'을 단위로 모든 것을 관찰함으로써 생긴다.

삶을 넘어서는 것

모든 일의 규모의 변화는 질적 전환을 가져온다. 작은 것을 다루는 것은 두 가지 시간성을, 즉 계산 가능한 시간과 계산 불가능한 시간을 포함하는 일이다. 미시적인 것의 집적이 한편으로 사소한 사건incident을 차근차근 쌓아올리는 운동과 연결되고, 다른 한편으로는 뜻하지 않은 사건accident을 불러들이는 계기도 된다고 바꿔 말할 수 있다. 어쨌든 무라

---

41. 『태엽 감는 새 연대기』 제3권, p.347.

카미 하루키는 모든 일을 자세히 분해하는 것 **그것 자체**에 하나의 세계 인식을 응축한다. 불확실성과 패턴을 양립시키는 데 물체 규모의 변화가 효과적으로 기능하고 있는 것이다.

일반적으로 무라카미 하루키라고 하면 글로벌화가 진전된 세계에서 '장소 상실 문학'의 대표자로 간주된다. 특히『노르웨이의 숲』(1987)의 끝부분에 '나는 아무 데도 아닌 장소 한가운데에서 미도리를 계속 부르고 있었다'는 한 문장에는 이 주인공이 뭔가 매우 추상적인 시공에 얽혀 있다는 점이 암시되어 있고,[42] 현실에서 무라카미의 소설이 전 세계에서 읽히고 있다는 것은 이미 잘 알려져 있는 바다. 다만, 무라카미의 문학성의 본질은 오히려 이 장소 상실의 끝에 있다고 할 수 있다. 즉, 과거의 공간적 질서의 해체를 **물체의 규모의 임의화**로서 감지하는 것, 바로 이것이다. 안정된 공간이 무너지면 물리적인 '상품'의 크기나 배열도 자유화된다.

우리는 오랫동안 개체의 성장과 죽음을 기준으로 한 시간의 이미지에 의해 사회나 문화를 측정해왔다. 하이데거처럼 존재를 '죽음'과 근원적으로 결부된 것으로 파악한 철학자는 바로 그 극한에 위치한다. 그에 비해서 작은 것으로 가득 찬 세계는 그러한 개체의 삶과 죽음의 리듬을 일탈한다. 그런 점에서 점진적이고 보수적인 시간성과 비약적이고 예측 불가능한 시간성, 즉 관리 가능성과 관리 불가능성이 공존한다. 작은 것은 개체가 살아가도록 살아 있는 것이 아니다. 그 이중의 시간성은 보통 삶의 리듬을 뒤틀리게 한다.

예를 들면『태엽 감는 새 연대기』는 확실히 무수한 죽음과 상실의 이미지로 가득 차 있다. 주인공도 몇 번 죽음의 인연에 노출된다. 하지만

---

42. 무라카미 하루키,『노르웨이의 숲』下卷, 講談社文庫, 1991, p.262.

신화소의 네트워크는 결코 절대적인 죽음을 맞이한 적이 없고 개체의 성장과 같은 안정된 삶을 각인하는 것도 아니다. 좀 더 깊게 들어가자면 『태엽 감는 새 연대기』의 본질은 삶에 대해서 죽음을 부딪치는 것만이 아니라, 이른바 삶에 대해서 **삶을 넘어서는 것**을 부딪치는 데 있다고 할 수 있다. 물론 그런 시도가 충분히 성공했다고는 단언할 수 없다. 그렇긴 해도, 무라카미가 그리는 세계상이 모종의 방법으로 현대 사회의 존재양상에 근접하고 있다는 것은 확실하다고 여겨진다.

세계인식의 유형

정리해보겠다. 글로벌화는 무라카미 하루키 문학의 두 가지 토대를 제공했다. 하나는 규격품의 확대이며 또 하나는 공간적 제약의 해제다. 무라카미는 한편으로 사람들이 공유하는 상품=신화소의 네트워크를 충분히 살리고 신화소의 겹침으로부터 환각적인 이미지를 파생시키면서 그 네트워크에 얽힌 인간의 멜랑콜릭한 감정을 발생시킨다. 또한 다른 한편으로 공간적인 제약limit을 벗어나서 아주 작은 것을 단위로 하고 계산 가능성/계산 불가능성을 장착한 신화를 그려낸다. 무라카미의 입장에서 '세계'는 우리의 입장에서의 '세계'를 이른바 확대경을 쓰고 보는 것이다.

  이렇게 작품을 분석하다 보면, 무라카미 하루키에게는 '세계인식'의 유형이 구비되어 있는 것처럼 보인다. 이것은 현대 문화에서 드문 일이다. 가라타니 고진이 무라카미 하루키론을 다룬 앞의 저서에서 언급했듯이, 오늘의 문화는 '세계나 자기를 인식한다'(코제브)와 같은 사변을 대부분 그 임무로 하지 않는다.[43] 만일 세계의 최종목적지를 리버럴한 민주주의

---

43. 가라타니 고진, 앞의 책, p.174.

로 확정한 것이라면, 세계를 철학적으로 인식하는 것은 아무런 의미도 없다. 문학도 그 예외가 아닌 것이다.

물론 그렇게 말하더라도 사회제도의 마이너체인지Minor Change, 부분적 모델 변경은 있을 것이다. 오히려 **너무 지나칠 정도로 존재할 것**이다. '패기[기개]thymos'(프란시스 후쿠야마)로 가득찬 이노베이터가 시장에서 성숙과 차별화의 사이클을 돌리고 있는 한, 사회의 원리는 얼마든지 변해가는 것이기 때문이다. 혹은 기술혁신에 의해 네트워크의 성질이 변경되면, 신화의 질도 얼마든지 달라질 것이기 때문이다. 이러한 상황의 한 가지 귀결로서 이른바 **인식에서 생성으로**라는 전환, 즉 인식의 가치가 하락하는 대신에 무無에서 유有를 만들어내는 생성의 작업이 우위를 구축하는 전환이 일어난다고 하더라도, 조금도 기이하지 않다. 하지만 생성의 우위는 어디까지나 세계인식의 틀을 제시하려고 시도하는 아티스트의 입장에 큰 어려움을 야기할 것이다.

그와 같은 상황을 근거로 하면 일본의 일부 사상가나 아티스트(나카자와 신이치中沢新一, 스기모토 히로시杉本博司, 1948~, 사진가 등 무라카미와 같은 세대의 작가)가 마침내 선사 시대로까지 거슬러 올라가서 고대적인 인식구조를, 말하자면 '의태擬態,mimicry'하려는 것도 설명이 될 것이다. 고대사회에는 세계인식의 유형이 풍부하게 비축되어 있다. 적어도 그와 같이 판단된다. 그리고 실제로 그러한 고대적인 것에 접근하면 작품을 정력적으로 산출할 수도 있다. 그러나 고대로 거슬러 올라가는 것은 '세계나 자기를 인식하기' 위한 원천이 현대에서는 더 이상 획득되기 어려워지고 있다는 반증이기도 하다.

무라카미 하루키는 바로 그 고갈에서 출발한다. 리버럴한 민주주의의 우위는 절대적이고 모두 그 틀 안의 마이너체인지에 불과하다. 그와 같은 리버럴한 우위성을 '인식'하는 것이 무라카미 소설의 특성이었다고 할 수 있다. 무라카미는 네트워크화된 사회 속에서 일어나는 사건을 건져 올리는 것을 자각적으로 특화한, 아마도 최초의 일본인 소설가다. 시장을 밑바닥에 둔 이 새로운 사회에서 무라카미는 신화의 네트워크를 만들어내고 또한 그 네트워크에 연루된 인간을 그린다. 거기에는 확실히 세계와 인간의 관계가 그려져 있다.

　물론 무라카미가 그린 세계의 리얼리티는 기존의 신화가 용해되어버리면 단적으로 무無가 되어버린다. 실제로『태엽 감는 새 연대기』의 마지막은 다음과 같이 끝난다. '나는 눈을 감고서 자려고 했다. 그래도 정말 잘 수 있는 건 한참 지나서였다. 어디로부터도 누구로부터도 먼 장소에서 나는 어느샌가 조용하게 잠에 빠져들었다.'[44] '어디로부터도 누구로부터도 먼 장소'야말로 리버럴한 민주주의 사회 특유의 '장소'다.

44.『태엽 감는 새 연대기』제3권, p.509.

4 하드보일드적 주체성

하드보일드 원더랜드

무라카미 하루키는 신화 작가 혹은 메타신화 작가로서 문학에 하나의 지침을 제시했다. 문예비평 측면에서도 무라카미를 기준으로 삼으면 여러 가지 문제가 명확하게 보인다는 이점이 있다. 그렇긴 해도 특별히 무라카미가 고고한 존재라는 뜻은 아니다.

　예를 들면 공간의 파괴라는 프로그램은 이미 문학사에 등록되어 있다. 다음 장에서도 다루겠지만, 그 방향성을 선구적으로 제시한 작가는 19세기 영국 작가 루이스 캐럴이다. 캐럴은 유명한 『이상한 나라의 앨리스』(1865) 등 여러 작품에서 공간으로부터의 해방을 매우 과격한 방식으로 실행한 작가였다. 캐럴식 '원더랜드'는 단순한 판타지라기보다는 우선은 공간이 철저하게 자유화된 세계이므로 물체의 규모도 현기증 나게 달라진다. 한편, 무라카미의 작품은 캐럴만큼 유희성이 있는 것은 아니지만, 작은 것을 직조하는 관리 가능성/관리 불가능성을 바탕으로 한다는 것은 앞에서 살펴본 바와 같다. 무라카미는 작은 것을 단위로 함으로써 이른바 현대판 '원더랜드'를 그렸다.

또한 그 점에서 보면, 무라카미의 '하드보일드 원더랜드'라는 스타일은 시사적이다. 이 타이틀 자체가 어떤 유형의 인간과 어떤 유형의 세계의 관계를 암시하고 있기 때문이다. 가령 '원더랜드'가 캐럴적인 세계, 즉 축척이 틀어진 신화세계와 연결된다고 하면, '하드보일드' 쪽에도 명백한 유래가 있다. 특히 여기서는 무라카미 자신이 번역하였고 공공연히 영향을 받았다고 말한 미국의 하드보일드 소설가 레이먼드 챈들러가 주목할 만하다.

챈들러의 대표작 『롱 굿바이』는 1953년에 간행된 작품이며 무라카미의 말을 빌리면, 이미 '준 고전소설'에 가깝다. 거의 역사적 존재가 된 작가로부터 실제로 30년 이상의 시간을 두고서 무라카미에게 어떤 주체성의 양식이 전승된다. 이것은 문학사적인 관점에서 보더라도 매우 흥미롭다. 그렇긴 해도, 여기서 본격적인 챈들러론을 전개하는 것은 이 책 전체의 균형을 고려한다면 균형이 안 맞는다. 그러므로 여기서는 작가의 전체상을 그려내기보다는 오로지 하드보일드를 통해 보이는 인간과 세계의 관계를 추출하고 무라카미의 '전사前史'를 부각시키는 데 주력한다.

레이먼드 챈들러의 소설에서의 동물

챈들러의 문체란 구체적으로 다음과 같은 것이다.

다음날 아침 나는 전날 받은 보수 덕분에 평소보다 아침잠을 잤다. 한 잔 더 커피를 마시고 한 대 더 담배를 피우고 한 개 더 캐네디언 베이컨을 먹었다. 그리고 앞으로 전기면도날을 두 번씩 사용하지 말자고 삼백 번째 다짐을 했다. 그것으로 겨우 보통의 하루가 되었다. 10시에 사무실에 도착하여 쌓여 있는 우편물을 집어들고 봉투를 뜯어서 책상에 쌓아올렸다. 창을 활짝 열고 밤새 쌓인 먼지나 더러움을 바깥으로 내보냈다. 그것들은 정지한 공기 안에 떠다니거나 방 귀퉁이 블라인드 틈새에 가라앉아 있었다. 책상 귀퉁이에는 나방이 날개를 편 채 죽어 있었다. 날개를 다친 벌 한 마리가 창문턱 위를 큰 틀을 따라 비틀비틀 걷고 있었다. 날개를 움직이고는 있었지만 그 소리는 아무래도 힘이 없었다. 그것이 아무 소용없는 시도라는 것은 본인도 잘 알고 있는 듯했다. 끝이 다가오고 있었다. 이제까지 너무 많은 사명을 맡아온 것이다. 제 집으로 돌아올 만한 힘은 이제 없다. (『롱 굿바이』 무라카미 하루키 번역)[45]

무라카미가 챈들러의 섬세한 일상묘사에 큰 영향을 받고 있는 것은 이 인용문만 봐도 분명할 것이다. 주인공이 탐정인데도 챈들러의 소설에서는 범인을 찾는 과정 이외에 확실히 '소소한 것'으로 가득찬 일상이 큰 비중을 차지한다. 탐정 필립 말로는 종종 바깥 세계에서 곤혹스런 일들을 치르고 피곤에 지친 상태로 집으로 돌아온다. 그런 그가 '보통의 하루'를 되찾기 위해서는 담배, 커피, 캐네디언 베이컨의 힘이 필요한 것이다.

동시에 여기서 주목할 만한 것은 챈들러가 사용하는 주체의 이미지다. 예를 들면 지금 인용한 부분에서 말로가 자신을 '날개를 다친 벌'과 동일화하고 있다는 표현이 지나친 말이라면, 적어도 그와 벌 사이에는 어떠한 우의적인 연결이 발생하고 있는 것처럼 보인다. 갑자기 재수 나쁜 일에 걸려들어도 일상을 땅바닥에서 다시 내딛으려고 하는 말로의 시선은 확실히 '벌레'의 그것과 가깝기 때문이다.

주인공과 벌레(또는 동물) 사이의 이런 종류의 연결은 『안녕, 내 사랑』

45. 레이먼드 챈들러, 『롱 굿바이』, 村上春樹 訳, 早川書房, 2007, p.212.

(1940)에서는 좀 더 확연히 드러난다. 우선 이 소설은 '사슴'이라는 별명을 지닌 남자의 사랑이 서사의 중요한 부분을 차지한다. 또한 그 '사슴'이 일으킨 사건을 시작으로 다양한 사건과 부딪치는 말로의 주위에는 '핑크색 머리 벌레'가 종종 인상적으로 묘사되어 있다.

> 핑크색 머리와 핑크 반점이 있는 윤기 나는 검은 벌레가 랜들의 책상의 반질반질 닳은 표면을 슬슬 기어 다녔다. 그리고 날개를 파닥거리기 위한 바람을 찾듯이 한 쌍의 촉각을 여기저기에 더듬거렸다. 마치 감당하기 힘들 정도로 많은 팔 것을 보따리에 떠안고 있는 노파처럼 걸을 때마다 천천히 비틀거렸다.[46]

비틀거리는 이 벌레는 분명히 말로와 겹치고 있다. 실제로 작품의 후반에는 이렇게 기록되어 있다. '나는 공백 속을 헤매고 있었다. [……] 나는 시청 건물 벽을 꾸물꾸물 기어 올라가는 핑크색 머리를 지닌 벌레였다.'[47] 조금 전에 무라카미 하루키에 대해서 서술한 것과 완전히 똑같은 의미에서 챈들러가 벌레나 동물 이미지를 많이 사용한 것은 '작은 것'의 몸짓에 의해 움직여지는 세계를 시뮬레이트하는 것과 관련이 있다.

또한, 이것과 관련해서 챈들러의 소설이 *The Big Sleep*이나 *The Long Goodbye* 혹은 *The Little Sister*처럼 '크기'나 '길이'라는 물리적·양적 속성을 직접 타이틀에 붙이는 점도 덧붙여둔다. 챈들러는 잠이나 이별의 인사마저 공간이나 시간을 점유하는 것으로 판단한다. 이러한 타이틀의 암시에 이어서 챈들러 소설에는 전체적으로 세계의 축척을 바

---

46. 레이먼드 챈들러, 『안녕 내 사랑』, 村上春樹 訳, 早川書房, 2009, p.265.
47. 앞의 책, p.343.

꾸는 장치가 가득하다. 더욱이 그 장치가 철저히 민중적인 집단언어에 의해 생겨나고 있는 점에 챈들러의 본질적인 세속성이 있다는 것도 분명할 것이다.

홈즈형 탐정과 말로형 탐정

그런데 챈들러가 『안녕, 내 사랑』이나 『롱 굿바이』를 발표한 1940~1950년대는 때마침 코제브가 미국의 난숙한 소비사회에서 '동물성'의 발현을 발견한 시대다. 챈들러는 마치 그 코제브의 주장을 그대로 실행하듯이 주인공을 쇠약한 벌레에 가까운 존재로 그려냈다. 그는 텍스트에 많은 동물이나 곤충을 살게 하고서 거기에서 인상적인 신화를 파생시키려고 한 것이다.

그것이 챈들러 나름의 세계인식의 유형이었다면, 그와 같은 세계에 서식하는 인간은 어떻게 그려냈을까. 원래 하드보일드 소설의 탐정은 기본적으로 매우 냉소적인 주체다. 즉 추리하는 데에는 어떤 특별한 의미도 없음을 알고 있고 그 무의미함을 얼렁뚱땅 넘기고 사무적으로 일을 해치우는 유형이다. 뒤팽이나 홈즈로 대표되는 19세기의 탐정이 도시의 산보자 혹은 제멋대로 사는 자유인의 이미지로 분류된다면, 20세기 전반에 태어난 하드보일드 탐정은 어디까지나 돈을 받고 일을 하는 존재이며 행동의 자유는 제약된다. 하드보일드 탐정의 입장에서 추리는 즐거운 오락이 아니고 어디까지나 직업이다. 그들은 그 부자유스러움을 냉소주의cynicism(=자기이중화)를 통한 감정의 조절로 감수한다.[48]

----

48. 최근 어느 연구자가 논했듯이, 그 조정에 의해 하드보일드 소설 주인공에게는 일종의 '센티멘탈리티'가 발현한다. 서사의 진전과 더불어 일시적인 격정이 아니라 지속적인 센티멘탈리티(정서)가 작품 전체의 '분위기'로서 배양되어가는 것이다. 이러한 센

이 양자의 차이는 크다. 슬라보예 지젝도 홈즈형 고전적 탐정과 말로형 하드보일드 탐정의 차이에 착안한다.[49] 홈즈형 탐정은 사건에 직접 관계하지 않는다. 그는 초월적인 위치에서 경찰이나 사이비 탐정이 이것저것 추리를 방해하고 돌아다니는 것을 빌미로 마지막의 마지막에서 적확한 해답을 얻는다. 그래서 홈즈형 소설은 항상 조수의 시점에서 쓰이고, 탐정 자신의 내면은 밝혀지지 않는다.

그에 비해서, 하드보일드 소설은 많은 경우 탐정의 일인칭 시점으로 그려진다.[50] 여기서는 탐정이 메타레벨에 서 있을 수 없고 오히려 그 심약함이 강조된다. 그는 돈을 받고 고용되어 좋든 싫든 사건에 연루된다. "그는 그 흐름을 지배할 수 없다. 갑자기 그가 '봉이 됐다'는 점은 분명하다. 처음에는 아주 알기 쉬운 일처럼 보이던 것이 복잡기괴한 게임으로 변해갈 때 탐정이 노력하면 노력할수록 그가 빠진 덫의 윤곽이 점차

티멘탈리티의 발흥에는 당시의 교외화가 반영되어 있다. '1950년대의 대부분의 범죄소설에서 남성 주인공은 도시화와 교외화가 진행된 시대에 집을 보호한다는 책임을 지고 있다'. 그래서 19세기 로맨스에서는 여성이 수동적으로 맡아온 '집을 지킨다'는 역할을, 하드보일드 소설에서는 남성이 능동적으로 맡게 된 것이다. 뿐만 아니라 1950년대는 반외설 캠페인이 여성 단체를 중심으로 대대적으로 전개된 데다, 회사 조직에서 분쟁이 생기지 않도록 해야 했으므로, 강한 남성성을 발휘한다는 것에는 일종의 자기억제가 작용했다. 문학도 그러한 사회 상황의 변화와 무관하지 않았다. 이렇게 해서 하드보일드 소설(보다 넓게는 범죄문학)에서는 남성성과 동시에 그것과 정반대인 가정에서의 여성적인 측면이 공존하게 된다. 자세한 것은 Leconard Cassuto, *Hard-Boiled Sentimentality:The Secret History of American Crime Stories*, Columbia University Press, 2009, pp.109~110을 참조하기 바란다. 이런 점에서 봐도 하드보일드 소설이 교외화 속에서 주체성을 조형한, 중요한 장르임을 엿볼 수 있다. 센티멘탈리티는 그 새로운 유형의 남성이 타자와 유대관계를 맺기 위한 하나의 감정 양식이었다.

49. 슬라보예 지젝, 『삐딱하게 보기(斜めから見る)』, 鈴木晶 訳, 青土社, 1995, 제3장. [*Looking Awry: An Introduction to Jacques Lacan through Popular Culture*, 1991].

50. 다만 지젝도 말했듯이 대실 해밋의 소설은 삼인칭으로 쓰인 것이 많다. 본문에서 논했듯이, 여기에도 해밋과 챈들러의 큰 차이가 있다.

명확해진다"(지젝).[51] 매번 말로의 조사는 급습당하거나 기절당하거나 의뢰인에게 보기 좋게 이용당하는 등 항상 처절한 상황과 맞물려 있다. 한편 홈즈형 탐정이 '봉'이 됐다는 것은 있을 수 없을 것이다. 이와 같이 고전적인 탐정과 하드보일드 탐정은 세계와의 관계 방식에서 거의 정반대라고 할 수 있을 만큼 큰 차이가 있다.[52]

남성적인 것, 여성적인 것

그렇다면 주위 사람들에게 농락당하는 하드보일드 탐정은 그 가혹한 상황을 어떻게 처리할까. 그 처리방식은 결코 똑같지 않다. 특히 가장 유명한 두 사람의 하드보일드 작가, 즉 대실 해밋Dashiell Hammett, 1894~1961과 레이먼드 챈들러는 주인공의 유형이 꽤 다르다. 그것은 구체적으로는 주인공과 여성-특히 말하자면 팜므파탈이라는 운명의 여자-의 **관계** 차이로 표현된다. 가령 지젝은 하드보일드 소설이나 느와르 영화Film Noir에 등장하는 팜므파탈에 대해서 이렇게 말한다.

> 권력욕에 사로잡혀서 남자들을 끊임없이 조종하지만 동시에 제삼의, 애매한 인물의 노예이기도 하다. 그 제삼자는 종종 성적불능이거나 양성애자다. 그녀가 신비한 분위기를 자아내는 것은 바로 그녀를 주인과 노예의 대립 속에 명

---

51. 지젝, 앞의 책, p.123.

52. 홈즈형 탐정을 연장해온 작가, 가령 엘러리 퀸Ellery Queen 등은 탐정 자신이 분명히 조작되고 있는 것이 아닐까 하는 의구심(이른바 후기 퀸 문제)에 괴로워한다. 다른 한편 해밋이나 챈들러의 탐정은 처음부터 이미 사건의 회로 속으로 끌려들어가 버리고 자신이 조작되고 있다는 것이 이미 전제되어 있다. 챈들러가 영국의 고전적 미스터리를 비판한 것은 그렇게 생각하면 시사적이다. 「간단한 살인법(簡単な殺人法)」, 『事件屋稼業』 수록. [*Trouble Is My Buisiness*, 1939]을 참조.

확하게 위치시킬 수 없기 때문이다. [……] 도대체 그녀는 즐기고 있는가, 괴로워하고 있는가, 남자를 조종하고 있는가, 아니면 그녀 자신이 조종당하고 있는가. 아무래도 확실하지 않다. 느와르 영화(혹은 하드보일드 탐정소설)에서 어느 순간, 즉 숙명의 여자가 한풀 꺾여서 좌절하고 남자를 조종하는 힘을 상실하여 자기 자신의 게임의 희생자가 되는 순간, 그런 애매모호한 성격을 만들어낸다.[53]

하드보일드에서 남성은 종종 팜므파탈에 의해 농락당한다. 그에 비해서 여성은 조종하고 있는지 조종당하고 있는지, 혹은 유혹하고 있는지 유혹당하고 있는지, 그 경계가 확실하지 않은 모호한 주체를 드러낸다. 해밋의 탐정 샘 스페이드는 바로 그 애매한 여성성을 거절함으로써 농락당하고 있는 상태에서 회복된다. 스페이드는 자신이 체포되어 처형되느냐 아니면 여자가 체포되느냐 하는 극한 상황에서 결국 후자를 선택한다. "스페이드는 이를 부드득 갈며 이렇게 내뱉었다. '너한테 **바보** 취급당하고 싶지 않아'"(『말타의 매』).[54] 유혹을 거절함으로써 스페이드는 자기조절력을 되찾는다.

챈들러도 팜므파탈의 유혹을 거절하길 시도한다. 하지만 그것은 해밋식의 비통한 느낌을 주는 것과는 다르다. 원래 챈들러의 소설에서는 팜므파탈의 유혹을 거절하는 것으로 모든 일이 원만하게 해결되지 않는다. 가령 『안녕, 내 사랑』에서 말로의 마지막 대사는 다음과 같다. '확실히. 얘기하자마자 나도 그렇게 생각했지. 아마 모든 것은 버튼을 잘못 누른 것이겠지. 이만 할게. 그런데 내 핑크색 벌레는 무사히 여기로 되돌

53. 지젝. 앞의 책, p.127.

54. 대실 해밋, 『말타의 매(マルタの鷹)』, 小鷹信光 訳, ハヤカク文庫, 1988, p.322. [*The Maltese Falcon*, 1930].

아온 걸까?'[55] 즉 사건을 해결하더라도 말로는 어디에 안주하지도 못하는 것이다.

또한 챈들러의 마지막 작품 『플레이백*Playback*』(1958)은 추리 자체보다도 오히려 곁다리 에피소드가 눈에 띈다. 『플레이백』에서 말로는 두 명의 여성과 잇달아서 섹스를 나눈 뒤 예전에 『롱 굿바이』에 등장했던 여성 린다 로링에게서 전화가 걸려오고 갑자기 프러포즈를 받는다. 뿐만 아니라 『플레이백』에 이어지는 미완의 장편소설 『푸들 스프링스 이야기』(1959)에서는 말로와 로링이 이미 결혼한 상태이고 머리말에서는 신혼살림의 감상을 늘어놓는다. 이러한 작품에서는 탐정으로서의 본업(사건의 해결) 이상으로 여성과의 **능동적이고 수동적인** 관계가 전경화前景化되어버린다.

해밋의 주인공이 운명과의 대결에 의해 자기를 특징짓는 '남성적'인 주체라고 한다면(그런 점에서 그의 소설에 고전비극의 색채가 내재되어 있는 것은 분명하다), 챈들러의 주인공은 말하자면 '여성적'인 주체다. 다양한 유혹이 이중 삼중으로 말로를 에워싸고 있고, 첫 번째 화살을 피하더라도 두 번째 화살, 세 번째 화살이 잇달아 그에게 떨어지게 된다. 쏟아지는 화살을 맞으면서 말로는 때로는 유혹에 걸리고 때로는 자신이 타인을 유혹할 것이다. 말로는 오히려 팜므파탈과 비슷하다-즉 '조종하고 있는지 조종당하고 있는지 혹은 유혹하고 있는지 유혹당하고 있는지, 그 경계가 분명하지 않은 모호한 주체'다. 제2장의 도식으로 말하면 말로는 의존함으로써 자율적인 유형의 주체성, 즉 의존성과 자율성이 어느 쪽도 모순되지 않게 고조되는 주체성을 체현한다.

그렇다면 해밋과 챈들러의 차이는 운명과 정면으로 대결하느냐 아니

---

55. 챈들러의 앞의 책, p.368.

면 운명을 차례로 다시 쓰느냐 하는 차이로 표현할 수도 있을 것이다. 이 차이는 사회 원리의 변천을 고려해보면 더욱 흥미롭게 비친다. 근대의 리버럴한 사회를 정리하는 원리는 단일한 운명과의 대결에서 시스템의 분산처리로 옮겨갔다. 해밋에서 챈들러에 이르는 흐름은 그 원리의 양쪽에 발을 걸치고 있다는 의미에서 문학사적으로 중요한 전환점을 차지한다.

스페이드와는 달리 말로는 주위를 조작하면서 자신도 운명에 의해 조작당하는 대가를 치른다. 즉 주위 여성을 이용하여 자기 자신이 자리 잡을 니치niche(생태적 지위)를 구축하고 동시에 자기 자신의 신체는 주위에 드러낸다. 실제로 말로 주위에는 늘 여성의 그림자가 있고 그녀들과의 관계를 완전히 끊을 수 없다. 말로도 그녀들도 각각의 욕망을 지니고 있으며, 더구나 누구도 그것을 완전히 단념하지 않는다. 『플레이백』에서 『푸들 스프링스 이야기』로의 흐름은 이러한 상호침투적인 관계성을 보다 뚜렷하게 해줄 것이다.

물론, 여기서 말하는 '남성적' 혹은 '여성적'이라는 것은 추상화된 모델이며, 실재의 남성이나 여성과는 그다지 관계가 없다. 덧붙이자면 무라카미 하루키의 주체는 확실히 '여성적'이라고 여겨진다. 무라카미의 소설에는 남성이든 여성이든 '조종하고 있는지 조종당하고 있는지 혹은 유혹하고 있는지 유혹당하고 있는지, 그 경계가 분명하지 않은 모호한 주체'가 상당히 빈번하게 출현한다.

예를 들면 『세계의 끝과 하드보일드 원더랜드』의 서두에 등장하는 '젊고 아름답고 뚱뚱한 여자'는 목소리를 빼앗긴 상태로 정체를 알 수 없는 노인의 심부름꾼 노릇을 하고 있는데(=조종당하고 있다) 서사가 진행되면서 주인공을 유혹하게 된다. 혹은 『태엽 감는 새 연대기』로 예를 들면 어떤 과거의 사건 때문에 인생이 꼬여버린 가노 마루타와 가노 쿠레타라는 정체를 알 수 없는 쌍둥이가 출현하고 이른바 **마음에 상처를 입은 팜므파탈** 역할을 하며 주인공을 유혹한다. 또한 『태엽 감는 새 연대기』에서는 앞에서 언급했듯이 아내 쿠미코가 갑자기 실종되어 버리는데, 그것도 누구에게 조종당한 것인지 아니면 반대로 그녀가 주인공을 조종하려고 하는 것인지 마지막까지 잘 알 수 없다. 그리고 또한 무라카미가 그려내는 남성 주인공 자신이 식사하자며 자주 여성을 유혹하고 때로는 성적관계를 맺는다. 챈들러=무라카미의 등장인물은 자신의 신체를 개방하고 또한 타인의 개방된 신체에 그냥 올라탄다. 단일 주체와 단일 운명(팜므파탈)이 대결하는 것이 아니라 상대를 언제든지 자신의 입장에서의 자원으로서 약탈할 수 있고, 그 반대도 마찬가지라는 것이 챈들러와 무라카미가 공유하는 하나의 문학적 양식(모드)이라고 여겨진다.

양식의 집적으로서의 문학사

양식mode은 때로 격세유전처럼 전달된다. 따라서 그것은 좁은 의미의 장르사에서는 보이지 않는다. 나의 제안은 문학사는 단기 혹은 장기적인 여러 양식이 겹친 아말감(복합체)으로서 파악되어야만 하는 게 아닐까 하는 것이다.

　문학은 원래 잡식적이고, 다양한 지식을 끌어들일 수 있다. 게다가 그때 지식의 완전성을 주장할 필요는 없고 그것은 원래 불가능하다. 문학에서 제시된 지식은 항상 등장인물에 의해 매개된 것이라서 그것이 진정한 것이라는 보증은 어디에도 없기 때문이다. 문학은 어떤 지식의 올바름을 주장하는 것이 아니라 어떤 지식의 올바름을 믿는 사람(혹은 그 올바름에 의문을 품고 있는 사람)을 그린다.[56] 프랑스계 비평용어로 바꿔 말하면 언표가 아니라 언표행위의 주체를 그린다. 즉 시대에 유포되어 있는 지적 코드에 대해서 어떤 유형의 사람들이 어떻게 **관여**하고 있는지를 그리는 것을 지향한다. 도스토예프스키의 소설이 아주 좋은 예다. 챈들러나 무라카미의 하드보일드의 '모드'도 세계를 충족하는 코드에 주체가 어떻게 관여하는지를 부각시킨다.

이번 장의 머리말에서 말한 '문학의 신화론적 분석'은 바로 이러한 문학사적 문제에 깊게 관련되어 있다. 다시 확인해두자면 라이트노벨이나 휴대폰소설과 같은 펄프픽션은 특정 코드만을 농축하여 리얼리티의 소재로 바꿔간다. 그와 같은 문학이 있는 반면, 챈들러=무라카미적인 문학 양식은 그와 같은 얼룩무늬의 세계에서 살아가는 주체를 부각시켰다. 첫째 문학이 세계에 어떻게 리얼리티를 만들어내는가, 둘째 그 얼룩무늬의 세계에서 살아가는 인간(언표행위의 주체)을 통해서 어떻게 세계인식의 유형을 취득하는가. 이 양 측면을 다루는 것이 '문학의 신화론적 분석'이다, 이렇게 정리하기로 한다.

마지막으로 덧붙인다면 세계인식의 유형의 제시는 굳이 강한 말을 사용하자면 '윤리'에 관한 것이기도 하다. 현대의 윤리는 지금까지 자명하다고 여겨진 경계의 가변성에 착안해왔다. 예를 들어 순수하게 개인주의만으로 제도를 구성해왔다면, 혹은 순수하게 효용에 기반하여 규범을 설정한다면 과연 어떠한 사회가 완성되는가. 그와 같은 물음이 항상 윤

---

56. 가령 바르트의 『문학의 기호학(文学の記号学)』에는 이렇게 섬세하게 쓰여 있다. "[……] 문학이 동원하는 지식은 결코 완전무결한 것도 아니고 최종적인 것도 아니다. 문학은 어떤 것을 알고 있다고 말하지 않고 어떤 것의 일부를 알고 있다고 말한다. 혹은 좀 더 적절하게 어떤 것에 대해 무엇인가를 알고 있다-인간에 대해 많은 것을 알고 있다고 말한다"(p.21). [*Lecon: lecon inaugurale de la chaire de semiologie litteraire du College de France prononcee le 7 janvier 1977*, 1978].

리학의 주변을 둘러싸고 있다. 이러한 물음은 모두 기존 경계의 변경을 초래한다.

이와 같이 만일 온갖 윤리의 본질이 '기존의 경계를 바꾸는' 것에 있다면 문학의 윤리는 역시 어떠한 세계인식의 유형을 제시하는 것이다. 그것에 의해서 동떨어진 좌표끼리의 호환이 가능해지기 때문이다. 그렇다면 문학으로부터 권위가 박탈되고 철저한 세속화의 과정에 떠밀려가고 있는 지금이야말로 문학의 윤리=인식을 배양하는 일의 중요성이 정말로 가중되고 있다고 해도 결코 틀린 말이 아니다. 문학적 야심을 지닌 자의 입장에서 현대는 어떤 의미에서 최악의 시대이지만 다른 의미에서는 최고의 시대다.

제5장 게임이 생각한다 - 미학적인 것

게임은 플레이어들이 룰에 기초해서 균형 상태를 만들어내는 메커니즘이다. 오늘날 일부 실험적인 게임은 현실성과 가능성의 경계를 애매하게 만들고 그 대신에 정합성이나 필연성이라는 카테고리에서 새로운 전선을 펼치고 있다. 즉 보통의 경우라면 있을 수 없는 균형 상태를 정합적으로 출현시키는 것, 혹은 반대로 균형을 넌센스로 바꿔버리는 것이 표현의 원천이 되는 것이다. 이번 장에서는 거기에서 보이는 '기지'에서 새로운 '미학'의 영역을 다룬다.

또한 게임이 가장 추상적인 환상=사변의 양식이 된다는 것을 제시한 선구자는 루이스 캐럴이다. 이번 장의 마지막에서는 오늘날의 게임 작가들의 먼 선조에 해당하는 캐럴의 문학을 통해서 의미와 넌센스의 유희에 대해 생각한다.

앞 장에서 세계에 리얼리티를 배태시킨 커뮤니케이션의 과정과 그 과정에 편입된 인간상의 양식mode을 펄프픽션과 무라카미 하루키, 하드보일드 소설을 사례로 다루며 살펴보았다. 사회의 복잡성을 감축하는 게이트로서의 '의미'가 철저한 세속화를 거치면서 시간 조작 또는 시간 점유 등과 같은 새로운 기준값에 의해 재편성된다. 커뮤니케이션의 생태학은 이러한 기준값의 변모를 확인해야 한다. 사람들의 공통전제를 확대하는 '신화의 공적 사용'도 내구성을 지닌 '의미'를 확보해야만 한다.

이번 장에서는 앞에서 언급한 문제를 이어가며 그 반대쪽 주제로서 의미 이전의 '느슨함'이나 '시시함[하찮음]', 또한 응용편으로서 '넌센스' 문제를 다룬다. 그 과정에서 참조되는 것이 게임이다. 미리 말하자면 게임은 어떠한 균형 상태를 복합적인 방식으로 설정하려는 미디어이며, 그렇기 때문에 의미의 결정화의 과정을 잘 보여준다. 동시에 그 의미 생성 그 자체가 기껏해야 설정의 산물에 불과하고 본질적으로 '무의미'하다는 것을 드러내는 데도 게임은 매우 적절하다. 이번 장에서는 우선 그 무의미함의 개시를 '미학적'이라고 칭하며, 다음으로 현대의 동인 게임에서 보이는 '기지(재치)'나 루이스 캐럴의 소설에서 보이는 넌센스한 시간 조작에서 '미학적인 것'의 가능성을 찾고자 한다. 결과적으로 의미와 넌센스의 교차의 일면을 제시할 수 있다면 여기서 의도한 것은 성공한 셈이다.

'무엇이든 된다anything goes'

파열[裂開]로 가득 찬 세계를 시스템의 오토포이에시스를 통해서 수시로 '재안정화'하는 리버럴한 사회. 그러나 그러한 자기참조적=자기준거적인 네트워크는 예전에 독일 사회학자 울리히 벡Ulrich Beck이 말했듯이, 종종 사회의 '마비'를 가져온다.[1] 그래서 우리에게는 그 자기참조적=자기준거적 네트워크에 간섭하는 방법을 축적하는 것, 다시 말하면 정상성이 아닌 이상성에 봉사하는 사회학적 계몽이 요구된다. 현대에서 계몽은 미온적인 교양주의와 동일시되기도 하지만 이것은 약간 어리석은 판단이라고 할 수밖에 없을 것이다. 계몽이란 오히려 과거의 교양주의로는 결코 영향력이 미치지 않는 구조적 맹점을 조명하는 것이다.

그렇다면 그 '방법'은 어떻게 전개되면 좋을까. 문제의 정리를 위해 여기서는 인간이란 본질적으로 네트워크에 매몰된 존재라고 생각하는 입장을 '생태학적'이라고 칭하고, 그러한 유형무형의 관습으로부터 자유를 호소하는 입장, '무엇이든 된다'를 긍정하는 입장을 '미학적'이라고 부르기로 한다.[2] 얼핏 보면 상반된 두 가지 견해는 실은 양립할 수 있다. 즉 우리는 소프트웨어의 생태계에 편입되어 그 지원이 없으면 살아갈 수 없는 '동물'(아즈마 히로키)이다. 하지만 동시에 그 생태계에서 우리가 무엇을 하는가, 또는 그 축적에 의해 장차 무엇이 생겨나는가를 오늘날만큼 예측하기 어려운 시대도 없다. 우리가 시장의 생태계에 얽혀 있다는 것과, 전통에서 해방되어 자유로운 선택에 노출되어 있다는 것, 관습의 동물이라는 것과 우연의 동물이라는 것은 완전히 모순이다. 우리는 은신처 shelter에 격리되어 있지만, 실은 끊임없이 미지의 병원균에 노출되어 있다.

여기서 주의할 점은 미美의 부분도 생태계에 의해 커버될 수 있는 지점

1. 울리히 벡,「정치의 재창조(政治の再創造)」, Ulrich Beck+Anthony Giddens+Scott Lash, 『재귀적 근대화(再帰的近代化)』, 松尾精文·叶堂隆三·小幡正敏 訳, 而立書房, 1997, p.50. [*Reflexive Modernization-Politics, Tradition and Aesthetics in the Modern Social Order*, 1994].

2. 생태학적인 것과 미학적인 것의 분할에 대해서는 앞에 언급된 책에 수록된 스코트 래쉬 「재귀성과 그 분신」을 부분적으로 참조했다. 래쉬의 용어로 말하면 전자는 부르디외나 하이데거와 연결되는 '해석적 재귀성', 후자는 아도르노나 니체와 연결되는 '미학적 재귀성'의 구별에 해당한다.

이 늘고 있다는 것이다. 지금까지 모더니즘의 맥락에서는 당연히 '무엇이든 된다'의 부분을 담당하는 데 아트art=미의 사명이 있었다. 사회로부터의 동일화=정상화 요구에 대해 어디까지나 비동일성=타자성을 부딪치는 것, 즉 생태계의 유형무형의 관습을 단절하고 '실제로는 어떻든 있을 수 있다(하지만, 우선 이렇게 할 수밖에 없다)라는 위상位相을 잘라내는 것, 거기에 아트의 자유가 있다는 것이 일반적인 이해였다고 할 수 있다. 그런 점에서 아티스트란 우연성을 사랑하는 사람이다.

그러나 소프트웨어의 생태계가 보다 발달하고, 익명성을 띠며 하이퍼리얼한 신화에도 그에 상응하는 질이 확보된다면 사정은 달라진다. 거기에서는 생태계와 미학이 대등하게 접하고 있는 것이 아니라, 오히려 전자가 후자의 역할을 병합해갈 것이다.

생태계의 미메시스

이 양자가 애매해지는 지점에 대해서는 이라크 출신 건축가 자하 하디드Zaha Hadid, 1950~의 작업을 참조하면 흥미롭다. 그녀는 말레비치 등이 제창한 절대주의Suprematism의 흐름과도 연결된다. 어떤 의미에서는 철저하게 미학적인 건축가라서 페르시아 양탄자에서 영감을 받는다거나 혹은 동양의 두루마리 그림(繪卷, 에마키)을 연상시키는 다양한 농축된 콜라주 작업을 모티프로 해서, 공간 그 자체가 스크롤scroll되어가는 듯한 몽상적인 비전을 그려냈다. 이미 거의 실현 불가능성에 인접한 건축 디자인을 현실과 충돌하게 함으로써 하디드는 과거나 관습 또는 물리법칙 등의 제약으로부터 인간이 근본적으로 해방된 듯한 세계의 실현을 지향한다. '하디드와 같은 모더니스트의 입장에서 건축이란 그와 같은 세계를 항상 단편적으로 구성하는 것이다'(아론 베츠키Aron Betsky).[3] 그녀 작품의 원리는 1980년대 이후 오늘날까지 대강 일관되게 이어진다.

그러나 하디드의 미학적 건축은 최근 몇 년 사이에 잇달아 현실화되었고, 국제적으로 높이 평가받고 있다. 아무래도 여기서 사태는 반전되기 시작했다고 할 수 있다. 확실히 모더니스트는 지금까지 실현 불가능성에 인접한 한계지점에서 기존의 메커니즘과 격투해왔다. 그러나 그 미학 중, 적어도 일부는 하이퍼리얼한 신화의 연산에 병합되어 실현 가능성의 영역에 편입되어간다. 이미 서술했지만, 하디드식의 공간의 스크롤, 즉 넓은 의미에서의 '형태는 유동성을 따른다' 유형의 디자인은 오히려 시대의 엠블럼이라고 하기에 적합한 것이다.

따라서 생태학이나 미학이이라는 점에서 보면, 자하 하디드는 어떤 의미에서는 철저하게 미학적이므로 도리어 생태적 세계의 아이콘icon과 같은 존재에 가까워진다는 역설이 있다(또는 생태학적 세계의 아이콘이 가장 미학적으로 보인다는 가치 전도가 있다고 할 수 있겠다). 하이퍼리얼한 신화의 시대에 자연은 초극되는 것이 아니라 오히려 이용된다. 따라서 거기에서 아트의 유동성은 모더니즘적인 불가능성의 거점이라기보다도 생태계의 미메시스로서 이해될 것이다.

다시 말하면 절대주의적인 추상성이나 형식성은 원래 대중사회의 원리와 상성相性이 좋았다. 가령 오쓰카 에이지나 데즈카 오사무 혹은 데즈카 이전의 만화론의 배경으로서 절대주의와 관련성이 깊은 러시아 구성주의의 영향이 있었음을 지적할 수 있다. 전전戰前 일본의 서브컬처에는 해외의 영화이론을 탐욕스럽게 흡수하고, 그것을 자신들의 창작의 밑천으로 삼으려는 움직임이 있었다. 특히 전전의 미디어 이론을 대표하는

---

3. Aaron Betsky, "Beyond 89 Degrees" in *Zaha Hadid*, Thames &Hudson, 1998, p.6.

이마무라 다이헤이今村太平, 1911~1986, 영화평론가는 러시아 구성주의와 미국의 디즈니 영화를 명확하게 '야합'하려고 했었고,[4] 지금 읽어봐도 수준 높은 비평을 남겼다.

실제로 이마무라는 디즈니를 논하면서 '몇 백 명의 미술가가 미키마우스의 얼굴이나 손발, 다양한 배경이나 색채를 따로따로 담당해서 그린다. 예술창작의 이와 같은 분업노동으로의 환원, 여기에도 만화영화의 공장제 수공업적인 성격을 볼 수 있다'고 서술한다. 또한 알통 속에서 모터를 회전시킨 뽀빠이를 '기계학적 구조물'로 간주하면서 '만화영화의 공상은 모두 현대 미국의 알레고리다'라고 말한다.[5] 즉 디즈니의 작품 제작 환경, 영화내용이 모두 자본주의하의 기계화 과정을 직접 체현함으로써 리얼리티를 획득한다는 것이다. 이러한 대량생산 시대의 제작기법이 러시아 구성주의적인 방법론, 즉 그림이나 캐릭터를 기호나 패턴으로 환원하는 기법과 인접한다는 사실은 명백할 것이다. 오쓰카는 미국과 러시아를 경유한 이 이론적 축적이 훗날의 데즈카 오사무手塚治虫의 기호적 캐릭터의 하나의 단초가 되었다고 분석한다. 그렇다면 이마무라, 오쓰카의 비평을 단서로 일본 서브컬처를 자본주의화=기계화와 연동해서 나타난 서양의 추상표현예술의 굴절된 형태의 하나로서 분석하는 것도 충분히 가능할 것이다.

아무튼 추상성과 대중성, 미학적인 것과 생태학적인 것, 자본주의에의 혐오감과 영합은 자칫하면 교차된다. 20세기의 표현예술은 파인아트든 서브컬처든 그 교차의 이력을 차근차근 쌓아왔다. 그리고 21세기인 오늘날, 그 교차는 아주 일상적인 현상이 되고 있다.

4. 오쓰카 에이지, 「망가기호설의 성립과 전시하의 영화비평(きんが記号説の成立と戦時下の映画批評)」, 『新現実』 vol.5, 太田出版, 2008, p.157.

5. 이마무라 다이헤이, 『만화영화론(漫画映画論)』, 岩波書店, 1992, p.19, p.108, p.110.

느슨함, 시시함

모더니즘을 철저히 추구하여 추상화=미학화를 밀어붙인다고 해도, 즉 생태계의 관습으로부터의 단절을 지향하더라도 그것이야말로 자본주의 생태계의 자기표현이 되어버리고 있다. 그렇다면 '무엇이든 된다'는 순수하게 미학적인 입장은 더 이상 아트에 의해서는 유지될 수 없는 것일까.

그렇긴 해도, 여기서 달리 생각하면 모더니즘의 대극에 있는 감성에서 하나의 미학을 발견할 수 있을지도 모른다. 그 감성이란 구체적으로는 **느슨함과 시시함**(하찮음) 등이다. 모더니즘은 자연을 극한지점까지 밀어붙인 다음 그것을 돌파하려고 했다. 하지만 어느 정도 그런 방식을 추구하더라도 어차피 생태계의 미메시스에서 벗어날 수 없다면, 발상을 전복하는 것도 필요할 것이다. 결론부터 말하면 대량생산의 네트워크를 단절하는 것이 아니라, 반대로 그 의미를 기지로 해방함으로써 '무엇이든 된다'의 흔적을 건져 올릴 수 있는 것이 아닐까 하는 것이 여기서 제기하고 싶은 질문이다.

그렇다면 그 질문은 어떻게 전개할 수 있을까. 이 책에서는 지금까지 주로 영화, 애니메이션과 같은 시청각 표현, 그리고 소설을 신화의 모델로서 다뤄왔다. 그러나 오늘날 신화의 모델로서 가장 먼저 언급할 장르는 본래 게임일 것이다. 판매실적만 봐도 메이저 게임은 결코 저렴하지 않은데도 몇 백만 편이 팔려 나갔다. 바로 오늘날의 대량생산을 대표하는 장르라고 할 수 있다. 그렇다면 이 책의 마지막 주제로서 게임 또는 게임적 신화에서 새로운 유형의 '미'의 가능성을 발굴하는 것은 어떠한 의의가 있을 것 같다.

하지만 게임의 각각의 스타일을 망라하고 나서 그 작품들의 비평을 전개한다는 것은 이 책에는 약간 부담이 된다. 그래서 여기서는 좁은 의

미의 게임을 다루는 것보다는 게임에 가까운 사회 원리나 네트워크 구
조에 착안한 다음에 미학적 영역을 약간 추상적인 방식으로 위치 짓는
방법을 택하겠다.

1 게임과 기지

정합성의 획득을 지향하는 장르

게임은 포스트모던적인 상황에 적응한 장르다. 게임의 특성은 한 마디로 말하자면 내적인 정합성整合性이나 균형감 획득을 지향하는 데 있다. 게임은 뭔가 진실한 세계를 표상하는 것이 아니다. 게임 제작자의 주요한 역할은 데이터를 조합하고 마지막까지 제대로 플레이를 할 수 있도록 전체를 배열하는 것이다.

그때 제작자도 플레이어도 개별 요소의 내실을 완벽하게 파악하고 있을 필요는 없다. 즉 블랙박스는 블랙박스 그대로 내버려둬도 정합성만 파악된다면 문제는 발생하지 않는다. 가령 〈스페이스 인베이더*Space Invader*(우주 침략자)〉에서 인베이더Invader, 침략자의 본질이 뭐냐고 물어도 소용없다. 혹은 게임센터의 격투 게임의 조작법이 왜 이렇게 되어 있느냐고 물어도 소용없다. 다만 인베이더를 총으로 쏴서 쓰러뜨리고 기술로 캐릭터를 조종해서 게임 상대를 격퇴하는 프로그램이 전체 속에서 '정합'하는 것이라면 그것은 게임으로서 성립된다.

이해할 수 없더라도 배열할 수 있다는 것, 진리 추구에서 정합성=균형 상태의 설정으로의 이행은 포스트모던적 프래그머티즘의 알기 쉬운 현상 중 하나다.[6] 게임은 '불투명한 블랙박스가 늘어나는 사회에서 외부세계를 구성하려면 어떻게 하면 좋은가' 하는 질문에 단호하게 정합성을 선택하는 것으로써 응답하고 있다. 또한 이와 같은 특성은 수신자 측에도 일종의 태도 변화를 가져온다. 정합성을 구축할 수 있는 것은 반드시 제작자로 한정되지 않기 때문이다. 예를 들면 게임의 프로그램을 소비자 측이 수정한, 이른바 속임수cheat는 게임을 다른 방식으로 정합=균형을 획득시키는 시도라고 할 수 있다. 속임수는 결코 예외적인 것이 아니다. 속임수는 오히려 게임의 내재적 특징을 확대하고 있는 것이다.

그런 의미에서 게임에는 설계공학적인 의미의 '유희'(느슨함)가 크든 작든 잠재되어 있다. 확실히 플레이어는 지금 하고 있는 게임의 룰에 따라야만 한다. 그러나 그 룰은 확정적인 것이 아니며 주위 환경과의 관련 방식에 따라 전혀 다른 플레이가 발안될 수도 있다. 이러한 유희=느슨함을 상비하는 게임적 특성에서 보면, 균형 상태는 항상 복수複數가 가능하다는 귀결로 이어진다. 룰은 절대적으로 따라야만 하지만 잠재적으로는 언제든지 룰을 해킹하고 다른 균형 상태를 만들어내는 것이 가능한 것이다.

이와 같이 생각하다 보면 반드시 좁은 의미의 게임으로 논지를 한정

---

6. 가령 노르베르트 볼츠는 『구텐베르크 은하계의 종언(グーテンベルク銀河系の終焉)』, 義名章喜/足立典子 訳, 法政大学出版局, 1999. [*Am Ende der Gutenberg-Galaxis: die neuen Kommunikationsverhältnisse*, 1993]에서 이렇게 기술한다. "구텐베르크 은하계의 선형적 합리성 대신에 오늘날에는 상대적인 배열 속에서 사고하는 방법이 등장하고 있다. 사고와 존재의 '일치(adaequatio)'[adaequatio rei et intellectus]를 주장하는 고전적 진리관은 어떤 이론이 '정합(整合)'하는지 어떤지라는 구성주의적 기준으로 대체되었다"(p.120). 여기서 언급된 '구성주의'는 오늘날에는 '게임적 기준'으로 치환될 수 있다.

할 필요는 없다는 것을 알 수 있다. 왜냐하면 균형 상태가 복수로 가능하다는 것은 우리의 일상생활도 똑같기 때문이다. 실제로 일상생활을 토털total 게임으로 파악하는 시점은 이미 존재한다. 예를 들면 일대일 대면관계의 일상적 관계성에서 생기는 전략적 게임을 연구한 사회학자 어빙 고프만Erving Goffman, 1922~1982은 어떤 논문에서 이러한 독특한 견해를 기술한다. '개인은 세계에서 다른 대상과 마찬가지로 주위를 둘러싼 환경에 대해서 그들 자신의 행동이나 특성에 합치되는 방식에 의해 작용한다. 개인은 단순히 존재하는 것만으로 사인sign이나 마크mark를 산출한다. 간단하게 말하면 개인은 표현을 겉으로 드러나게 하는 것이다'.[7] 고프만은 개체적 존재가 그 자체로서 표현하고 있는 사인이나 마크가 어떻게 커뮤니케이션(상호행위)에 접속해가는지를 논하며, 그 커뮤니케이션의 총체를 '표현 게임expression games'이라고 불렀다.

고프만이 말했듯이, 그냥 '존재'하는 것이 그것 자체로서 뭔가 '표현'이 되는 상황은 일상생활에서는 별로 드문 일이 아니다. 예를 들면 부스스한 머리 모양새로 오다가다 부딪치는 것만으로, 혹은 전철 안의 모르는 타인을 바라보는 것만으로 그것은 주변 환경에 대한 작용=표현이 된다(주변의 대부분의 사람은 그 게임에 대해서는 '회피'라는 선택=표현을 사용할 것이다). 혹은 인터넷과 같은 가상공간에서도 개인의 아주 작은 행위(예를 들면 구매를 위해 클릭하는 행위)가 집적되어, 보다 큰 표현으로 부각된다. 이것도 고프만적 표현 게임의 일환으로서 파악할 수밖에 없을 것이다.

....

7. Erving Goffman, *Strategic Interaction*, University of Pensylvania Press, 1969, p.5.

세미라티스형 구조

그렇게 되면 우리의 문제는 복잡한 표현 게임이 전개되는 가운데 어떻게 해야 보다 좋은 균형을 취할 수 있는지 혹은 어떠한 네트워크 구조가 바람직한지로 귀착된다. 여기서 조심스러운 것은 '제도의 역사적 선택의 자의성'이라는 문제다.

가령 일종의 메타발견적metaheuristic 알고리즘에서는 전체 이미지가 파악되지 않을 때 어느 시점까지는 근방의 무질서한 탐사가 가능하도록 설정되어 있고, 그 탐사가 어느 정도까지 진전된 단계에서는 좋은 답만 선택하지 않도록 기준을 엄격하게 설정함으로써, 즉 스케줄의 변동 과정에 따라 프로그램을 변경함으로써 상대적으로 정밀도가 높은 답이 도출되도록 한다. 이것도 넓은 의미에서는 게임이다. 하지만 현실사회에서 문제는 어떠한 초기 상황에서 시작하면 좋은지, 또는 어떻게 해야 근방으로 무질서하게 옮겨갈 수 있는지를 종종 파악하기 어렵다는 점이다. 이것은 제도론의 맥락에서는 언제나 문제가 된다. 모든 제도는 역사적인 경위에 의해 플롯되어 있다는 초기 상황에 의해 제약받고 있다. 어떠한 제도든 다양한 수단을 통해서 상대적으로 뛰어난 퍼포먼스를 갖춘 것으로 진화시킬 수 있을 것이다. 그렇긴 하지만 애초에 초기 상황이 다른 좌표에 플롯되면 좀 더 효율적으로 제도를 구축할 수 있을지도 모른다는 의심은 지울 수 없다.

따라서 '집중화와 분산화'의 양립이 사회의 알고리즘을 편성하는 일종의 기둥이 된다. 하나는 어떤 초기 상황에서 출발하여 리플레이replay를 거쳐 단계적으로 정밀도를 높여가는 것(집중화), 다른 하나는 출발점 그 자체를 다수화多數化=랜덤화해서 다른 균형의 가능성을 모색하는 것(분산화)이다. 이 중 후자가 이 책에서 말하는 '구조사회학'적인 문제의식과 연결된다.

이와 같이 게임적인 감각은 새로운 유형의 지식의 형태를 필요로 한다. 그런 점에서 복수의 균형 상태가 가능하다는 것을 전제로 그 포텐셜potential을 활용하기 위한 기술, 즉 전체 모습이 파악되지 않더라도 균형 패턴을 가능한 한 건져 올리고 편성해가는 듯한 구조설계가 요구될 것이다. 그 구체적인 아이디어는 1960년대 건축가 크리스토퍼 알렉산더Christopher Alexander가 제안한 '세미라티스'형의 구조를 예로 들겠다.[8]

세미라티스 구조(semilattice, 반격자형 구조)란 트리 구조(tree, 나무 구조)와 대비되는 개념이다. 트리 구조는 군대나 관료기구와 같은 수직적 명령하달 시스템이며 수평적 관계를 맺는 것을 방해하는 구조다. 알렉산더는 이 모델을 도시설계에 적용했다. 예를 들면 브라질리아Brasilia(루시오 코스타Lucio Costa 설계)나 인도의 찬디가르Chandigarh(르 코르뷔지에Le Corbusier 설계) 같은 도시는 트리 구조로 하나의 거대한 간선도로가 중심에 있고, 다른 도로는 거기에 선으로 연결된 형태로 디자인되어 있다. 알렉산더에 따르면, 이와 같은 도시는 공간의 유기성을 상실하고 거주자를 불편하게 만드는 나쁜 디자인으로 간주된다.

그에 비해서 세미라티스형 도시는 오히려 도시의 구성요소끼리 자율적으로 연결되어 있고, 또한 그 결합 패턴이 몇 가지 중첩되어 있다. 예를 들면 알렉산더가 제시하는 사례는 버클리Berkeley의 교차로다. 거기에는 약국drugstore과 그 앞에 위치한 신문가판대newsrack, 그리고 신호등이 있

---

8. 세미라티스라는 개념은 비평계에서는 1980년대에 한 번 화제가 되었다. 가라타니 고진, 『은유로서의 건축(隱喩としての建築)』, 講談社学術文庫, 1989을 참조. 다만, 이번 장의 논지의 중심은 가라타니 고진과는 반대 방향이다. 『은유로서의 건축』에서 가라타니 고진은 트리보다는 세미라티스를 높게 평가하면서도 세미라티스에도 한계가 있다고 지적하며 리좀적 생성론을 견지해왔는데, 나는 오히려 충분히 리좀화된 시스템을 재디자인화하기 위한 원리로서 세미라티스나 신화를 새롭게 평가하고 있기 때문이다.

다. 신호등이 빨강색일 때 통행인은 신문가판대에서 신문을 집어들고 바라볼지도 모른다. 이런 경우 약국과 신문가판대(신문)가 한 덩어리를 형성하는 한편, 통행인의 개입으로 신호등과 신문이 하나의 새로운 덩어리를 형성할 것이다. 신문이라는 요소는 약국과의 조합과, 신호등과의 조합, 어느 쪽에나 발을 걸치고 있다. 그리고 이런 조합은 도시의 유기적인 흐름 속에서 이론적으로 얼마든지 확대될 수 있다. 알렉산더는 이와 같이 어떤 요소가 복수의 집합에 다중으로 소속된 구조를 세미라티스라고 명명했다.

트리형 구조에서는 최초의 설계가 관철된다. 모든 도로는 중앙의 간선 도로를 경유해야만 한다는 제약이 도시의 발전을 상당한 정도로 고정시킨다. 한편 세미라티스형 구조는 **최초 설계가 반드시 잉여를 산출하도록 설계된 디자인**이다. 개별 요소의 '의미'는 네트워크의 배선 순서 그대로 위치하면서도 언제든지 변화할 여지가 있기 때문이다. 그리고 다중소속=오버랩이 존재하기 때문에 근방의 집합으로 탐사를 확장하는 것도 비교적 용이해진다. 사회의 각 요소가 단일 질서에 의해 통합되는 것이 아니라 오히려 복수 조합의 연속체 안에서 결합되어가는 것, 여기에 세미라티스의 특성이 있다.

메타레벨의 오브젝트화

알렉산더의 오래된 논지는 오늘날 아마도 다른 형태로 소생시킬 수 있을 것이다.[9] 서브컬처나 인터넷의 등장은 데이터를 대량으로 창발함으로

---

9. 가령 최근에는 인터넷상의 자기조직적인 편집/개발 시스템(Wiki, XP)의 아이디어의 원조로 알렉산더에 주목하는 인식도 있다. 에토 고치이로江渡浩一郎, 『패턴, WiKi, XP(パターン、Wiki、XP)』, 技術評論社, 2009 참조.

써 그 조합방식이나 처리법을 새삼스레 쟁점으로 만들었다. 즉 앞에서 말한 표현 게임이 점차 복잡해지고 그것을 조정하는 일이 새삼스레 사상적 과제로서 부각된 것이다.

앞 장에서 서술한 것을 부연하자면, 글로벌화가 진전된 시대의 문화는 엄격한 번역 불가능성에 의해 규정된다기보다는 각각의 문화가 어떠한 요소(신화소)를 매개로 오버랩하는 세미라티스적인 문화로서 파악하는 것이 좀 더 실상에 맞을 것이다. 이런 관점에서 보면, 무라카미 하루키의『태엽 감는 새 연대기』는 바로 세미라티스형 구조를 장착한 문학으로 보인다. 그 작품에서는 복수의 장場에 다중소속된 신화소(우물이나 반점)를 지렛대로 해서 본래 연결되지 않은 장들을 연결시켜버린다. 무라카미는 자본주의 세계를 채우고 있는 여러 요소가 세미라티스형 구조를 취하고 있음을 감지하고 있다.『태엽 감는 새 연대기』에서『1Q84』에 이르기까지 무라카미는 문학을 세미라티스형 구조를 될 수 있는 한 손상하지 않고 오히려 보다 눈에 띄게 하기 위한 서사적 장치로서 파악했다. 레비스트로스는 '신화의 의미는 오로지 그 위치에 따른다'고 서술했는데,[10] 그런 의미에서의 신화(소)를 글로벌화하는 자본주의 사회에서 검출해낸다는 데 무라카미라는 작가의 본령이 있다.

또한 어떤 요소를 다중소속시키는 세미라티스형 구조는 인터넷상의 미디어, 특히 니꼬니꼬 동영상 등에서 가장 뚜렷하게 드러난다. 니꼬니꼬 동영상은 댓글=메타정보가 잇달아 조작되고 다시 쓰기를 거치면서 네트워크가 점차 확장되어간다. 각각의 동영상은 그것만으로는 고립되어 있다. 그러나 거기에 댓글이 달림으로써 동영상끼리 상호 오버랩될 가능성이 생긴다. 다만, 이런 경우 댓글이 고정되면 구조는 트리구조에

---

10. 클로드 레비스트로스,『질투하는 옹기장이』, p.209.

가까워질 것이다. 거기서 댓글 그 자체를 가변적인 상태로 설계함으로써 보다 다양한 오버랩과 균형 상태가 실현되게 된다.

모든 동영상이 다른 동영상에서 **반 발짝 떨어져 있으면서도** 연결되어 있나는 것, 그리고 그때 메타정보(댓글)의 가변성이 중요한 역할을 맡는다는 것, 이것은 메타정보가 실질적으로 조작 가능한 오브젝트(사물) 자격을 띠기 시작했음을 의미한다. 인터넷은 메타데이터도 데이터로서 파악되어버리는 것이며 그것이 세미라티스형 구조가 발달할 가능성을 길러내고 있다.

덧붙이자면, 그것은 실은 예전에 프로이트가 말한 꿈=무의식의 특징이기도 하다.[11] 프로이트의 견해에 따르면 꿈의 문법은 말과 사물, 메타레벨과 오브젝트 레벨의 경계가 소실된 특수한 에크리튀르(문체)에 의해 구성된다. 각 국어의 문법체계와는 달리 메타레벨을 결여한 꿈에서는 말을 압축해서 다른 말로 치환하는 것, 혹은 보통 의미를 반전시킨 '상반되는 표시' 등이 빈번하게 생긴다. 가변적인 메타데이터를 배열하는 세미라티스 구조도 일반적인 국어의 문법에 따른다기보다는 이러한 꿈의 문법체계, 프로이트식으로 말하면 상형문자의 배열에 가까워진다고 생각할 수 있다.

또한 메타레벨이 오브젝트화하는 경향은 인터넷뿐만 아니라 다양한 곳에서 관찰된다. 특히 최근 서브컬처에서는 종종 메타레벨의 투쟁을 다룬 작품, 즉 **해당 게임의 룰을 정하는 게임**이라는 매우 관념적인 작품이 대중적인 엔터테인먼트로서 발표되고 있다. 가령 2007년 이후 발표되고 있는 『괭이갈매기 울 적에うみねこのなく頃に』라는 노벨 게임 시리즈는 어떤 외딴 섬에서 벌어지는 살육 이야기의 장르를 결정하는 데 있어, 황당무

11. 프로이트적 무의식이 메타차원을 오브젝트화하는 것에 착안한 예로 아즈마 히로키, 『존재론적, 우편적(存在論的、郵便的)』, 新潮社, 1998 제4장을 참조.

계한 판타지 쪽을 지지하는 마녀와 논리적이고 현실적인 미스터리 쪽을 지지하는 소년이 메타차원의 관념적 투쟁을 전개하는 이야기다. 보통 미스터리가 수수께끼 찾기를 지향한다면 『괭이갈매기 울 적에』는 서사 장르를 결정하는 새로운 게임이 주안점에 놓여 있다. 마녀와 소년은 각각의 주장을 정당화하기 위해 새로운 등장인물까지 서사 안에 보내놓고 수수께끼로 가득찬 살육 이야기의 **장르를 결정하는 권리**를 자기 것으로 만들려고 한다. 그들은 진상이 무엇인지를 폭로하는 것이 아니라 어떻게 하면 '정합성'을 갖춘 게임의 룰을 구축할 수 있는지를 두고 경쟁하는 것이다.

　나중에 다루겠지만, 룰이 지연되는 게임이라는 취향은 마침 루이스 캐럴의 소설에서도 볼 수 있다(또한 캐럴의 작품에 으레 따라 다니는 체스의 은유가 『괭이갈매기 울 적에』에서도 중요한 열쇠가 되고 있다). 다만, 일단 이 게임 시리즈에서는 얼핏 보기에는 복잡기괴한 게임이 명쾌한 엔터테인먼트로서 만들어져 있다는 점이 중요한 징후다. 이런 사실은 바로 메타레벨을 물건처럼 조작하는 세미라티스형 구조(프로이트의 무의식 구조)가 일반적으로 널리 침투되었다는 하나의 방증이 되기 때문이다.[12]

네트워크 소비

신화소의 다중소속을 이용해서 네트워크의 내적인 거리를 바꾸는 것. 혹

----

12. 정보사회론에서 종종 논의되어 온 것은 융이 제시한 집단무의식이 정보 네트워크에 의해 실현된다는 식의 뉴에이지적인 비전이었다. 그러나 프로이트적 무의식은 보다 본질적이다. 융은 고작 인류가 모두 동일한 마음의 고향을 갖고 있다고 몽상하는 데 그친다. 그에 비해서 프로이트는 무의식이 국어와는 전혀 다른 글쓰기체계를 갖고 있다고 생각한다. 우리에게 필요한 것도 사고나 커뮤니케이션을 지탱하는 글쓰기체계가 네트워크화나 세미라티스화에 의해 어떻게 변화하는지를 사유하는 작업이다.

은 포컬 포인트(focal point, 복수의 사람들의 기대치의 초점)를 바꿈으로써 매사의 균형점을 엇갈리게 해서 분산화하는 것. 일반적으로 말해서 장르라는 제도는 작가/독자를 포함하여 사람들의 기대치를 조정한다. 그러나 『괭이갈매기 울 적에』와 같은 게임은 장르=룰 그 자체를 초점화(=오브젝트화)함으로써 그 균형점을 크게 엇갈리게 만들어버릴 것이다. 이런 포컬 포인트 변경을 통해서 '살아 있는 시스템'(알렉산더)이나 '생성력'(조너던 지트레인Jonathan Zittrain, 하마노 사토시)의 정체停滯를 피할 수 있다.

그렇긴 해도 이상은 게임의 일면, 조금 전에 얘기한 용어를 빌리면 생태학적 측면이다. 우리는 게임에서 한층 다른 위상을 끄집어낼 수 있다. 여기서 조금 전에 제안했던 '느슨함'이나 '시시함[하찮음]'의 주제가 부각될 것이다. 트리 구조를 대신하여 세미라티스 구조가 '커먼센스'(상식=공통 의미)를 생성하는 생태학적 원리가 되고 있는 현상에서 보고자 하는 것은 다시 한 번 의미를 해체하는 것, 즉 '넌센스'의 미학적 유희.

생태학과 미학은 아마도 세트로 고찰하는 것이 바람직할 것이다. 특히 서브컬처는 커먼센스를 제공하는 한편, 때로는 넌센스의 영역을 커버하는 작품도 만들어냈다. 이미 몇 번이나 언급해온 동인同人 탄막彈幕 슈팅 게임(STG)의 연작 〈동방 프로젝트〉(이하 동방으로 약칭)는 그 양자의 공존이라는 점에서 두드러진다.

이 작품에 대해서는 다른 지면에서 논한 적도 있는데,[13] 최대의 특징은 그것이 더 이상 총탄을 쏴서 적을 쓰러뜨리는 좁은 의미의 STG에는 포함되지 않는다는 점이다. 실제로 이 게임에 등장하는 것은 요괴나 유령이 소녀화된 의사 민속학적인 캐릭터이며, 우선 그런 점에서 일본의 '만화/아니메적 리얼리즘'의 논리를 충실하게 구현한다. 그녀들이 사는 세

---

13. 졸고 「호모 이코노믹스가 쓰는 위사(ホモ·エコノミックスの書く偽史)」, 東浩紀+北田曉大 編『思想地図』vol.3, NHK出版, 2009. 수록.

계는 '환상향幻想郷'[14]이라고 불리며 현세에서는 폐기처분된 것들이 흘러들어 도착하는 장, 일종의 광대한 데이터베이스와 같은 것으로 설정되어 있다. 동방의 인기는 오로지 캐릭터의 여성적인 매력과 캐릭터의 존재에 근거를 둔 자신의 세계관=데이터베이스 설정, 게다가 작가인 ZUN이 직접 작곡한 음악의 매력에 의해 지탱되고 있다.

한마디로 말하면 ZUN은 '환상향'이라는 가공의 세계를 서브컬처 안에서 이미 힘을 지닌 캐릭터나 음악, 게임성 등의 집단언어를 총동원하여 모방했다. 또한 그 주위에는 캐릭터나 음악을 모티프로 모여든 많은 팬의 2차적인 창작물들이 넘쳐난다. 그 창작물은 과잉으로 팽창되고, 이미 만화에서 동영상, 어레인지(arrange, 편곡) 음악에서 소설까지 온갖 장르를 망라한다. 이렇게 해서 동방의 신화체계는 거의 인터넷상의 '종합예술'과 같은 양상을 띤다. 특히 2000년대 후반 이후에는 2차 창작이 동방만큼 다양한 진화를 보여준 영역은 없었다.

헌데 동방이 인터넷을 중심으로 과거의 서브컬처 역사에서도 보기 드물 정도로 인기를 끌고 있는 데에 반드시 절대적인 이유가 있는 것은 아니다. ZUN의 게임 작가로서의 역량이나 음악성이 뛰어나다는 것은 제쳐두고, 그것과는 별도로 어느 시점에서 네트워크 규모가 효력을 지니게 된다. 제1장에서도 서술했지만 팬이 자신의 작품을 발표하려고 할 때 이미 널리 유포되어 있는 네트워크에 의존하는 것이 가장 손쉽고 또 다른 사람 눈에 띌 가능성도 높다는, 너무나 노골적인 사실성을 무시할 수 없기 때문이다. 조금 전 그것을 '리좀화한 데이터베이스'라고 규정했는데

---

14. '환상향'이란 동인 서클 '상하이 앨리스 환악단'이 제작한 탄막 슈팅 게임 '동방 프로젝트'의 무대가 되는 가상세계, 가상토지, 판타스마고리아(Phantasmagoria)를 뜻한다. 동방 프로젝트의 작품들은 이 환상향 안에서 일어나는 사건이나 기이한 현상을 주제로 하는 이야기다.

여기서는 다시 동방이 구현하는 것은 '네트워크 소비'라고 할 만한 새로운 소비 형태라고 해둔다.

네트워크 소비는 작가와 수용자 사이의 피드백을 확실하게 해준다. 팬은 '환상향'의 세계에 상당히 자유롭게 개인적 혹은 집단적 환상을 맡기고 2차적인 창작물을 만들어낼 수 있다(단순히 캐릭터의 이름만을 빌려서 원작의 흔적조차 남기지 않는 창작물도 드물지 않다). 어떤 의미에서는 동방에는 아무런 내용도 없다. 그래서 그것은 순수하게 형식적인 네트워크로서 사람들의 욕망을 수혈해주고 있다. 그런 점에서는 동방은 네트워크 소비의 이상적인 환경을 제공하는 것이다.

넌센스한 서사

동방은 **수용자 측**을 미디어로, 루소의 말을 빌리면 '스펙터클'이나 '배우'로 바꿨다.[15] 달리 말하면, 특별히 거기서 기점이 되고 있는 것이 동방일 필연성도 없다. 실제로 STG라는 장르는 지금은 촌스럽고 흔한 말로 하자면 ZUN은 비주류 작가다. 하지만 몇몇 우연이 겹쳐서 동방은 결과적으로 거대한 네트워크를 생성하여 많은 사람들을 거기에 거주하게 했다. 이러한 문화논리는 아마 앞으로도 형태를 바꿔서 계속 나올 것이다. 그렇긴 해도 네트워크 소비가 판치는 문화가 과연 정말로 번영을 구축할 수 있는지 어떤지는 아직 알 수 없다.

다만 다른 한편으로 동방의 원작 그 자체는 그러한 '커먼센스common sense'의 자양분을 제공하면서 그것이 본질적으로는 '넌센스'라는 것을 교묘하게 부각시킨다. 예를 들면 연작 중 하나인 〈동방풍신록(東方風神錄,

---

15. 자크 데리다, 『エクリチュールと差異』下巻, 梶谷温子・野村英夫 訳, 法政大学出版局, 1983, p.145. [*L'écriture et la différence*, 1967].

도호후로진로쿠〉〉(2007)은 나가노현 쓰와諏訪 지방의 미샤구치ミシャグチ 신앙을 하나의 주제로 다룬다. 미샤구치는 종종 야마토의 신과 대립하는 난폭한 존재로 묘사되어 왔는데, 나카자와 신이치中沢新一는 2003년 『정령의 왕』에서 미샤구치를 '포의胞衣(태아를 막고 있는 막과 태반)를 입고 태어난 어린애' 혹은 '여성적인 것으로 둘러싸인 남근' 이미지로 해석했다.[16] 즉 나카자와의 해석에서 미샤구치는 단순한 이단의 난폭한 신이 아니라 오히려 정통/이단이라는 대립을 초월한 것, 즉 남성성의 여성화(남녀의 이항대립의 탈구축)의 계기를 내포한 것으로 파악된다.

하지만 〈동방풍신록〉에 오면 사태는 더욱 진전되고 미샤구치는 이미 '개구리 눈 달린 모자를 쓴 사랑스러운 소녀'(모리야 스와코洩矢諏訪子)로 치환되어버린다. 즉 ZUN에게는 자연신앙이든 무엇이든 모든 것은 철저하게 시뮬라크르(그가 말하는 '환상')에 불과하기 때문에, 남성과 여성이 혼성된 명확한 심볼리즘은 탈락하고, '소녀'라는 추상적인 존재만 겉으로 드러나게 된다. 동방에는 그 외에도 유령이나 요괴 소녀가 반복적으로 등장하는데, 이러한 것들 또한 모든 것이 실체가 없는 시뮬라크르임을 스스로 드러낸다.[17]

서사에도 넌센스나 시시함[하찮음]이 충만하다. 원래 STG이기 때문에, 동방의 서사는 실은 거의 보너스에 불과하다. 게다가, ZUN은 서사를 의도적으로 **무의미화**하고 있다. 예를 들면, 〈동방풍신록〉에 이어지는 〈동방지령전(東方地霊殿, 도호치레이덴, *Subterranean Animism*)〉(2008)의 줄거리는 대략 다음과 같다. 어느 날, 환상향에 갑자기 간헐천間欠泉이 분출하더

16. 나카자와 신이치, 『정령의 왕(精霊の王)』, 講談社, 2003, p.92.

17. 다만 거기서 시뮬라크르로서의 소녀(혹은 유령이나 요괴)는 그것만으로는 종잡을 수 없이 사라져버린다. 그래서 그녀들에게 잠시 동안 실체를 부여하기 위해 '모자' 같은 무의미(넌센스)하고 구체적인 사물을 갖다붙인다. 이런 점은 앞에서 언급한 졸고를 참조하기 바란다.

니 거기에서 요괴나 원령怨靈들이 대량으로 튀어나온다. 주인공인 하쿠레이 레이무博麗靈夢는 그 '이변'을 해결하기 위해 지하에 숨어든다. 이윽고 땅 속 가장 깊은 곳까지 숨어들었으나, 거기에서 본 것은 뜻밖에도 핵융합의 힘으로 만들어진 '인공 태양'이었다. 즉 지하 깊은 곳까지 숨어들어간 것이 그대로 하늘을 향해 수직적으로 상승해가는 것과 일치하는 것이다.

'의미sense'는 하나의 '방향sense'이다(예를 들면 벡터 방향을 sense라고 부른다). 그 점에서 보면 〈동방지령전〉은 하나의 의미=방향을 지워버린, 즉 의미=방향을 반전 가능한 상태로 만들어 놓은, 글자 그대로의 넌센스한 서사로서 끝맺고 있다. 원래 동방의 첫 번째 작품인 〈동방홍마향(東方紅魔鄉, 도호코마쿄)〉(2002)도 '동방'이라는 타이틀에도 불구하고 일부러 흡혈귀나 메이드와 같은 '서방西方'의 소재를 집어넣은 아이러니컬한 작품이었다. 이것 또한 글자 그대로의 '넌센스'다.

반복하자면 동방의 무대인 환상향은 매우 느슨한, 말하자면 리좀적인 세계로 설정되어 있다. 그러므로 거기에는 여기저기에 구멍이 뚫려 있다. 사람들은 그 구멍에 자유로이 환상을 불어넣고, 창작물=의미를 산출할 수 있다(네트워크 소비). 하지만 해당 원작은 오히려 그와 같은 '의미'가 없고 하찮은 것일 수밖에 없음을 넌센스로 그려낸다.

또한 '세계에는 구멍이 가득 차 있고 그것을 넌센스한 서사를 통해 임의로 봉합한다'는 취향은 ZUN이 영향을 받았다고 공언하고 있는 만화가 타케모토 이즈미竹本泉, 1959~와도 통하는 면이 있다. 타케모토의 만화도 SF적인 세계를 배경으로 사소한 '이변異變'을 소녀들이 해결한다는 전개를 즐겨 다뤘다(또한 타케모토가 그림과 시나리오를 담당한 1993년 〈유미미믹스ゆみみっくす〉라는 게임 작품의 주제는 바로 세계의 이곳저곳에 뚫린 구멍을 소녀가 봉합한다는 내용이다). ZUN이든 타케모토든, 세계는 처음부터 가

상현실이라는 전제에 익숙해져 있다. 앞 장에서 거론한 하드보일드 소설은 그와 같은 가상현실화된 세계에서 '조작하고 조작되는' 여성적인 주체, 단일한 운명을 네트워크로 변경하는 유형의 주체를 조형했다. 그에 비해서 ZUN이나 타케모토는 그 네트워크 전체에서 의미의 부하를 제거하는 넌센스를 전개한다. 이 차이는 세계에 대응하는 두 가지 방법론을 나타내는 것으로서 매우 흥미롭다.

기지의 방법론

넌센스는 또 다른 각도에서 보면 '기지Wit'의 문제와 연결된다. 기지는 프로이트가 정신분석의 대상으로 삼았던 것이다. 프로이트의 정의에 따르면, 기지는 '심적 에너지 소비의 일반적 경감'에 의해 쾌감을 가져오는 것으로 간주된다.[18] 프로이트는 기지의 일례로서 바로 넌센스를 언급한다. 즉 얼핏 보기에는 의미가 있는 것처럼 위장하고 실제로는 의미는 텅비어 있음을 제시하는 것, 그 과정이 기지의 연원淵源이다.

또한 프로이트가 특히 주목한 것은 언어유희다. 가령 어떤 표현을 압축=생략해서 교착膠着이나 하중을 해방한 언어유희는 기지를 유발할 가능성이 있다. 또는 나이를 질문당한 여성이 사소한 부끄러움 때문에 자신의 출신지를 답한다(즉 질문을 얼버무린다) 등과 경우도 상황에 따라서는 기지로 생각할 수 있을 것이다. 요는 메시지를 그대로 전달하는 것이 아니라, 다른 좀 더 가볍고 심리적 부담이 적은 말로 전치시키는 것, 그리고 그것에 의해서 때로는 '웃음'을 발생시키는 것, 거기에 기지가 기지일 수 있는 까닭이 있다.

----

18. 「기지 그 무의식과의 관계(機知 その無意識との関係)」, 『프로이트 저작집(フロイト著作集)』第4巻, 生松敬三 訳, 人文書院, 1970, p.359.

동방의 서사나 타케모토 이즈미의 만화는 '이변'이 있는 것처럼 보이지만, 그것이 본질적으로 아무것도 바꾸지 않는다는 것을 의미한다. 그런 점에서 거기에는 '기지'의 조짐이 있다. 또한 동방의 경우에는 화려한 탄막(적이 발사하는 대량의 탄)이나 음악에 많은 표현을 떠맡겨서 서사의 무게도 상당히 가벼워진다. 〈동방지령전〉의 서사가 말 그대로 '넌센스'일지라도 탄막이나 음악은 언어보다 더 설득력 있게 작품을 채색할 것이다. 진지하게 서사를 전달하는 대신에 그것을 다른 소재로 '치환'함으로써 의미의 하중이 줄어들게 된 것이다. 여기에도 '심적 에너지 소비의 일반적 경감'에 가까운 것이 실현되어 있다고 본다. 보다 소박하게 말하더라도 동방은 소녀들을 조작하면서 '탄막 놀이'를 즐기는 신묘한 STG이므로, 바로 그 기지가 풍부한 유희 감각을 빼놓고는 작품의 본질을 말할 수 없다.

또한 기지를 사용하면 구조적으로 말할 수 없는 것을 말할 수 있게 되는 경우도 있다. 예를 들어 프로이트에 따르면, 꿈과 마찬가지로 기지에서는 '상반되는 표시'가 매우 중요한 기능을 갖는다. 꿈이 말을 압축하거나 생략하고 보통 문법을 일탈하듯이, 기지에서도 실제로 말하고 있는 것을 액면 그대로 파악할 수 없다. 기지나 혹은 그 파생으로서의 아이러니는 종종 말해지는 것과 반대의 것을 의미하고 때로 그것이 웃음을 불러일으킨다. 직접적으로 메시지를 전달하기보다도 기지에 의해 메시지를 가공함으로써 커뮤니케이션의 '경제적'인 처리가 이뤄지는 것이다.

이런 점을 감안하면 ZUN이 작품에 일부러 〈동방요요몽(東方妖妖夢, *Perfect Cherry Blossom*)〉(2003)이나 〈동방영야초(東方永夜抄, *Imperishable Night*)〉(2004) 등의 허풍스런 부제를 붙인 것도 납득이 갈 것이다. 물론 실제의 게임은 고작해야 탄막 놀이에 불과하다. 즉 '완전성'이나 '불멸성'에서 가장 멀리 떨어져 있다. 하지만 **그렇기에 그야말로** ZUN은 그 망가지기 쉬운 탄막 STG에, Perfect나 Imperishable이라는 수식어를 붙인다. 서사에 그 정도로 거대한 부하가 걸려 있지 않기 때문에 허풍스런 수식어가 붙더라도 반발을 일으키지 않는다. 이 조작을 '상반되는 표시'로 해석해도 별로 무리가 아니다. 기지=무의식의 문법체계에서는 완전성과 불완전성이 모두 Perfect라는 단어로 표현된다. 이것도 매우 '경제적'인 처리다.

몇 번이나 반복하지만, 오늘날의 '의미'는 리얼리티의 농축에 의해 획득된다. 그러나 한편으로 넌센스한 표현은 그 농축 과정 자체를 텅 빈 것으로 다시 묘사한다. 이와 같은 작업은 결코 쓸데없는 것이 아니다. 오히려 문화의 요소요소에 일종의 기지=넌센스를 장치하고 메시지의 경제성을 유지하는 것은 문화의 흐름방식을 조정하는 일종의 '말장난'이라고 볼 수 있다.

게임의 시간성

그런데 게임에 '의미'가 농축되는 것은 도대체 어떠한 측면에서일까. 그것은 어떤 의미에서는 분명하다-즉 '지금'이라는 시간성이다. 게임의 플레이는 '지금'의 연속에 의해 성립된다. 순간순간의 결단의 농밀함이 게임의 재미를 지탱하고 있다는 점은 누구나 실감할 수 있다.

이런 종류의 게임적 감각은 문화적으로 널리 퍼져 있다. 예를 들면 최근 TV 애니메이션의 오프닝 음악 등은 게임센터의 음악 게임(음악에 맞춰서 플레이어가 컨트롤러 등으로 박자를 맞추고 그것이 리듬과 맞으면 득점 처리되는 게임)적인 '리듬감[ノリ]'에 침식된다. 이미 서술했듯이 현대사회에서 확실히 전달할 수 있는 것은 리듬감 정도뿐이다. 따라서 음악성이나 가사를 들먹이는 것보다 복잡한 리듬이나 비트를 중심으로 거기에 수용자를

끌어들이는 것, 즉 **음악의 음악 게임화**가 진행되는 데 아무런 기이함도 없다.[19] 그리고 말할 것도 없이, 리듬감의 시간성은 철저히 '지금'뿐이다.

여기서 약간 깊이 들어간다면 이러한 '지금'의 우위는 좁은 의미의 게임뿐만 아니라 사회 원리에도 적용된다. 원래 근대 이후의 사회는 과거나 미래 이상으로 '지금'에 특별한 권리를 부여해왔다. 예를 들면 철학자 헤겔은 현재는 과거의 결과이며, 또한 미래를 낳는다는 의미에서 '진정한 현재는 영원하다'라고까지 생각했다.[20] 특히 사회의 리버럴화가 진전되면 과거의 멍에에서 벗어나 자유로운 자기완성에 모든 것을 맡기는 것이 원리로 되어 있는 이상, 그럴 때마다 '지금'의 비중이 높아지리라는 것은 거의 기정사실이다.

이러한 시간관에는 예를 들면 '미래의 타자'의 위상이 결여되어 있다는 판에 박힌 비판이 가해진다. 그러나 '지금'과 완전히 동떨어진 미래를 상정하는 것은 과연 어떻게 해야 가능할까. 오히려 미래도 어차피 현재에 주어져 있는 소재의 연장에서 생각할 수밖에 없는 것이 아닐까. 다시 말하면 '미래의 타자'도 어디까지나 현재 살아가고 있는 인간과 연속된 형태로 상상할 수밖에 없는 것이 아닐까. 좀 더 얘기하자면 '지금'에 과거의 결과와 미래의 징조가 이미 포함되어 있다는 헤겔적인 시간관은 쉽게 바꾸기 어렵다는 사실을 이해할 수 있다. 확실히 현재는 **상당히 우세한 영향력을 미치는** 시간성이다.

그럼에도 '무엇이든 된다'는 생각을 긍정하는 미학적 입장은 '지금'의 우위를 은폐하려고 할 것이다. 기지에 찬 넌센스가 효력을 발휘하는 것

---

19. 또한 '음악의 음악 게임화(리듬 게임화音ゲー化)'는 멜로디나 가사를 2차적인 것으로 놓는, 매우 극단적인 형식화를 밀어붙이고 있음을 볼 수 있다. 그 점에서 현대의 서브컬처는 작자든 수신자든 말하자면 '형식주의적 동물'을 양산하고 있는 것 같다.

20. 칼 뢰비트Karl Löwith, 『헤겔에서 니체로(ヘーゲルからニーチェへ)』, 제1권, 柴田治三郎 訳, 岩波書店, 1952, p.280이하. [*Von Hegel Zu Nietzsche*, 1941/1988].

은 이 지점이다. 앞으로 나아가는 것과 되돌아오는 것, 상승하는 것과 하강하는 것, 서쪽으로 향하는 것과 동쪽으로 향하는 것이 똑같을 때, '지금'의 위상은 숨겨진다. 게임은 본질적으로 '지금'에 종속되는 장르임에도 불구하고, 아니 바로 그렇기 때문에 그야말로 넌센스를 다루는 시시한[하찮은] 게임은 '지금'의 하중을 경감한다.

뿐만 아니라, 역사를 되돌아보아도, 기지는 때때로 발휘되고 있다. 특히 '지금'을 일탈하는 기지 넘치는 작가로서는 제일 먼저 루이스 캐럴의 이름을 거론해야 할 것이다. 캐럴도 게임에 가까운 소설을 쓴 작가였는데 그 점이 동시에 시간성에 대한 민감함을 보여준다. 캐럴의 문학이 오늘날까지 전승되고('동방'에도 앨리스를 모방한 캐릭터가 등장한다), 무수한 대중적인 판타지의 자양분이 되고 있는 현상은 새삼 주목할 만하다. 이 점은 곧 이어서 논하기로 한다.

육성의 은폐

예전의 모더니즘의 미학이 현상[事象]을 철저히 밀어붙여서 그 반대쪽까지 도달하는 것을 지향했다고 하면, 일부 서브컬처는 이와 반대로 그런 종류의 긴장을 느슨하게 하고, 하나의 단어에 상반되는 의미를 담는 기지[위트]에 미의식을 맡기는 것 같다. 그와 같은 기지를 미적인 것으로서 재규정하는 것이 내가 제안하는 바다. 어쨌든 커먼센스(공통의미)의 생태학과 넌센스의 미학, 세미라티스형 구조와 기지로 가득 찬 게임, 이 양자를 함께 다루는 만큼 '의미의 논리학'(들뢰즈)의 구축이 급선무다.

헌데 지금까지는 어디까지나 작품 형식을 취한 예를 다뤘는데 보다 친근한 것으로서 '문자'를 사용한 게임에서의 의미처리 방식에 대해 조금 다뤄볼까 한다. 예를 들면 해외에는 키네틱 타이포그래피Kinetic

Typography(또는 모션 타입)로 불리는, 알파벳을 그림처럼 사용한 영상표현이 있다. 키네틱 타이포그래피는 대부분의 경우, 우선 영화의 한 장면을 추출하여 거기에 알파벳 자막을 입힌다. 그때 '움직인다kinetic'는 말에서도 알 수 있듯이, 화면 전체에 자막의 문자가 어지럽게 춤추도록 배치된다. 문자의 움직임의 개성(예를 들면 배우가 큰 목소리로 말하는 장면에서 문자가 커진다든지)이 보통의 자막 이상으로 영화의 분위기를 전달해주는 것이다. 현실의 육성이나 감정, 분위기를 문자 연출로 치환하는 것, 거기에 키네틱 타이포그래피의 특성이 있다.

물론 모든 사례가 그러하다는 것은 아니지만, 많은 키네틱 타이포그래피는 목소리와 문자를 제대로 대응시키려고 하는 것 같다. 하지만 그러한 해외의 사례와 비교하면 일본에서는 분명히 문자를 과격하게 다룬다. 결론부터 말하자면 그것은 목소리와 문자를 결합하는 작업이 드문 데서 기인한다.

원래 일본에서는 생생한 육성은 대체로 꺼리는 경향이 있다. 우리 주위를 둘러싸고 있는 것은 오히려 육성을 지닌 존재를 한 번 마스킹(masking, 차폐)함으로써 커뮤니케이션을 활성화시키는 기술이다. 예를 들면 애니메이션 성우나 보컬로이드의 하쓰네 미쿠初音ミク 혹은 아스키 아트ASCII Art[21] 등을 보면 알 수 있듯이, 익명성을 띠고 계산적인 '목소리', 다시 말하면 허구를 끼워 넣은 목소리를 이용한 커뮤니케이션 양식이 사회에 이미 정착되어 있다. 실제로, 발화자의 육성이 너무 두드러진다면, 그것이 자극이 되어 과격한 규탄이 시작될지 모른다. 그래서 자신이 말하고 있는 것이 아니라, 자칫 다른 집단적인 '목소리'가 말하고 있는 것처럼 위장함으로써 커뮤니케이션상의 의견충돌이 일어날 확률을 줄이는

*21. 아스키 코드 0x20~0x7e에 포함되는 문자, 기호를 사용한 그림을 말하며, 텍스트 아트, 문자그림, AA아트로도 불린다.

것이다.

더구나 육성의 마스킹이 선호되는 것은 딱히 서브컬처에 한정된 현상이 아니다. 예를 들면, 앞 장에서 언급했듯이, 오에 겐자부로나 나카가미 겐지와 같은 매우 독창적인 순문학 작가들마저 과거의 집단언어를 밑바탕으로 그에 따라 현재의 신화를 직조해냈다. 육성을 한 번 집단화(기호화)의 과정에 밀어 넣어버리는 것, 즉 자기표상 능력을 한 번 발산하고, 자타를 구별할 필요가 없는 풍부성=상상력의 영역에 몸을 던지는 것, 그렇게 함으로써 오히려 표현의 자유로움을 획득할 수 있다. 이것이 일본 전후의 순문학의 발명이었다. 마침 지적해두자면, 반대로 지금 순문학이 쇠퇴하고 있다는 소문이 나돌게 된 것은 많은 순문학 작가들에게 어떠한 집단언어를 끌어낼 만한 능력이 부족하기 때문이다. 다시 말하면, 순문학에서는 '커먼센스'를 생성하는 문체(스타일)의 힘이 경시되고 신화를 그려내기가 어려워진 것이다. 이것은 아마도 일본 문학을 빈곤하게 하는 하나의 원인이 되고 있다.

신종 문자

이러한 전체적인 문화 상황에 대응해서 문자도 걸핏하면 음성과의 유대관계를 풀고 독자적으로 움직인다. 원래 음성 그 자체가 육성에서 잘라낸 집단언어, 사실상virtual의 음성이기 때문에 문자가 그것에 종속될 필연성도 없다. 이리하여 문자를 사용한 유희가 특히 인터넷을 중심으로 여기저기서 발견된다. 그것은 해외의 키네틱 타이포그래피와는 명백히 이질적이다.

예를 들면 니찬네루(2ちゃんねる/2channel, 1999년부터 운영 중인 일본 웹사이트의 익명게시판_옮긴이)나 니꼬니꼬 동영상에서 지금 가장 빈번하게 사

용되는 것은 아마 'w'라는 문자일 것이다. 잘 아시다시피, 이 문자는 발음할 수 없다. 이 문자는 원래 '(笑)'[웃음]이라는 표기의 줄임말이며 알파벳으로서의 아이덴티티는 거의 없다. 대다수의 사용자는 이 문자를 발음하기 위해서가 아니라 일종의 마크로서 사용하고 있다.

또한 'w'는 특별한 의미가 있는 문자도 아니다. 'w'는 오로지 문장 끝에 붙여지고 문장의 의미를 부드럽게 만들거나 감정이 고양되는 것을 나타내기 위해 사용된다. 실제로, 'w'라는 문자가 'wwwwwwwwww'처럼 연속으로 타이핑되는 경우가 많은데 이것을 봐도 w는 유의미한 문자라기보다 '자신은 지금 강하게 반응했다'는 사실을 의미하는 정동靜動의 마스킹으로서 파악하는 것이 보다 실상에 가깝다.

이것은 확실히 입증할 수 있는 것은 아니지만, 개인적인 느낌으로 말하면 'w'라는 문자는 '(笑)'와 같은 표기 등과 비교하면 훨씬 가볍게 느껴진다. '(笑)'라고 문장 끝에 붙여진 문장에는 '지금까지 쓴 문장은 그냥 농담이므로 너무 진심으로 생각하지 말아달라'든가 '지금 여기서 다룬 대상은 진지하게 생각해도 별 거 없다'라는 분위기가 깔려 있는 경우가 많다. 한편 'w'는 그 나름대로 복잡한 뉘앙스를 담고 있을 수도 있지만, 많은 장면에서 그다지 과잉의 의미를 지니지 않은 마크로서 기능한다. 그러므로 '(笑)'의 줄임말이라고 해도 반드시 '해학'이나 '조소'와 같은 강한 분위기를 띠는 것은 아니다. 그 넌센스의 '가벼움'이 아마도 드러내고 싶은 본질일 것이다.

'w'는 음성과 연결되지도 않고 의미도 없다. 즉 표음문자도 아니고 표의문자도 아니다. 그것은 순수하게 어떠한 기능만을 지닌 문자다. 매우 흥미롭게도 이와 같은 문자는 '꿈'의 기록체계에 포함된다. '꿈의 해석 방법은 예를 들면 이집트의 신성문자Hieroglyph와 같은 상형문자의 해독 방법과 세부적으로 유사하다. 꿈에서도 상형문자에서도 해석이나 해독에 직접 관련이 있는 요소만이 아니라 다른 요소를 이해 가능하도록 하기 위해서만 존재하는 요소랄까, 이른바 한정적인 요소가 존재한다'(프로이트).[22] 'w'라는 문자는 바로 '다른 요소를 이해 가능하도록 하기 위해서만 있는 요소'에 가깝다.

잘 알다시피, 익명적인 인터넷에서는 사소한 표현의 실수 때문에 매우 과민한 반응이 일어나기도 한다. 그 캐스케이드cascade(이른바 '마쓰리/축제')는 전면적으로 관리할 수 없다. 'w'와 같은 기묘한 문자는 한편으로 축제를 흥겹게 만드는 의사擬似적인 '환호성'처럼 사용되곤 한다. 하지만 다른 한편으로 'w'가 개입되어 문장의 의미가 부드러워지고, 우발적인 적대감 발생이 억제된다는 효과도 있을 것이다. 이런 점에서 'w'라는 보조적인 문자는 커뮤니케이션상의 위험을 억제하는 **감압장치**로서 이해할 수도 있다.[23] 또한 그것은 '심적 에너지 소비의 일반적 경감'을 실행하고 있다는 의미에서는 기지의 기능으로 연결되는 문자이기도 하다. 현실적인 문제에서 모든 사람이 임기응변의 기지를 발휘하리라고 기대하기는 어렵다. 그렇다면 그럭저럭 '부담 경감'을 실행할 수 있는 문자가 노이즈로 가득 찬 세계에 요구된다고 해도 별로 이상할 것 없다.

아무튼, 표음문자도 아니고 표의문자도 아닌 이 넌센스한 문자는 소리냐 의미를 어느 정도 차단함으로써 커뮤니케이션을 안정시킨다. 이처럼 자신에게 쓸모 있게 하기 위해 문자까지 사실상 창조해버린다는 것은 그렇게 자주 있는 일이 아니다.

----

22. 자크 데리다, 앞의 책, p.99 재인용.

23. 물론 전근대사회든 근대사회든 음성은 강한 사회적 관리 대상이 되어왔다. 직종이나 사교, 기타 다양한 요소의 조합 속에서 우리는 장(場)에서 발언해야 하는 목소리를 배운다. 그런 의미에서 순수한 육성 따위는 처음부터 존재하지 않는다. 그래도 의사적인 음성의 볼륨(목소리=량)이 매우 팽창하는 동시에 그것을 감압하는 기법이 나온다는 것은 일단 새로운 현상이라고 할 수 있다.

＊

지금까지 게임의 균형 문제에서 시작해서 그 주변의 넌센스나 기지 문제까지 다뤘다. 헌데 조금 편향된 사례만 거론했다는 느낌이 드는가? 분명히 그런 점이 있다. 그러나 반복하자면 여기서 다루려는 문제는 새로운 시대에 걸맞는 커먼센스의 생태학이며, 넌센스의 미학이다. 우리에게 중요한 것은 어떻게 그 징후를 파악하는가다.

예를 들면 서브컬처는 새로운 '국어'일까. 그렇게 볼 수도 있지만 그것은 서브컬처의 잠재력을 가볍게 보는 측면이 있다. 내가 보기에는 서브컬처는 오히려 '국어'라는 오래된[낡은] 개념을 도발하는 듯한 '문체'를 지니고 있다. 지금까지 여러 차례 참조했던 프로이트는 꿈=무의식의 시스템을, 데이터를 **무기한**으로 유지하면서 그 데이터베이스를 주기적으로 정화[無垢]하는 것으로 파악했다.[24] 말하자면 유지 작용과 환기 작용, 생태학적 신화와 미학적 신화의 교착에 의해 이뤄지는 글쓰기체계는 흔히 말하는 '국어'와는 거리가 있다. 그리고 만일 서브컬처의 논리가 이 프로이트적 무의식과 유사하다면 그것이 종종 국경을 초월한 문화로서 부각되는 것도 당연한 이치일 것이다.

리얼리티를 농축하고(커먼센스), 때로는 그 부담을 줄인다(넌센스). '지금'에 올인하는 한편(커먼센스), 그 농축 과정에서 슬쩍 비켜서서 '분산화'로 이끄는 계기를 제공한다(넌센스). 우리는 이러한 이중성을 가능하게 하는 문체에 주목할 수밖에 없다. 물론 그 문체를 본격적으로 분석하려면 보다 체계적인 논의를 전개해야 한다. 지금까지 서술한 것은 기껏해야 거친 스케치에 불과하다. 그러나 지금까지와는 질적으로 다른 글쓰

---

24. 자크 데리다, 앞의 책, p.102 재인용.

기체계가 고안되고 거기에서 문화가 육성되고 있는 것이라면-적어도 그 조짐이 보인다면- 그것을 조명하는 것이야말로 계몽의 책임이다.

2 루이스 캐럴의 문학

자, 이제까지 일본의 서브컬처 미학을 추적해왔는데 마지막으로 논의 반경을 확대하는 의미에서 고전적인 작가로 거슬러 올라가 이번 장을 매듭지을까 한다. 그 작가는 이 책에서 여러 차례 이름을 언급했던 루이스 캐럴이다.

캐럴의 소설은 일반적으로 아동문학으로 분류되는 경우가 많다. 그러나 캐럴은 본래 아동문학이 설정하고 있는 통속적인 '어린이'의 이미지에 반발했다. 예를 들면 캐럴에 대한 뛰어난 전기를 쓴 모턴 코헨Morton Norton Cohen, 1921~은 그가 19세기 후반 빅토리아 왕조 시대의 도덕적인 풍조에 대해 강하게 반발했다는 점을 지적한다. 캐럴은 빅토리아 왕조 시대의 주류적 경향이었던 교훈적인 동화를 쓰지 않고 **어린이용이니까 그야말로** 일부러 긴 다음절어를 사용한 이야기를 썼다. 캐럴은 작품세계를 풍부한 소리읍로 가득찬 '원더랜드'로서 그려내서 그것을 통해 독자를 서사에 동참시킨 것이다.[25] 어린이를 '어린이'의 고정적인 틀에 집어넣

---

25. 모턴 코헨, 『루이스 캐럴 자서전(ルイス・キャロル伝)』 上券, 高橋康也/佐藤容子/安達まみ/三村明 訳, 河出書房新社, 1999, p.252. [*Lewis Carroll: a biography*, 1995] '언어의 리듬감은 음악과 마찬가지로 우리에게 어떠한 감정을 느끼게 한다. 이 두 권

는 것도 아니고, 그렇다고 해서 짓궂게 난해한 텍스트를 밀어붙이는 것
도 아니고 오히려 세계와의 접촉을 돕는 것. 말할 것도 없이, 이와 같은
서사는 어린이에게만 필요한 것이 아니다.

실제로 캐럴은 조이스나 아르토, 카프카 등과 나란히 20세기 후반의
철학자로서 가장 관심을 끄는 존재였다고 해도 지나친 말이 아니다. 들
뢰즈나 데리다 등과 같은 철학자가 모두 캐럴을 다룬 것은 시사적이다.
그들에게는 매우 정밀한 퍼즐로서 구성되어 있는 캐럴의 앨리스 시리즈
가 가장 큰 관심의 대상이 되었다. 20세기 후반의 사상의 징후로서 매우
흥미롭다.

물론 그 퍼즐을 풀어내자면 대작 평론을 써야만 하는데, (앞장의 레이먼
드 챈들러를 다루는 방식과 마찬가지로) 이번 장의 내용에 관련된 부분만 간
추려서 논지를 전개하는 정도로 만족할까 한다. 이 작업은 다시 말하면
캐럴의 문학을 우리의 문화에 잠재하고 있는 가능성을 끌어내기 위한
열쇠로서 읽는 것이다.

비교秘教적인 말

캐럴은 흔히 '말-가방(손가방)'[신조어]으로 대표되는 복잡한 언어유희로
알려져 있다. 하지만 그것은 동일한 양상이 아니라 몇 가지 계통으로 나
뉠 수 있다. 예를 들면 들뢰즈는 캐럴의 언어유희를 '비교秘教적'이라고

의 책[『이상한 나라의 앨리스』와 『거울 나라의 앨리스』를 가리킨다]에서는 음감과 감
정은 의미와 동등할 정도로, 어쩌면 그 이상으로 중요하다. 언어의 리듬감은 독자가
앨리스와 친밀해지고 그녀의 모험에 가담하는 것을 돕는다. 독자는 줄곧 앨리스와 함
께 헤맨다는 느낌을 공유하며 그 느낌이 여행의 가장 중요한 부분이다. 언어의 음감과
그 음감이 불러일으키는 감정의 결합은 루이스 캐럴에 의해 비로소 어린이책에 등장한
새로운 현상이다.'

표현하며 '결합', '접속', '분리'라는 세 가지 유형으로 분류했다.[26]

우선 '결합'은 캐럴의 『실비와 브루노Sylvie and Bruno』(1889)라는 장편 소설의 제1장에서 'y'reince'라는 발음 불가능한 단어가 나오는 예를 들 수 있다. 이것은 브루노(어린이 요정)에게 붙인 '전하殿下'(your royal highness)라는 5음절의 호칭을 단음절로 축약한 것이며 발음할 수 없다(번역자 야나세 나오키柳瀬尚紀는 ッ下로 옮기고 있다-한국어로 표현하면 전하를 ㄴ하로 옮긴 것에 가깝다_옮긴이).[27] 캐럴은 '발음할 수 없는 단음어절'을 일부러 인간을 호명하는 데 갖다 붙였다. 그러나 그와 동시에 장관이 담담하게 사의를 표명하면서 내뱉은 이 호명은 브루노가 방을 뛰쳐나가 버렸기 때문에 어이없이 '상실되어버릴lost' 것이다. 호명어는 대상을 상실하고 공허하게 떠돌 뿐이다. 이런 연출이 드러내듯이, 'y'reince'라는 단어는 이미 실제 대상의 지시작용을 떠맡은 것이 아니다. 억지스러운 단음절화는 단어를 응고시키고 순수한 표현으로서 독립시킨다. 그러므로 'y'reince'와 같은 단어는 '결합'의 작용을 지닌다고 얘기된다.

다음으로 '접속'은 두 가지의 이질적인 계열을 서로 연결시킨 말이다. 대표적인 예는 snake(뱀)와 shark(상어)를 합성한 Snark라는 신조어(그 외에도 snail이나 snarl 등의 조합도 생각할 수 있다) 혹은 『실비와 브루노』에 나오는 맛없는 과일 Phlizz(幻核) 등과 같은 단어를 말한다. 다만 들뢰즈에 따르자면 접속은 단순히 기호를 조합시킨 것이 아니다.

예를 들면 유명한 Jabberwocky는 일종의 말-가방(신조어)이며 캐럴

---

26. 질 들뢰즈, 『의미의 논리학(意味の論理学)』, 岡田弘/宇波彰 訳, 法政大学出版局, 1987. [Logique du sens, 1969]. 이 책에서 인용한 곳은 원서와 영역본을 같이 참조했다.

27. 루이스 캐럴, 『실비와 브루노(シルヴィーとブルーノ)』, 柳瀬尚紀 訳, ちくま文庫, 1987, p.30. [Sylvie and Bruno, 1889/1893].

자신이 시사한 바에 따르면 jabber(수다스럽고 열띤 토론)과 wocer(과일)의 합성으로 만들어진다. 즉 입가에서 언어가 한없이 부풀어 오른다는 뜻과, 입가로 가져가는 음식물이 서로 겹쳐지고 있다. 또한 맛없는 과일 Phlizz라는 말은 '소실되어가는 것을 뜻하는 의성어onomatopée'에 가깝다고 간주된다. 음식물로서 공허하다는 속성을 그대로 단어의 발음으로서 실체가 없다는 것에 꿰맞춘 것이다. 들뢰즈에 따르면 이러한 단어는 지시대상의 수준과 표현(音)의 수준이 밀접하게 조합되어 있다. 여기서 포인트는 정신분석 용어에서 말하는 '구순성口脣性[구강성]'에 있다. 캐럴의 문학은 종종 구순을 기준으로 구성되어 있기 때문에 말하는 것과 먹는 것, 즉 단어의 표현과 단어의 지시대상 사이에 구별을 설정할 수 없다. 들뢰즈가 말하는 '접속'은 표현과 지시 사이의 이 순환이다.

들뢰즈의 비유는 다소 억지스럽지만 캐럴의 소설이 구순성에 기초하여 표현의 기틀을 다졌다는 주장에는 수긍이 간다. 『실비와 브루노』로 말하자면 바로 유명한 정원사의 노래를 예로 들 수 있다. 정원사는 '그는 나는 ……을 본 듯한 느낌이 들었다. 다시 한 번 보고 ……을 알아차렸다'는 구절을 9번이나 반복하는 노래를 부른다. 이 노래에 대입되는 사물은 대체로 두 가지 계열로 구분된다. 하나는 먹는가 먹히는가 하는 특성과 결부된 사물이나 동물 또는 인물의 계열(피리 부는 연습을 하는 코끼리, 들소, 하마, 야채 엑기스 알약……), 또 하나는 매우 상징적인 사물 또는 인물의 계열(아내에게서 온 편지, 누이 남편의 조카, 승합마차에서 내리는 은행원……)이다.[28] 정원사의 노래에서는 이 두 가지 레벨, 즉 구순성 레벨과 상징 레벨이 현저하게 반전된다. 여기서는 구순성 레벨에서 농축된 글이나 단어를 발판으로 보다 상징적인 다른 레벨이 부각되는

---

28. 루이스 캐럴, 앞의 책, p.30.

모습이 보인다.

마지막으로 '분리'는 하나의 단어에 분기分岐를 설정하는 것이다. 이 것도 신조어의 문제와 연결된다. 예를 들면 들뢰즈는 frumieux(격 노-furieux와 수증기-fumant)라는 말-가방을 예로 들며 미셸 빅토르의 다음 기술을 참조한다. '이러한 각각의 단어가 하나의 전철기轉轍機(교체장치)와 같은 것이 될 수 있다. 그리고 우리는 많은 과정을 거쳐서 하나의 단어에서 다른 단어로 이행할 것이다'.[29] 즉 frumieux와 같은 말-가방이 두 가지 의미를 겹치게 하고 있고, 그 앞뒤 단어와의 관련 속에서 '격노' 쪽으로 기울어지는지 아니면 '수증기' 쪽으로 기울어지는지가 결정된다. 어느 쪽을 선택하더라도 선택할 수 없었던 쪽의 가능성은 계속 남겨질 것이다. 이것은 의미는 '복잡성의 감축과 보존'을 행한다는 루만의 정의를 연상시킨다. 또한 당연히 세미라티스형 '요소의 다중소속'의 특성과도 연결된다.

이렇게 보면 캐럴의 언어유희에는 신화화의 애플리케이션이 다양하게 겹쳐져 있음을 알 수 있다. 예를 들어 앞에서 w라는 발음 불가능한 문자가 커뮤니케이션의 안정화 작용을 하고 있는 것이 아닐까라고 기술했다. 이것은 곧 '결합'에 해당할 것이다. 한편, '분리'에 해당하는 것은 무라카미 하루키의 『태엽 감는 새 연대기』라는 실천이 있다. 신화소란 바로 일종의 '전철기'이므로 두 가지 가능성을 동시에 잠재시킨 것이다. 캐럴의 소설은 어떤 의미에서는 우리가 좋아하는 신화적 기법의 전시장과 같다. 그러한 기법으로 독자와 작품의 거리나 관계가 흔들리는 것이다.

---

29. 앞의 책, p.63.

'지금'을 회피하는 넌센스

캐럴이 다루는 비교적인 단어는 네트워크를 안정화하고(결합), 네트워크 상의 기호를 '구순성'의 영역에 기초하여 정리하고(접속), 또한 네트워크 안에 전철기를 설치하여 분기를 촉구한다(분리). 이러한 여러 조작이 개입된 덕분에 작품세계의 의미체계는 매우 복잡한 방식으로 구성된다.

앞 장에서 살펴보았듯이, 지금 '의미'는 생태학적인 커뮤니케이션의 영역에 놓여 있다. 거기에는 이데올로기가 효력을 상실한 뒤의, 새로운 유형의 '커먼센스'(상식=공유)의 형태가 있다. 우리는 항상 그런 종류의 의미론적 자장磁場에 얽혀 있고 그것을 부정하려 해도 어쩔 수가 없다. 들뢰즈도 말했지만 '**내**가 말하기 시작했을 때 항상 의미는 이미 상정되어 있다. 이런 상정이 없으면 나는 말하기 시작할 수 없을 것이다.'[30] 다만 앞에서 언급했듯이, 캐럴은 당시의 도덕주의가 부추긴 커먼센스에 대해 강하게 반발했다. 그것이 그를 '넌센스' 문학으로 이끄는 하나의 계기가 되었다고 해도 전혀 이상하지 않을 것이다.

커먼센스에 반격하려면 '지금'에 있어서 리얼리티의 농축에 **간섭**하는 것이 아마도 가장 빠를 것이다. 캐럴은 바로 '지금'의 전제專制를 교묘하게 바꾸려고 했던 작가다. 예를 들면 『거울 나라의 앨리스』(1871)에서는 **앞으로 일어날 미래를 기억하는** '하얀 여왕'이 등장한다. 거꾸로 사는 기억을 지니고 '다다음주에 일어날 일'을 가장 선명하게 기억하고 있는 그녀는 곧이어 자기 몸이 바늘에 찔릴 거라는 상상으로 반쯤 발광 상태였는데 정작 진짜 바늘에 찔릴 순간이 오자 전혀 동요하지 않는다. 왜 태연한 것인지 이상하게 여기는 앨리스에게 그녀는 이렇게 말한다. '비명은

---

30. 앞의 책, p.38.

이미 다 질렸잖아' 여왕은 말했다. '처음부터 다시 시작해서 좋을 게 뭐가 있니?'[31] 즉 하얀 여왕에게는 가장 중요해야 할 '현재'라는 시간의 사건이 그야말로 가장 가볍다.

또한 이 소설의 제3장에서는 Horse-fly(말파리, 쇠등에)가 아니라 Rocking-horse-fly(흔들 목마 파리), Butterfly(나비)가 아니라 Bread-and-butter-fly(버터 바른 빵 벌레) 등과 같은 식으로 존재하지 않는 곤충이름이 말장난처럼 생성된다.[32] 그러나 나비의 먹이는 크림이 들어간 연한 차라는 독특한 것이며, 앨리스가 그런 먹이를 구할 수 없는 일도 '자주 일어나는/very often' 일이 아니냐고 묻자, '**언제나** 일어나지(It always happens)'라고 모기가 대답한다. 요컨대 그런 먹이는 언제나 존재하지 않고, 따라서 그러한 수수께끼 곤충도 생존하지 못하는 것이다.

이 두 가지 사례에서는 현재의 비중이 매우 가벼워지고, 그 대신에 과거나 미래가 팽창한다. 하얀 여왕은 미래 쪽이 현재보다 중요하고 수수께끼 곤충들은 가상의 과거에 생존할 수 있어도 리얼한 현재에는 결코 생존할 수 없다. 이러한 가상의 전사前史 혹은 후사後史의 비중을 높이는 기법은 이미 보았듯이, 신화에서 매우 친숙한 기법이다.

또한 앨리스라는 주인공 자체가 '현재'에서 어긋난 캐릭터로서 설정되어 있다. 그것은 캐럴이 고유명을 다루는 방식과 연동되어 있다. '고유명사의 상실은 앨리스의 모든 모험을 통해서 반복된 모험이다'.[33]

예를 들면 앞에서 언급한 모기와 대화를 나눈 뒤에 앨리스는 자신의 고유명을 잊어버린다. 잠시 뒤에 험프티 덤프티Humpty Dumpty와 대화를

31. 루이스 캐럴, 『거울 나라의 앨리스(鏡の国のアリス)』, 柳瀬尚紀 訳, ちくま文庫, 1988, p.98.

32. 앞의 책, p.58.

33. 질 들뢰즈, 앞의 책, p.5.

나누면서 한층 심한 말장난이 전개되는 내용을 많은 독자가 기억할 것이다. 그 험프티 덤프티(영국에서 옛날부터 전해오는 민간동요집에 나오는 큰 계란 형태의 땅딸보_옮긴이)는 '내 이름은 내가 생긴 모양과 그 모양이 아주 잘생겼다는 의미를 지녔지. 너 같은 이름이라면 어떤 모양이든지 될 수 있겠는걸' 하고 앨리스에게 말하는 캐릭터다.[34] 험프티 덤프티는 이름의 표현과 이름의 지시가 '접속'되어 있다. 그 외에도 『이상한 나라의 앨리스』에 등장하는 3월 토끼March Hare나 모자장수The Hatter 등과 같은 유명한 캐릭터의 고유명이 당시 영국의 관용구(속담)를 바탕으로 하고 있다는 사실도 널리 알려져 있다. 캐럴의 세계에서는 고유명은 항상 일반적인 의미(일반명사)에 인접한다. 다시 말하면 캐럴의 고유명은 이미 민중 사이에 깊게 침투된 집단언어에서 시작된 것이며 말하자면 대체로 고유성을 상실한 것이다.

그리고 또한 3월 토끼나 모자장수가 '미친' 것은 그들의 시간성과 깊은 관계가 있다.[35] 특히 모자장수는 시간을 죽인 자니까 시간을 모르는 척한다. 그러기 위해 모자장수는 자신은 시간과 사이가 좋고 좋아하는 만큼 시간을 조종할 수 있다는 **환상**을 말할 수밖에 없다. 실제로 모자장수는 언제나always 엉망진창 다과회를 열고서 핀트가 어긋난 넌센스한 수다를 계속 지껄일 수밖에 없다. 모자장수는 유기적인 '지금'의 비트를 탈 수 없고 고정된 티타임에 묶여 있다. 그래서 '언제나 차를 마실 시각이기 때문에 찻잔을 닦을 시간도 없다(we've no time to wash the thing between whiles).[36] 모자장수나 3월 토끼는 글자 그대로 시간을 박

----

34. 『거울 나라의 앨리스』, pp.113~114.

35. 질 들뢰즈, 앞의 책, p.103.

36. 루이스 캐럴, 『이상한 나라의 앨리스(不思議の国のアリス)』, 柳瀬尚紀 訳, ちくま文庫, 1987, p.101.

탈당한다.

캐럴에게 고유명은 항상 '지금'과 연결되어 있다. 그 고유명이 집단언어에 의해 깊이 침식되고 때로는 망실되어버리는 것은 '지금'의 공동화空洞化를 초래하지 않고서는 존재할 수 없다. 커먼센스가 하나의 의미=방향을 구현화하는 데 비해 캐럴적 넌센스는 '지금'을 줄이고 대신에 과거나 미래를 부풀리는 기법을 열어두고 있다.

관념적 게임의 기지

들뢰즈는 캐럴이 전개한 넌센스의 시간성에서 '순수한 생성변화' 혹은 '순수한 사건'을 발견했다. 보통 '생성'한다고 할 때는 항상 '지금'이 이어지는 헤겔적인 세계를 상기하게 된다. 그러나 들뢰즈가 제안하는 것은 그것과는 전혀 반대의 시간성, 즉 '현재를 회피하는 것을 특성으로 하는 생성변화'다.[37] 하얀 여왕이나 상상의 곤충, 3월 토끼나 모자 장수, 그리고 이름을 잊어버린 앨리스는 각각 '지금'을 상실한 존재로서 그려져 있다. 이러한 캐릭터의 힘을 빌려서 캐럴은 근대철학의 시간을 반격하는 듯한 '광기'를 작품에 가득 채운다. 내친김에 지적해두자면 들뢰즈가 근대의 시간관을 쇄신하는 데 철학 내부의 담론이 아니라 어디까지나 캐럴의 문학에서 힌트를 얻었다는 점은 매우 흥미롭다. 즉 추상적인 사변만이 아니라 오히려 정밀한 퍼즐 게임적 작품에 의해 비로소 다른 시간성이 개척된다. 그것이 20세기 후반 철학의 하나의 '발견'이었다.

시간의 문제에 관해 여기서 다시 한 번 주목하고자 하는 것은 캐럴이

---

37. 질 들뢰즈, 앞의 책, p.3.

게임적인 기법을 적극적으로 작품에 활용한 점이다. 예를 들면 『거울 나라의 앨리스』는 체스의 진행 방식과 유사하게 서사가 진행된다. 그런 점에서 보면, 앨리스는 체스의 졸pawn로 다뤄진다.

캐럴적인 게임은 보통 방법으로는 실행하기가 결코 쉽지 않다. 예를 들면 『이상한 나라의 앨리스』에는 유명한 크로켓 경기Croquet나 코커스 경주Caucus-Race 등 많은 게임이 장치되어 있다. 이 작품에서 코커스 경주는 시작 신호 없이 '마음 내킬 때 시작해서 마음 내킬 때 그만둘' 수 있는 게임이다.[38] 따라서 그 게임은 명확한 승자를 가릴 수 없다. 또한 크로켓 경기는 공이 살아 있는 고슴도치고 공을 치는 방망이는 살아 있는 홍학이며, 병사들이 두 손과 두 발로 땅을 짚어서 골대를 만드는 기묘한 게임이다. 그래서 공은 항상 도망 다니고, 골대도 이리저리 이동한다. 이러다 보니 게임이 제대로 성립되지 않는다. 들뢰즈는 승자도 패자도 없는, 룰조차 움직임 속에서 결정되는 이러한 게임을 '관념적 게임'이라고 불렀다.[39]

관념적 게임은 보통 게임과는 달리 명확한 '지금'이 존재하지 않는다. 플레이어는 자기 마음대로 타이밍을 정하고 자기 마음대로 룰을 시작해 버린다. 이것 또한 일종의 '기지'(상반되는 표시)로 간주할 수 있을 것이다. 우리가 '지금'에 가하는 중압을 다름 아닌 '게임'을 통해서 느슨하게 풀어주는 것, 그것이 관념적 게임 작업이다. 캐럴의 소설에서 종종 구순성의 반복을 통해 상징성이 시작되듯이, 매우 비속한 것에서 순수하게 사변적인 것이 생겨난다. 룰이 지연되는 관념적 게임도 마찬가지다. 앞에서 언급한 『괭이갈매기 울 적에』도 그러하지만, 캐럴의 게임은 현실에 존재

---

38. 『이상한 나라의 앨리스』, p.40.

39. 질 들뢰즈, 앞의 책, p.76.

하는 것이라기보다도 순수한 사유 실험의 산물로서 해석할 수 있다. 캐럴은 사유 실험이 그대로 대중적인 문학이 되는 사례를 실증한 것이다.

기지를 지탱하는 메커니즘으로서 여기서 다시 한 번 주목할 것은 캐럴이 동물을 다루는 태도다. 앞 장에서 언급한 챈들러도 그러했지만, 동물을 텍스트에 삽입함으로써 작품의 리듬이 변한다.

예를 들면 앨리스는 동물의 존재방식을 대강 다음과 같이 다룬다.

새끼 고양이가 지닌 매우 곤혹스런 버릇은(앨리스가 언젠가 불평한 적이 있다), 무슨 말을 하든지 가르랑거리는 것이다. "'예'라고 할 때 가르랑거리고 '아니오'라고 할 때는 '야옹'이라고 하면 대화를 할 수 있을 텐데!"라고 앨리스는 중얼거렸다. "그렇게 정하면 대화를 나눌 수 있을 텐데 언제나 똑같은 말만 하는 사람과 어떻게 대화를 나눌 수 있담?" 이번에도 새끼고양이는 가르랑거리기만 했다. 그리고 그 소리가 '예'인지 '아니오'인지 분간하기 어려웠다. 『거울 나라의 앨리스』[40]

이렇게 '예', '아니오'라는 구별을 하지 않고 '언제나 늘 똑같은 말만 하는' 동물은 얘기하는 능력을 갖지 못한다고 앨리스는 생각한다.[41]

그러나 여러 번 반복하지만 생태학적 혹은 시스템론적인 함의에서 말하자면, 커뮤니케이션이란 '반복성'을 만연시키는 것과 마찬가지다. 커뮤니케이션을 통해서 사소한 에러에는 흔들리지 않는 자기수정적인 메커니즘(커먼센스)을 사회에 뿌리내리게 하는 것. 만약 커뮤니케이션의 과정을

---

40. 『거울 나라의 앨리스』, pp.205~206.

41. 자크 데리다가 『동물, 고로 나는 존재한다』에서 말하듯이, 앨리스의 사고방식은 종종 서양철학(특히 데카르트)에서 드러나는 일종의 패턴이다. Jacques Derrida, *The Animal that Therefore I Am, tr. by David Wills*, Fordham University Press, 2008, p.8.

이와 같이 이해한다면 '언제나 늘 똑같은 말만 하는' 캐럴의 동물도 역시 분명한 커뮤니케이션 참여자이고, 또한 그것은 앨리스와 같은 인간의 커뮤니케이션과도 본질적으로는 다르지 않다.

관념적 게임은 그러한 동물들에 의해 반복되는 게임이다. 동물들의 커뮤니케이션은 앨리스에게 넌센스일 수밖에 없는 것이고, 그러므로 순수하게 사변적인 게임을 시작하는 기점이 된다. 레비스트로스는 신화를 '인간과 동물이 여전히 구별되지 않았을 무렵의 이야기'라고 규정하고 있는데,[42] 캐럴은 확실히 그런 의미에서 신화 작가다. 다만 레비스트로스가 말한 동물이 커먼센스의 생성에 기여한다면, 캐럴의 동물은 오히려 커먼센스와 넌센스의 틈새에 위치하고 있는 것이다.

세계와의 관계성

또한 많은 동물의 등장은 작품세계의 공간을 교란한다. 앞 장에서 챈들러나 무라카미 하루키를 다룰 때 '작은 것'이 공간을 재설정하는 것을 논했지만, 동물성을 통한 공간으로부터의 해방을 캐럴만큼 과격하게 보여준 작가는 없을 것이다. 예를 들면 『이상한 나라의 앨리스』에서 모두 알다시피, 앨리스는 끊임없이 커지거나 작아지거나 한다. 앨리스는 평범한 크기로 안정된 상태인 적이 없고 항상 커지거나 작아지는 두 가지 상반된 방향성을 대전帯電하고 있다. '물체가 커지거나 작아지거나 절단되는 등과 같은 사건만큼 친밀하고 본질적인 것이 있을까.'[43]

실제로 소설을 찬찬히 읽다보면 앨리스라는 '물체'의 처리에 대해 매

---

42. 클로드 레비스트로스, 『원근의 회상(遠近の回想)』, 竹內信夫 訳, みすず書房, 1991, p.248. [DE PRES ET DE LOIN, (avec Didier Eribon, Odile Jacob), 1988].

43. 질 들뢰즈, 앞의 책, p.9.

우 교묘한 장치가 설정되어 있음을 알 수 있다. 가령 전반부(제3장의 코커스 경주까지)에서는 커지거나 작아지는 것을 규정하는 것은 '독약' 표시가 붙어 있는 음식물이나 케이크다. 즉 이 단계에서는 먹거나 마시거나 하는 행위가 그대로 커진다 작아진다라는 변경으로 연결된다. 또한 제2장의 유명한 '눈물 연못' 장면에서는 작아진 앨리스가 자신이 배설한 눈물 속에서 익사할 뻔하는 경험을 한다. 독약이나 음식물 혹은 배설에 깊이 관련된 부분에서는 확실히 구순성이 우위를 차지한다. 쉽게 말하면 앨리스는 세계와의 관계성을 구순을 중심으로 구성한다.

그러나 제4장부터 제5장에 오면 상황이 또 달라진다. 특히 제5장에서 앨리스는 버섯을 먹는데 이 버섯의 왼쪽 부위를 먹으면 커지고 오른쪽 부위를 먹으면 작아진다. 즉 버섯이 크고작음의 변화를 관할하는 요소로서 다뤄진다. '커지는 것, 작아지는 것은 똑같은 대상으로 통일되어버린다'.[44] 버섯이라는 새로운 소재를 얻음으로써 앨리스는 선택을 하는 개체로서 부각된다. 그것에 대응하여 세계와의 관계성에도 미묘한 변화가 생긴다. 앨리스는 여전히 구순을 바탕으로 세계와의 관계를 구축하고 있지만 '커지는 것'의 내용이 변화한다. 즉 버섯의 효과는 앨리스의 머리만 뱀처럼 하늘 높이 쭉 늘려서 비둘기와 얘기를 하게 만든다. 앨리스는 신체의 일부를 분리하여 거기에 세계와의 접촉을 맡겨버린다. 여기에 이어지는 체셔 고양이가 '싱긋 웃음'을 남기고 사라져버리는 유명한 장면도 '이 새로운 위치의 분리를 체현할' 것이다.[45]

이후 제7장에서 3월 토끼와 모자장수의 티파티가 벌어지는데 그보다 먼저 앨리스는 이미 체셔 고양이에게 '여기 있는 것들은 모두 미쳤어, 나

----

44. 앞의 책, p.293.

45. 앞의 책, p.293.

도 미쳤고 너도 미쳤어'라고 말을 건넨다.[46] 광기가 주위에 감염되는 이 단계에서는 앨리스를 에워싼 공간의 질도 달라진다는 데 주의해야 한다. 앨리스는 애초에 아래쪽으로 가라앉거나 집으로 숨어들거나 한다. 그러나 서서히 이 운동에서 깊이가 사라지고 평면적인 운동이 나타난다. 그러한 만반의 준비를 거쳐서 마침내 종알종알 떠드는 병사가 등장하게 되는 것이다.[47] 『이상한 나라의 앨리스』 후반에 등장하는 이 공간성은 다음 작품 『거울 나라의 앨리스』에서 좀 더 철저하게 전개된다. 체스를 모방하고 거울을 중요한 소재로 삼은 『거울 나라의 앨리스』에서는 상하운동보다도 평면적인 운동 쪽이 두드러지는 것이다(특히 제4장 트위들덤과 트위들디).

아무튼 이런 식으로 앨리스의 모험은 그녀와 세계와의 관계성의 변모를 그려내고 있다. 그리고 그때 단서가 되는 공간 감각은 점차 갱신되는 것이고 하나의 패턴에 수렴된 적은 없다. 앨리스의 행적은 단선적인 것이 아니라 사물의 규모의 변화와 그것과 쌍을 이루는 순수하게 관념적= 사변적인 게임에 의해 중층적으로 구성되어 있다. 앞 장에서 언급했듯이, 개체의 성장과 죽음을 기준으로 세계를 파악하는 방식에는 적어도 나는 동의하지 않는다. 캐럴의 문학도 유아로의 퇴행의 서사로서 단순화돼서 읽혀야 하는 것이 아닐까. 거기서 제시하고 있는 것은 '지금'을 결여한 소녀가 세계와 접촉할 때 사용하는 통로의 다양성이다. '루이스 캐럴은 문학에서 통로적 방법의 탐험가/창시자다.'[48]

오에 겐자부로나 나카가미 겐지, 무라카미 하루키는 각각 집단언어에 접근하여 거기에서 커먼센스를 농축했다. 그에 비해서 캐럴은 구순성에

46. 『이상한 나라의 앨리스』, p.89.

47. 질 들뢰즈, 앞의 책, p.12.

48. 앞의 책, p.57.

입각하여 거기에 공간 설정의 변모를 맞물리게 해서 대중적인 신화를 그려낸다. 더구나 그 신화는 말하자면 자기소거기능을 갖춘 시스템, 즉 커먼센스를 서서히 넌센스로 무너뜨리는 시스템에 준거한다. 비유적으로 말하면 캐럴은 **두 손으로 신화를 쓰고 있는** 것이다. 우리는 이러한 정치한 신화에서 많은 힌트를 얻을 수 있을 것이다.

문명의 임상의사

지금까지 다룬 논지를 요약해보자. 이번 장은 '무엇이든 된다'라는 미학적 입장을 확보하도록 느슨함과 시시함[하찮음]을 적극적으로 평가하는 데서 출발했다. 그것은 우선 모더니즘의 미학과는 반대로 프로이트적인 기지를 통해서 '지금'의 하중을 가볍게 하는 지점에 도달했다. 그것은 서사의 레벨에서 말하자면 '넌센스'를 장치하는 방법으로 드러날 것이다. 네트워크 소비의 홍수 속에 있는 ZUN이나 혹은 타케모토 이즈미 같은 만화가는 매우 간단한 방법으로 넌센스한 서사를 만들어냈다.

루이스 캐럴의 문학은 그러한 넌센스 미학을 매우 정교한 방식으로, 그러나 동시에 최상의 대중적인 엔터테인먼트로서 제시했다고 볼 수 있다. 캐럴의 문학에는 오늘날의 서브컬처에서도 여전히 이용되는 장치들이 구비되어 있다. 감정에 반응하는 소리의 울림, '지금'을 탈락시킨 생성, 고유명의 일반명으로의 환원, 동물과 인간의 공존, 언어유희에 의한 결합/접속/분리, 미약한 성性을 드러내는 소녀, 구순성을 통한 세계와의 접촉, 사물 크기의 변경, 게임의 룰을 정하는 관념적 게임…….

들뢰즈는 캐럴과 같은 예술가를 '문명의 임상의사'라고 불렀다.[49] 앞

---

49. 앞의 책, p.296.

장에서 나는 예술가에 대해서 '세계인식의 유형'을 제안하는 자라고 말했는데, 그것을 임상의사로 치환해도 좋을 것이다. 우리의 '문명'이 세계와 어떠한 관계를 맺을 수 있는가. 캐럴은 몇몇 관계를 점검하고 사람들에게 서사로서 제시했다. 오늘날 우리는 다름 아닌 그 캐럴의 작품을 '진단'해보는 것도 좋을 것이다. 실제로 철저히 대중적이고 서브컬처적인 것을 관통하면서, 동시에 매우 지적이기도 했던 캐럴의 문학적 활동은 우리에게 용기를 줄 것이기 때문에.

마　　　　　　　　무　　　　　　　　리

눈치 빠른 독자는 알아차렸겠지만 신화를 다루는 이 책도 분명 한 편의 신화다. 하지만 이제 슬슬 이 신화도 마무리를 지을 때인 듯싶다. 마지막으로 이 책의 내용을 큰 틀에서 되짚어보고 전체를 부감해보기로 한다.

근대적 원리의 부흥

제1장에서 뒤로 미뤘던 논점을 되짚어보기로 한다. 공사公私의 구별 문제다. 다시 확인하면 지젝은 로티가 제안한 공사 구분을 비판했다. 본래, 근대적인 공사 구별에서는 공公이 코스모폴리탄적인 개인에, 사私가 공동체에 배정된다. 칸트의 견해에 따르면, 개개의 공동체(사적 영역)의 자의恣意에는 필요에 따라 얼마든지 제약을 가할 수 있다. 그러나 공적 영역, 구체적으로는 사람들이 학자로서 의견을 발신하는 보편적인 장場은 결코 제약되어서는 안 된다. 그에 비해서 로티는 정반대로 공公을 공동체에, 사私를 아이러니에 배정한다. 이 로티식 도식은 공동체를 초월한 보편적 영역을 공적으로 간주하는 근대적 원리에서 보자면, 단순한 위반이

거나 무지일 수밖에 없다.

실제로 지젝의 비판에는 수긍이 가는 면도 있다. 칸트적 의미에서의 근대적 공사의 구별이 오늘날 두드러지고 있기 때문이다. 그것은 구체적으로는 정보사회화의 진전과 관련이 있다.

오늘날의 상황을 살펴보면, 특히 구글이 현실세계, 가상세계를 모두 포함하여 전 세계의 모든 존재, 모든 사물을 '정보'라는 한 점에서 균질적인 것으로 다루고, 그 지점에서 질서를 발견하려 하고 있는 현상은 역시 간과할 수 없다. 약간 추상적으로 말하면, 정보라는 개념은 새로운 '연속량quantum continuum', 즉 어디까지나 무한으로 연장될 수 있는 좌표 공간을 우리의 사고에 밀어 넣는다. 예를 들면 제5장에서 다룬 어빙 고프만식 '표현 게임'의 관점에 기초하면, 개체는 모두 일종의 연산장치이며, 행동을 통해서 정보를 외부세계에 스며들게 한다. 뿐만 아니라 어떤 관점에서 보면, 우주 그 자체도 비트bit로 이루어진 거대한 우주적=범용적 컴퓨터, 더구나 고전적 컴퓨터와는 질적으로 다른 양자 컴퓨터로 간주되는 것도 결코 불가능한 일은 아니고, 이런 사고방식을 부연하면 우주는 물리법칙을 언어로 하여 국소적인 상호작용을 적층하면서 엄청난 논리연산을 실행해온 메커니즘으로서 파악된다.[1] 아무튼 정보의 모델은 원리적으로는 우주 규모로까지 확대될 것이다. 이것은 매우 단순하지만 매우 강력한 논리이기도 하다.

정보의 발견은 르네상스 시대의 투시도법(혹은 철학으로 말하면 데카르트)의 출현과 비교할 만한 거대한 사상사적 변모다. 르네상스 시대의 이탈리아 화가는 정신생리학적인 공간(경험적 공간) 대신 수학적 공간을 회

1. 세스 로이드Seth Lolyd, 『계산하는 우주(宇宙をプログラムする宇宙)』, 水谷淳 訳, 早川書房, 2007. [*Pregramming the Universe: A Quantum Computer Scientis Takes on the Cosmos*, Random House Inc, 2007].

화의 전제로 삼았다고 한다.[2] 그렇게 함으로써 원리적으로는 세계의 모든 부분이 추상적이고 균질적인 좌표 공간에 속하게 되고 상호 교환이 가능해졌다. 이것과 유비類比되는 사상을, 그러나 지금은 화가나 철학자가 아니라 기업이나 물리학자가 솔선해서 제시하고 있는 것이다.

물론 정보세계는 르네상스 이후의 공간성과 완전히 똑같은 것은 아니다. 예전의 수학적 좌표 공간과의 가장 큰 차이점은 이 책에서 몇 번이나 서술했던 반복성의 개념이다. 즉 에러의 침입에 의해 무너지지 않도록 정보를 보존하는 것, 혹은 자잘한 수정이 있더라도 자기회복할 수 있는 탄성을 유지하는 것이다. 그 점에서는 모든 것이 정보로서 일원화된다는 세계관과 그 정보가 다원적인 애플리케이션에 의해 그때마다 패턴으로서 응고해가는 세계관이 양립할 것이다. 아무튼 근대적인 '공公'은 '무한'의 영역의 발견 없이는 있을 수 없다. 그리고 그 무한의 장인 르네상스 시대의 공간성이나 오늘날의 정보세계는 사적 개인의 자의를 제외한, 어떤 완전한 '법'의 수립 가능성을 의미한다.

또한 이런 식으로 무한히 연장된 공간(연속량)이 상정됨으로써 '진리'의 위치도 달라진다. 원래 우리는 진리를 정위定位하는 데에도 항상 어떠한 양식에 의존해왔다. 예를 들면 푸코는 서양 고대의 문헌을 참조하면서 '시련'의 극복에 의해 이뤄진 진리인 지식과 제삼자적인 '증언'이나 '조사'를 바탕으로 한 진리인 지식(사법권)을 구별한다. 푸코는 이 중 전자가 후자에 의해 내몰리고 있다는 것, 진리 형성이라고 해도 그것은 그때마다 지식의 배치에 기초한 일종의 전략적 게임이라는 것을 지적했다.[3]

2. 에르빈 파노프스키Erwin Panofsky, 『'상징형식'으로서의 원근법(「象徵形式」としての遠近法)』, 木田元 監訳, ちくま学芸文庫, 2009. [Die Perspektive als 'symboliche Form', 1924~1925].

3. 「진리와 재판 형태(真理と裁判形態)」, 『푸코 컬렉션 6(フーコー・コレクション6)』. 小林康夫 他編, ちくま学芸文庫, 2006, p.91.

제5장에서 다룬『이상한 나라의 앨리스』는 실은 이 관점에서 보더라도 매우 흥미롭다. 서사의 전반에서 앨리스는 다양한 '시련'에, 즉 넌센스한 게임에 참여한다. 그러나 마지막 부분에서 캐럴은 앨리스를 법정에 서게 하고, 자신이 본 것에 대해 증언을 하게 만든 것이다. 그 점에서는 앨리스는 넌센스한 쟁점의 당사자이므로 익명적인 감시자가 된다. 시련의 서사에서 증언의 서사로 이행한『이상한 나라의 앨리스』의 전개가 서양의 진리 양식의 역사를 재현한다고 할 수 있다. 그러나 동시에 그러한 양식은 모두 넌센스한 것으로 다시 쓰이고 진지하게 기능하지 않게 되어버린다. 예를 들면 법정 장면에서 하트의 여왕은 이렇게 말한다. '선고는 먼저 내리고 평결은 나중에 내려라'.[4] 즉 증언 등은 아무런 효과가 없는 것이다. 여기에는 과거와 같은 진리 형태가 앙상해지는 것이 냉소적으로 표현된다.

실제로 한 번 정보라는 카테고리가 나오면 지금 말한 진리 형태는 근저에서 뒤집어진다. 구글이 질서화한 정보세계의 '진리'는 시련도 필요로 하지 않고 법정 증언도 필요로 하지 않는다. 거기서 초점은 단순히 정보 네트워크에서의 링크뿐이다. 구글에서 링크 가치는 모두 기계적으로 판단=계산되어 있고, 즉시 진리가 도출된다.[5] 진리의 지적 형태도 오늘날의 검색 시스템에서는 아주 간소화되고 있다. 앞에서 언급한 '사상적 변모'는 이러한 지식의 전환과 깊게 관계되어 있다.

---

4. 루이스 캐럴,『이상한 나라의 앨리스』, p.176.

5. 또한 이 즉시성(卽時性)은 데카르트의 코기토와 유비할 수 있을 것이다. 데카르트적인 코기토도 한 번 발동하면, 성가신 절차를 전부 생략하고 즉시 진리에 도달할 수 있는 기계적 인지 메커니즘이다. 다시 한 번 덧붙이면, 정보화가 진전되었다고 해서 과거의 진리 형태가 모두 내쫓기는 것은 아니다. 가령 저널리즘은 공공 공간에서 제삼자적인 '증언'이라는 모델을 끌어들인다. 이와 같은 모델은 앞으로도 얼마 동안은 필요할 것이다. 요컨대, 우리가 직면하고 있는 몇몇 진리 형태가 병존하는 사태인 것이다.

동물성에 기초한 사적 영역

정보는 그것 자체가 새로운 카테고리의 발견이다. 그것은 세계의 이미지를 바꾸고 진리나 지식의 양식을 바꾸고, 과거의 몇몇 양식을 불필요한 것으로 만든다. 만약 이런 종류의 정보의 집합(데이터베이스)이 근대적인 '공公'에 해당한다면, 그것은 어떠한 개인私人의 자의에도 종속시켜서는 안 된다(구글이 철저히 하고 있는 것이 바로 이 점이다). 왜냐하면 정보는 법이라는 카테고리와 마찬가지로 사람들의 자유의 원천이 되는 것, 적어도 자유의 원천이 **될 수 있는** 것이기 때문이다.

그런데 공적 영역이 '정보에 의한 통치' 혹은 '법에 의한 통치'에 의해 규정된다고 하면, 사적 영역은 아즈마 히로키가 말한 '동물화'에 의해 깊이 침식당하고 있다고 할 수 있다. 아즈마에 따르면 동물은 타자와의 커뮤니케이션에 의존하는 대신 시장의 재화에 의존한다. '[……] 여기서 '동물이 된다'는 것은 그와 같은[헤겔주의적인] 간주체적인 구조가 지워지고, 각 사람이 각각 결핍-만족의 회로를 닫아버린 상태의 도래를 의미한다. [……] 매뉴얼화되고 미디어화되어 유통 관리가 행해지는 현재의 소비사회에서 소비자의 요구는 가능하면 타자의 개입 없이 수시로 기계적으로 충족되도록 나날이 개량되고 있다'.[6]

이러한 '인간의 동물성'이라는 카테고리도 역시 근대의 아주 초기부터 있었던 발상, 특히 공리주의에 의해 배양된 것이다. 공리주의적인 도식에서는 한 사람 한 사람이 어떠한 가치관을 갖고 살아가든 말든, 혹은 타인과 커뮤니케이션을 하든 말든 그냥 전체적으로 즐거움을 늘리고 괴로움을 줄일 수 있다면 그것에 의해 사회의 윤리는 충족된다. 반대로 생각

----

6. 아즈마 히로키, 『동물화하는 포스트모던』, p.127.

해보면, 이런 유형의 윤리는 과거의 공동체를 일탈하고 경계선을 상당히 래디컬하게 변경할 가능성을 지니고 있다는 뜻이다. 실제로 인간의 동물성에 조준되어 있기 때문에 헐리웃 영화나 팝 뮤직으로 대표되는 오늘날의 소비문화는 개별 공동체를 초월하여 세계적인 규모로 확대될 수 있다. 앞에서 언급한 정보론적 세계와는 다른 의미에서 동물이라는 카테고리도 일종의 '보편성'을 지니고 있다.

의욕적인 작가는 동물성의 카테고리의 보편성에 착안한다. 예를 들면 프랑스의 현대 작가 미셸 우엘벡Michel Houellebecq이 여기에 해당한다. 번거롭기 때문에 여기서는 자세히 논하지 않지만, 우엘벡의 작품은 항상 오늘날의 사회가 인간의 특성을 최대한 살리게 하지만, 신체의 쇠약에서 오는 비참함에 대해서 아무런 구원을 할 수 없다는 것을 주제로 다룬다. 우엘벡의 입장에서 현대란 생물학적으로 기초가 만들어진 공리주의적 사회다. 그리고 늙음은 때로 그 사회에서 살아갈 의미를 놓쳐버린다. 우엘벡의 주인공을 움직이고 있는 것은 죽음에 대한 공포라기보다는 쾌락을 잃고서 비참하게 살아가는 삶에 대한 공포다. 그리고 사람들이 그 비참함을 견딜 수 없게 되었을 때, 세계에 근본적인 혁명이 일어나고 일체의 사회 원리가 재구축된다. 우엘벡은 뉴에이지나 SF에 가까운 상상력을 동원하여 동물성을 중심으로 한 서사를 그려낸다. 그 점이 그의 작품에 기묘하게 형이상학적인 색채를 드리운다.

네 가지 상한象限

어떠한 자의에 의해서도 간섭받지 않는, 완전한 법의 세계. 그에 대비되는 행복과 이익추구를 원리로 삼는 사적이고 동물적인 세계. 우리는 우선 이와 같은 공사의 준별을 제대로 평가해야 한다.

그러나 한편으로 이 책에서 소묘해온 것은 어디까지나 로티식의 '포스트모던의 공사'라고도 불러야 할 위상位相이었다. 이 위상은 '포스트모던적'이라고는 해도, 실제로는 상당히 오래된 사상사적 문제를 포함한다. 예를 들면 지금 말한 근대적 공사의 개념에는 개인個과 보편밖에 없다. 다시 말하면 그 점은 불완전한 동물과 완전한 정보기계만으로 완결되어 있는 세계다. 그러나 그것이 지나치게 추상적이라고 생각하는 논자(낭만주의자)는 전통적으로 개인(동물)과 보편(세계)을 매개하는 중간적인 네트워크를 추구했다. 이런 유형의 사고는 우리 자신이 아직은 불완전한 동물도 완전한 기계도 될 수 없는 **중간적인 존재**라는 것을 전제로 한다.

이 책의 의도는 한마디로 말하면 이 중간적인 네트워크를 해석하는 수단을 제공하는 데 있다. 다만 그 네트워크의 동작 원리는 어디까지나 다원적인 '힘'으로서 제시되어야만 했다. 그리고 그 힘은 끊임없이 새로운 카테고리로서의 정보의 주위를 둘러싸고 있다. 과거 그 중간적인 네트워크의 구상은 오로지 과거의 공동체의 이미지에 너무 편향되어 있었다고 할 수밖에 없다. 그러나 이 책에서 서술해온 것은 그것을 대체하여 대량생산과 연결된 서브컬처 신화의 정보처리를 이용한다는 방향성이다. 자잘한 에러에 의해서도 파괴되지 않을 커먼센스를 생성하는 면에서는 이미 공동체보다도 시장의 신화 쪽이 효과적으로 기능하고 있는 것 같다.

이렇게 보면 근대적 공사와 포스트모던적 공사는 반드시 배타적인 관계가 아님을 알 수 있다. 우리는 오히려 이 양자가 상호보완적으로 기능한다고 봐야 할 것이다. 이상을 도식화한 것이 표2다. 이 네 가지 상한의 어느 것을 상대로 하느냐에 따라서 필요한 개념장치나 언어의 사용, 즉 담론의 장르가 달라진다. 나의 제안은 이 네 가지 상한에 각각 적합한 담론을 편성해야 한다는 것이다.

예를 들면 개개인의 사적인 행복의 문제를 법이나 정보의 질서화의 차원에서 이러쿵저러쿵할 수 없다. 그것은 사적인 실천 속에서 확보해갈 수밖에 없다. 반대로 근대적인 '공公'은 전체 의지의 균형(평형)을 취하는 것을, 전체 의지의 균형을 이룰 정도로 이성적으로 생각하면 된다. 하지만 근대적 공사의 완전성은 여전히 '이념적'인 것이다. 따라서 이러한 영역을 모방하려면 앞에서 말한 우엘벡처럼 뉴에이지나 SF의 상상력을 믹스한 글쓰기를 이용하는 것이 때로는 적합하다. 그것이 이념과 현실의 차이를 상상적으로 메우는 데 유익하기 때문이다(우엘벡이 '미래인이 기록한 이야기'라는 스타일을 좋아하는 것도 똑같은 이유다).[7]

그에 비해서 실존을 모방하는 언어(포스트모던적인 '사私')는 미나 아이러니와 잘 어울린다. 다른 한편 포스트모던적인 '공公'을 확보하려면 사람들의 공통이해를 확대해야 한다. 제2장에서 보았듯이, 리얼리티를 농축한 서브컬처 신화를 한층 신화화함으로써 때로는 다른 종류의 플래토, 다른 종류의 포컬 포인트, 다른 종류의 의미론적 디자인이 생겨난다. 이 영역은 생태학적이고 시스템적인 어휘 혹은 이 책의 말투로 하면 구조사회학적인 어휘로 분석된다.

표 2. 근대적 공사와 포스트모던적 공사

	근대=정치적	포스트모던=신화적
공적 영역	기계적 정보처리(법에 의한 통치)	의미론적 디자인(신화의 생태계)
사적 영역	동물적 행복(공리주의적 윤리)	미학적 실존(아이러니)

7. 또한 이런 종류의 근대적 원리를 규명하려면 이 책에서 논한 신화는 오히려 **철저히 파괴되어야 하는 대상**이 될 수도 있다. 일찍이 플라톤이 호메로스의 신화를 경멸했듯이, 일종의 중간적 네트워크의 개입이 이성의 자유를 어중간한 지점에서 방해한다는 사고방식은 아마 앞으로도 가끔 나올 것이다.

보다 많은 신화를!

완전한 동물도 될 수 없고 완전한 기계도 될 수 없는 우리에게 문화라는 활동은 그것 자체가 일종의 대체행위다. 우리는 문화로 세계를 대신하게 만들고 불규칙하게 발생하는 '사회의 죄'를 보상하게 한다. 근대라는 시대는 기독교적인 '원죄'의 관념에서 서양인을 서서히 분리시켰다. 그 대신에 우리의 관념을 지배하는 것은 사회의 죄가 깊다는 새로운 유형의 신학적 발상이다. 그러나 사회의 죄는 완전히 말소할 수 없다.

그렇다면 세계를 대신하는 문화=신화, 말하자면 '세계의 모조dummy'는 어떻게 확보되는가. 제2장과 제3장에서 말했듯이, 거기에는 네트워크를 확장/압축하는 상상이나 상징의 힘이 개입되고 있다. 또한 신화의 생태계는 세계와의 접촉 속에서 리얼리티를 농축하고 체험 가능한 평면을 바꾸기 위해 노력한다. 예를 들면 제5장에서 말했듯이, 루이스 캐럴은 오로지 구순성 수준에 준거하며 얘기하는 것(발음)과 먹는 것(지시대상)의 경계를 무너뜨렸다. 다시 말하면 캐럴은 세계와의 관계를 구순口脣에 집중시킴으로써 모든 정보를 재구성한 것이다. 이런 경우의 구순은 일단 일종의 '가짜 평면'(들뢰즈가 말하는 '표층')이라고 부를 수 있다.

신화생태학이 그려내는 세계는 단일하고 밋밋한 평면이라기보다도 무수한 '가짜 평면'과 같은 것이고 그때마다 관측에 따라 끊임없이 다른 가짜 평면을 부각시키는 메커니즘과 유비된다. 오늘날의 문화에서는 이 층상層状의 세계의 다원성을 확보하는 것이 하나의 책무가 될 것이다.

현상을 되짚어보더라도 우리가 사는 문화적 공간에는 무수한 글쓰기의 규칙이-거의 국어에서 일탈해버린 듯한 글쓰기마저- 흩어져 있다. 일찍이 롤랑 바르트는 시민들이 '다양한 욕망이 존재하는 것과 똑같은 수만큼의 언어활동을 갖는' 세계를 일종의 유토피아로서 간주했다.[8] 실제로 단일한 언어(국어)에 시민들을 복종시키는 것이 아니라 오히려 시민들이 개개의 주제에 가장 적합한 문체를 묘사하도록 만드는 것, 이것이 가장 바람직한 상황이 아닐까. 이 유토피아적 이상은 오늘날 진지하게 추구할 가치가 있다. 우리가 내세워야 할 슬로건은 이렇다. 보다 많은 의미를! 보다 많은 신화를!

그 유토피아를 실현하려면 집단언어(무리언어)나 네트워크 구조의 정보처리에 대한 분석을 간과할 수 없다. 헌데, 그런 유형의 분석의 필요성이 이제까지 너무 경시되어왔다. 그래서 20세기의 일본 문예비평이 배양한 어휘나 관념의 대부분은 지금의 문화를 분석하는 데에는 거의 아무런 쓸모가 없어져버렸다고 할 수밖에 없다. 결과적으로 자신들의 문화에서 무엇이 우수하고 어디에 구조적 약점이 있는가 하는 자기인식이 근본적으로 결락되어 있다.

본래대로라면 나는 여기서 그 결락을 보완하기 위한 논의를 보다 다양한 관점에서 전개해야 할 것이고, 실제로 얼마든지 계속 분석할 수 있다. 하지만 적당한 지점에서 매듭을 짓는 것도 의미를 결정화하는 유익한 방법이 아닐까. 그런 점에서 분석 작업은 일단 여기서 중단하고, 다른 기회에 질문을 다시 전개하기로 한다. 지금은 그냥 이 책에서 제시된 신화소가 다른 신화를 발아시키는 데 도움이 되기를 바랄 뿐이다.

---

8. 롤랑 바르트, 『문학의 기호학』, pp.28~29.

키워드 해설

하이퍼리얼리티

원래 보드리야르의 용어. 이 책에서는 '피드백에 의해 구성된 강화현실 强化現實'이라는 의미로 사용되고 있다. 데이터마이닝이나 무작위 추출의 힘에 의해 우리의 일상적 체험이 그대로 이용 가능한 데이터로서 수집되고, 그 데이터가 모두 다시 이쪽에 상품으로 피드백되고 있다. 이러한 상품은 자의적으로 떠밀린 것이 아니라 어디까지나 우리 일상으로부터 계산적으로 끌려들어 온 것이다. 그런 의미에서 소비사회의 신화는 '비현실'이 아니라 '초현실', 즉 **현실에 깊이 근거를 둔** 상품에 의해 움직이게 된다. 결과적으로 조악한 규격상품과 일부 뛰어난 예술작품이라는 과거의 이항 대립도 서서히 효력을 상실할 것이다. '대량생산이더라도 가치가 있다'라기보다는 대량생산을 통해 그야말로 나름대로 질이 좋고 나름대로 정밀하게 만들어진 하이퍼리얼한 '상품'을 만드는 것이 가능하기 때문이다.

소비사회

소비사회론의 원형은 우선 19세기의 철학자 헤겔이 시민사회를 '욕망의 체계'로 규정했던 것까지 거슬러 올라갈 수 있다. 헤겔은 당시 자본주의가 가장 발달했던 영국 사회를 참조하여 이 규정을 도출했다. 21세기 들어 헤겔이 말한 '욕망'은 '정보'로 바뀌고 있다. 소비의 욕망은 정보의 형태를 취하고 우리 생활을 가득 채우고 있다.

또한 소비사회화는 생산자보다도 소비자가 위대해지는 시대라는 것 이상의 함의를 감추고 있다. 소비사회의 도래는 오히려 생산이나 창조의 의미를 바꿔버린다. 가령 하이퍼리얼한 신화에서는 창조하려면 소비자의 반응=평가가 없어서는 안 된다. 이런 식으로 창조는 일원적인 것이 아니라, 생산과 소비의 틈새에 있는 무수한 피드백에 의해서 조직되는 복합적인 메커니즘이다. 창조와 소비의 경계의 애매화가 극단으로 치달을 때 '감정자본'의 논리가 나타난다.

감정자본

최근의 브랜드론은 수용자 측의 정동靜動을 일종의 '자본'으로 비유한다. 가령 대표적인 예는 오늘날의 리얼리티 TV 프로그램이다. 거기서는 시청자와 동등한 입장의 주인공이 만들어내는 사건이나 스캔들이 시청자 측에 오락거리를 제공한다. 사람들은 TV를 보고 자극을 받아 가십적인 상상을 제멋대로 부풀린다. TV의 안과 밖을 매끄럽게 연결하고 전체적으로 감정이라는 부富를 확충해가는 것, 그리고 부풀어 오른 감정자본을 모두 실물자본으로 전환해가는 것. 그것을 위해서는 브랜드 가치를 위에서 밀어붙이는 것보다 엔터테인먼트 산업에 가까운 논리로 소비자를 이른바 밑바닥에서 쌓아가는 것이 바람직하다. 이것은 수용자 자체가 미디어(스펙터클)로 바뀐다는 전환을 의미한다.

근대/ 포스트모던

서양의 정치혁명은 리버럴한 민주주의의 이미지를 세계에 골고루 분배했다. 오늘날의 글로벌 자본주의 속에서 그 이미지는 전 세계에 점점 침투하고 있다. 리버럴 이외의 정치적 선택지는 원리주의적인 압제壓制로 귀착될 뿐이라는 것은 이미 반쯤 자명한 현실이다(냉전붕괴 직후에 프란시스 후쿠야마가 말한 '역사의 종언'은 서서히 현실이 되고 있다). 세계는 틀림없이 '근대화'하고 있다.

우리는 리버럴한 사회의 큰 틀을 유지하는 한, 특정한 방식으로 자기를 규정지을 수밖에 없다. 다만 그 방식 자체는 시대 환경에 따라 크게 달라진다. '포트스모던'이란 컴퓨터나 네트워크의 힘에 의한 윤곽짓기를 무시할 수 없는 시대다. 동시에 정보를 농축하고 '반복성'을 성립시키는 것이 리얼리티의 관건이 되어가는 시대이기도 하다. 우리는 그 새로운 리얼리티의 양상을 항상 지속적으로 관찰해야 한다.

네트워크 소비

'네트워크의 사실성 그 자체가 소비의 장으로서 기능한다'라는 의미의 조어. 오늘날 인터넷상의 소비자는 첫째 사람들 사이에 널리 알려진 고유명(유명 작품)의 네트워크를 전제로 삼고, 두 번째 그 네트워크 안에서 **자유로이** 자기의 2차적 창작물을 투영해간다. 유명한 고유명이라는 후크가 있기 때문에 그야말로, 다른 소비자들도 거기에 투영된 작품을 인지할 수 있다. 동시에 거기에는 **기껏해야 고유명의 구속 정도만 있기 때문에**, 나중에 창작자 측은 자유로이 변신하려는(리좀적인) 욕망을 얼마든지 가탁할 수 있을 것이다. 최소한의 구속만 떠맡고 그 뒤에는 자유롭게 행동하는 것. 이러한 네트워크 소비 구조는 최근 몇 년 동안의 서브컬처 동향을 봐도 확실히 부각되고 있다.

네트워크의 내용이 아니라 네트워크의 사실성이 효과가 있다는 상황을 드러내는 용어로는 '토톨로지tautology' 혹은 '오토로지outology(자기포섭)'라는 말도 있다. 가령 오늘날 인터넷상의 미디어는 이른바 '떠돌고 있으니까 돈다'. 니꼬니꼬 동영상이나 트위터 같은 미디어는 뭔가 절대적인 근거에 입각하고 있는 것이 아니라 많은 사람들이 거기에서 떠도는 정보를 퍼뜨리고 있다는 사실성에 입각하고 있다. 시스템론에서는 자기 자신을 근거로 삼는 이런 미디어의 존재방식을 자기포섭적이라고 말한다. 하지만 잘 생각해보면 이런 종류의 자기포섭성이나 자기지시성은 인터넷이 등장하든 안 하든 현대 사회의 모든 미디어의 공통 특질이고 인터넷은 그것을 노골적으로 드러내는 데 불과하다.

신화소

신화는 문화적으로 널리 공유되면서도 사람들에게 다른 내용이 봉입封入되어가는 기호다(구조적으로는 네트워크 소비와 똑같다). 똑같은 신화소라도 가령 A라는 커뮤니티(신화권)에 있는 경우와 B라는 커뮤니티에 있는 경우는 각각 다른 신화소와의 관계가 달라지기 때문에 의미도 미묘하게 달라진다. 즉 신화소는 외견상 '똑같다'는 점에서는 커뮤니티를 가교하지만, 의미에 있어서는 커뮤니티마다 '다른' 것이다. 이러한 양의성兩義性을 갖춘 신화소는 표현이나 창조에도 크게 도움이 된다. 실제로 일부 신화 작가는 사람들이 널리 공유하고 있는 신화소에, 일부러 다른 의미나 기억을 밀어 넣고 그것에 의해 사람들의 인상 조작을 시도하려고 할 것이다. 이런 기법을 잘 이용하는 작가가 바로 무라카미 하루키다.

상상력

상상력은 '대신하는' 능력이다. 달리 말하면, 자신과 타인의 장벽을 무너뜨리는 능력이다. 다만 대신하는 힘은 끊임없이 발휘되는 것이 아니다. 가령 베네딕트 앤더슨은 국민국가 단위로 상상력을 공유하게 된 계기를, 신문이나 소설의 '출판'에서 보았다. 인류사적으로 보면 출판 같은 새로운 테크놀로지가 탄생할 때마다 자타의 의식적인 거리는 그때마다 무너져서(즉, '상상력'이 생겨나서), 다시 결합해온 것이라고 할 수 있다. 그렇다면 오늘날, 자타 구별을 무너뜨리는 테크놀로지=상상력의 장은 어디에 있는 것인가. 제2장에서는 그것을 네트워크의 링크의 풍부성과 그 링크를 활성화하고 뒤섞는 리듬으로 보았다.

상징화

'대신하는 것'으로 가득 찬 상상력의 장으로의 접근이 활발한 것은 좋다고 해도, 언제까지나 제멋대로 네트워크가 상상적으로 확대해가는 것은 아니다. 자타의 경계를 해체하는 상상력과 대비되는, 오히려 **자타를 한꺼번에 관통하여 통합하는** 상징의 힘을 생각할 수 있을 것이다. 구체적으로 화폐나 법을 그 상징적인 미디어로 꼽을 수 있다. 또한 네트워크의 자기 조직화도 넓은 의미에서는 상징화의 사례에 넣을 수 있다.

반복성(중복성, 용장성)/ 커뮤니케이션

정보라는 카테고리의 탄생은 사유 양식을 근본적으로 바꿔놓았다. 오늘날 '생각한다'는 말은 대부분 '정보처리'와 동의어가 되고 있다고 해도 지나친 말이 아니다. 그것과 아울러서 커뮤니케이션의 개념에도 변화가 일어난다. 생태학 혹은 시스템론적으로 말하면 커뮤니케이션은 '반복성(중복성)의 확대'를 의미한다. 즉, 정보나 대화를 주고받으며 일정한 패턴이나 예측 가능성(반복성)이 세계에 채워지는 것, 이것이 커뮤니케이션인 것이다. 우리에게 인식 가능한 '리얼'은 반복성=패턴이 구비되어 있는 한에서만 존재한다.

문화

세계에 흩어져 있는 무수한 정보를 가공하여 사람들에게 공유 가능한 신화로 고양시키는 것, 그것이 문화의 기능이다. 문화에는 이용 가능한 테마나 변형 규칙이 저장되어 있다(정보 네트워크에 의한 접근성의 증대는 그 저장된 것의 이용을 매우 쉽게 만들었다). 하지만 그렇다고 해도 우리에게는 왜 문화가 필요한 것일까. 하나의 대답은 이렇다. 우리는 완전한 동물도 될 수 없고 완전한 기계도 될 수 없는 어중간한 생물이다. 그렇기 때문에 그야말로 우리는 문화라는 재고在庫에서 소재를 끌어내서 세계의 모조를 만들고, 그것을 즐김으로써 숙명적인 불완전성을 보상하는 것이다.

집단언어

일본의 문예비평은 오랫동안 국어(근대 일본어)의 제도성을 비판적으로 관찰해왔다. 근대 일본어는 메이지 시대에 그때까지의 전통의 풍요로움을 버리고 만들어진 인공어였기 때문이다. 그러나 대중화가 보다 진전되면 새로운 문제가 등장한다. 오늘날 우리가 생각해야 할 것은 국어가 어떻다는 것보다는 오히려 집단언어(뒤르켐Durkheim이 말한 '집합표상collective representation')의 다양성이다. 라이트노벨이나 휴대폰소설 등 신종 펄프픽션은 각각 특징적인 '문법'으로 서사를 처리하고 있다. 신화의 유토피아는 이러한 집단언어의 문법이 **사람들의 욕망의 숫자만큼** 존재하는 것이다.

인간

정보 네트워크에 편성된 인간은 도대체 어떠한 존재일까. 가령 막대한 시뮬레이션 능력이 있다고 해도, 그것이 인간에게 유익하지 않다면 우선 의미는 없다. 그 점에서 정보의 잠재적 다양성을 감축하고 있는 것은 다름 아닌 인간이라는 통일체다. 한편, 어빙 고프만식으로 말하면 인간은 존재 그 자체가 '표현'을 드러내주는 것이다. 이런 관점에서 보면, 인간은 단편화된 정보의 집적이 될 것이다. 달리 말하면 네트워크 관점에서 인간은 유일무이한 참조 대상, 즉 일종의 초월자다. 동시에 개개의 인간의 행동에 대해서는 단순한 정보 다발로 분해되어버리는 것이다. 이와 같이 네트워크 사회의 인간은 통일성과 분산성을 겸비하고 있는 것처럼 보인다.

설계

'뭔가를 만들려면 우선 환경정비부터'라는 말이 있는데 창조행위를 규정하는 환경설계의 중요성이 늘고 있다. 가령 사회 전체의 풍요로움을 늘리려고 한다면, 아마도 사람들이 서로 짓눌리는 환경보다 자연과 이타적 행위에 이끌리는 환경을 설계하는 쪽이 바람직할 것이다. 다만 설계는 꼭 하나에서 열까지 처음부터 결정해두는 것이 좋다고 할 수는 없다. **오히려 애초의 설계를 벗어나는 부분을 어떻게 재설계=재설정**하는지가 이 불확정성으로 가득찬 사회에서는 훨씬 중요해질 것이다. 그런 점에서 뛰어난 설계자는 설계가 끝난 뒤 관찰을 잘하는 사람이다.

의미/ 넌센스

시스템론적 관점에서 말하자면 의미란 복잡성을 감축하는 게이트gate다. 세계의 정보는 일단 의미=게이트에 모임으로써 또 다시 다양한 방향으로 다시 출발할 수 있다. 여기서 사람들 사이에서 공유 가능할 만큼 일반화된 의미를 '커먼센스'라고 하자. 그에 비해서 넌센스는 그 게이트를 무효화해버리는 것이다. 루이스 캐럴은 넌센스적인 문학을 실현했다. 물론 캐럴만큼 표현자에게 '커먼센스'를 제공하는 작가는 드물다. 넌센스와 커먼센스는 결코 단순하게 적대하는 것이 아니다.

게임

게임은 플레이어의 관여에 의해 균형을 이루는 시스템이다. 플레이어의 숫자는 꼭 단수가 아니고 복수일 수 있다. 또한 균형을 이루는 포인트도 복수일 수 있다.

게임세계의 기적은 일어나지 않을 균형이 성립하는 것이다. 우리는 기적을 순진하게 믿지 않게 되었다. 바야흐로 영화에서 바다가 갈라지더라도 아무도 놀라지 않는다. 하지만 게임세계에서는 기적은 '존재한다'. 그것은 보통의 경우라면 절대로 성립하지 않을 균형 상태가 플레이어와 룰의 협동에 의해서 출현하는 것이다.

인터넷의 등장 이후, 아직도 문화이론의 갱신을 시도한다면, 그것은 어떠한 방식이 될까-이 책의 주제는 그 물음에 줄곧 부응해왔다. 하지만 저자가 맨 처음 의도한 것은 '신화'라는 개념을 간편한 방식으로 설명한, 보다 형식적인 매뉴얼책을 만드는 것이었다. 그 의도가 충분히 드러나지 못한 것은 오로지 저자의 역량이 부족했기 때문이다. 그래도 지금까지 논의한 내용을 발판으로 삼는다면, 완전무결한 모델을 제출하는 것보다는 모든 일을 지속적으로 관측해가는 토대를 설정하는 쪽이 현대에는 보다 본질적인 일이라고 할 수 있겠다. 그렇다면 이 후기도 종점의 선언인 동시에 출발점의 선언이어야 한다.

　아무튼 현대가, 과거에는 거의 없었던 거대한 변화를 경험하고 있는 시대라는 점에 이의를 제기할 사람은 많지 않을 것이다. 그래서 이번 집필은 과거의 문화론에서 별로 친숙하지 않은 발상이나 어휘를, 문장으로 친숙하게 만드는 작업이기도 했다. 그와 동시에 이 책에서는 상당히 자유로운 방식으로-약간 무작위로- 문헌이나 작품을 참조하고 있기 때문에 읽고 당황하시는 독자도 있을지 모르겠다. 그러나 그것은 장르나 세대가 아니라 어디까지나 신화라는 '콘셉트'를 중심에 둔 결과다. 그런 의도를 헤아려주신다면 다행이겠다.

제4장의 말미에서 오늘날은 문학을 하는 데 최악의 시기이며 또한 최고의 시기라는 생각을 밝혔는데 비평도 그와 비슷한 입장이라고 할 수 있다. 실은 오늘날만큼, 비평이라는 장르의 비중이 높아지는 시대도 드물 것이다. 우리는 사회나 문화를 완전히 새로운 방식으로 해석할 기회를 얻고 있다. 동시에 변화에 아무런 대응도 할 수 없고 낡은 언어로 타성에 얽매여버릴 위험성도 늘고 있다. 말할 것도 없이, 비평은 전자의 가능성을 끝까지 밀어붙이는 것을 지향해야만 한다.

본문을 읽어주신 독자라면 알아차리셨겠지만, 이 책의 내용은 아즈마 히로키 씨의 비평에 정말로 많은 빚을 지고 있다. 개인적으로도 비평을 쓰게 된 계기는 2004년에 아즈마 씨가 주관하는 메일 매거진 《파상언론(波状言論, hajougenron)》에 한 편의 문예평론을 투고한 것이었다. 그로부터 5년 정도가 지났지만 메일 매거진 《파상언론》이 지녔던 대담함과 자유로움은 여전히 내가 끊임없이 되돌아가는 원점이다. 인터넷과 사회학과 서브컬처의 가교에 의한 비평의 재구축을 지향했던 《파상언론》의 정신이 이 책에도 직접 흘러들었음을 이 장을 빌어 새삼 밝혀두고 싶다.

또한 이 책의 모태가 된 것은 《유리이카》지에 '신화사회학'이라는 타이틀로 연재했던 글(2008년 8월호~2009년 8월호)인데, 단행본으로 작업하면서 전면적으로 수정했고 타이틀도 바꿨다. 이 책은 실질적으로는 처음부터 다시 쓴 글이다. 《유리이카》의 편집장 야마모토 미쓰루山本充 씨는 무명의 신인에게 일 년간 연재할 기회를 주고 끈기 있게 지켜봐주셨다. 또한 단행본 작업에는 세이도샤의 히시누마 다쓰야菱沼達也 씨에게 신세를 졌다. 이 점 감사드린다.

2010년 2월

후쿠시마 료타

이 책은 2010년에 출간된 후쿠시마 료타의『신화가 생각한다-네트워크
사회의 문화론』을 옮긴 것이다. 기존의 신화이론에 익숙한 독자라면, 주
로 사고 대상의 자리에 놓이던 '신화'라는 단어가 '사고 주체의 자리'에
서 사고 행위를 주관한다는 데 다소 혼란을 느낄 것이다. 머리말에 제시
되어 있듯이, 이 책에서 말하는 신화는 문화적인 모든 활동을 정보처리
과정(알고리즘)으로 간주한 데서 출발한다. 과거의 신화가 문화 인류학적
맥락에서 공간을 주축으로 다뤄졌다면, 오늘의 신화는 정보 네트워크화
맥락에서 시간을 주축으로 재디자인해야 하는 것이 아닌가 하는 저자의
문제설정에 쉽사리 수긍하기 어려울 것이다. 신화론과 정보 네트워크 이
론을 접목시킨 후쿠시마 료타의 비평 의식은 그의 학문적 이력과 2000
년대 이후 일본 현대 비평계의 맥락 안에서 입체적으로 살펴봐야 한다.

　1981년 교토시에서 출생한 후쿠시마 료타는 고교시절에 중문학자 나
카노 미요코中野美代子, 1933~의 책을 읽고서 중국문학을 전공하기로 진로
를 정한다. 교토대학교에서 중문학으로 석박사 과정을 마친 뒤, 중국 문
화혁명을 주도한 사상가 후스胡適의 관점에서 루쉰魯迅, 저우쭤런周作人
이 활동했던 1910~1930년대 중국을 고찰한 논문으로 박사학위를 취득

했다. 존 듀이John Dewey의 실용주의pragmatism를 중국에 소개한 사상가 후스를 연구한 것을 봐도 짐작할 수 있듯이, 후쿠시마 료타는 중국 본토와 타이완의 문화적 동향에 정통하며, 영미권 이론을 수용하는 데 적극적이고 개방적인 태도를 지녔다. 이런 성향이 중문학에서 일본 현대 비평계로, 또 다시 동아시아 담론으로 횡단하는 지적 활동을 가능케 한 듯하다.

2000년대 이후 일본의 현대사상, 비평계에 아즈마 히로키의 영향 아래서 성장한 새로운 논자들이 등장하였다. 특히 후쿠시마 료타, 우노 쓰네히로宇野常寛, 1978~, 하마노 사토시濱野智史, 1980~ 등의 비평 활동은 아즈마 히로키 이후의 일본 서브컬처 비평의 흐름과 긴밀하게 연동되며 상호참조적 성격을 지닌다. 리쓰메이칸대학 문학부를 졸업한 우노 쓰네히로는 재학시절부터 활동하던 인터넷 동인서클 구성원과 함께 2005년 12월 대중문화 전반을 본격 비평하는 미니 비평지《플래닛PLANETS》을 창간한다.《플래닛》을 중심으로 일본 대중문화의 현장비평에서 최전선을 지켜온 그는,『제로년대의 상상력ゼロ年代の想像力』(하야카와쇼보, 2008),『리틀피플의 시대リトル·ピープルの時代』(겐토샤, 2011),『일본문화의 논점日本文化の論点』(지쿠마쇼보, 2013) 등을 잇달아 출간하며 2000년대 중후반 일본 서브컬처 비평계의 핵심적인 비평가로 자리잡았다. 출세작인『제로년대의 상상력』을 통해, 아즈마 히로키의 서브컬처 비평의 한계점을 혹독하게 비판하고, 1995년부터 2008년까지 일본의 서사 작품에 드러난 상상력의 변화를 '낡은 상상력'(1995~2001년)과 '현대적 상상력'(2001~2008년)으로 구분한 우노의 주장은 제로년대 서브컬처 비평에 새로운 기폭제가 될만큼 반향이 컸다.

그런가하면, 2000년대 들어 일본의 인터넷 환경이 일상화되면서 인터넷 커뮤니티, 웹서비스 시스템을 분석하는 정보환경 연구자들의 이론서나 비평서가 쏟아져 나왔다. 그 중에서 하마노 사토시의 첫 비평서『아

키텍처의 생태계アーキテクチャの生態系』(NTT출판, 2008)는 일본 인터넷 문화 특유의 현상을 집중분석한 비평서로서 2012년에 11쇄를 발행했다. 인터넷 환경을 정보기술(IT)에 의해 설계/구축된, 사람들의 행동을 제어하는 '아키텍처', 즉 환경관리 권력을 이용한 사회설계 진화 프로세스로 간주하는 개념은 원래 미국의 법학자 로렌스 레식Lawrence Lessig의 저서 『코드 CODE』(1999/일본어판 2001년)에서 가져온 것이다. 로렌스 레식의 '아키텍처' 개념에 미셸 푸코나 질 들뢰즈 등 프랑스 현대사상가들의 권력 이론을 결합시켜 '환경관리형 권력' 개념으로 전유한 이는 아즈마 히로키이지만, 이 개념을 비평적 방법론으로 적극 활용한 이는 하마노 사토시다. 게이쥬쿠대학과 대학원에서 정보환경이론과 미디어론을 전공한 하마노 사토시는 2000년대 이후 다양한 종류의 소셜 네트워크, 가령 구글 검색 엔진, 블로그, SNS, P2P, 니코니코 동영상 공유 서비스 등이 인터넷상에서 생태계를 형성하고 있는 것처럼 작동되는 현상을 '아키텍처의 생태계'로 규정하였다. 후쿠시마 역시 인터넷 환경을 '미디어'가 아니라, 일종의 가상 사회구조체인 '장場' 개념으로 설정하는 환경관리형 권력 이론에 기대어 자신의 비평론을 구축하고 있다.

비평가로서 후쿠시마의 활동은 2004년 아즈마 히로키가 발행했던 메일 매거진 『파상언론波状言論』에 마이조 오타로舞城王太郎의 작가론 「자연·비평·기도(기원)-마이조 오타로에 관해」(『波状言論』 16·18호, 2004)를 투고한 것이 계기였다. 교토에서 비평과 강의를 하던 그는 2010년에 『신화가 생각한다』를 출간하며 아즈마 히로키가 발굴한 제로년대(2000년대) 마지막 대형 신인 비평가로서 인문 논단에 알려졌다. 오늘의 신화는 우리의 주관적 지각이 아니라 어디까지나 '환경정보'에 입각해서 만들어진다는 후쿠시마의 주장은 아사다 아키라浅田彰, 1957~, 사와라기 노이椹木野衣, 1962~, 사이토 다마키斎藤環, 1961~ 등 이전 세대 비평가와 같은 세대 인문 독자들로부터 동시대를 적확하게 독해하는 새로운 문화론으로 평가받았다. 2013년 10월에 두 번째 저서 『부흥문화론-일본적 창조의 계보復興文化論 日本的創造の系譜』를 출간한 데 이어, 현재 동아시아를 테마로 저술을 구상하고 있는 후쿠시마 료타의 지적 역량을 감안하면, 역사학자 요나하 준與那覇 潤, 1979~과 더불어 동시대 일본의 사상을 동아시아 네트워크와 링크할 수 있는 연구자로서 주목할 만하다.

* * *

이 책은 이전의 번역서 『일본·현대·미술』 한국어판을 진행하던 중에 업무 동료였던 야노 유타카矢野優 씨가 쓴 짧은 문장을 읽고서 흥미를 갖게 되었다. 실험적인 문화론을 제시한 1981년생 저자의 첫 비평서를 번역출판하는 일은 여러모로 부담이 따른다. 그럼에도 이 책의 한국어판 출간을 결정하고 실무를 진행해주신 도서출판 기역의 모든 관계자에게 깊이 감사드린다. 또한 오랫동안 한국어판 실현을 기다려준 저자님, 응원 글을 얹어주신 아사다 아키라, 사와라기 노이, 노정태 세 분 비평가님, 번역 과정에 도움을 주신 번역가 요네즈 도쿠야米津篤八님에게 각별한 고마움을 남긴다.

번역하던 중 어느 날, 고대가요 〈구지가龜旨歌〉를 검색하다가 유튜브에 떠 있는 인디 뮤지션 회기동 단편선Hoegidong Danpyunsun의 〈구지가Tortoise Ritual〉를 시청한 적 있다. 현전 최고最古의 고대가요 〈구지가〉에서 현대가요 〈구지가〉에 이르는 유구한 데이터베이스를 관통하는 것은 바로 신화적 상상력이다. 천년의 서사가 살아 있는 교토에서 탄생한 이 책이, 독자들에게 '보다 많은 신화를!' 상상하고 사유하는 단초가 되었으면 한다.

2013년 12월
김정복

신화가 생각한다 - 네트워크 사회의 문화론

펴 낸 날/ 초판1쇄 2014년 5월 1일

지 은 이/ 후쿠시마 료타
옮 긴 이/ 김정복
펴 낸 이/ 이대건

번역기획/ 김정복
편   집/ 김한별 박형주 이상민 이영남
디 자 인/ soom

펴 낸 곳/ 도서출판 기역 bookdota@naver.com
출판등록/ 2010년 8월 2일(제313-2010-236)
주   소/ 서울시 서대문구 북아현로 16길7 2층(서울사무소)
         전북 고창군 해리면 월봉성산길88(책마을해리)
문   의/ (대표전화)02-3144-8665, (전송)070-4209-1709

ⓒ도서출판 기역, 2014

ISBN 979-11-85057-06-4 03300

이 도서의 국립중앙도서관 출판시도서목록(CIP)은 서지정보유통지원시스템 홈
페이지(http://seoji.nl.go.kr)와 국가자료공동목록시스템(http://www.nl.go.
kr/kolisnet)에서 이용하실 수 있습니다(CIP제어번호: CIP2014000411).